資料で読み解く国際関係

Deciphering
International
Relations

佐道明広
Akihiro Sado

古川浩司
Koji Furukawa

小坂田裕子
Yuko Osakada

小山佳枝
Kae Oyama

共編著

法律文化社

はしがき

　本書は，主に国際関係論（国際政治学・国際法学）に関する科目を履修する学生を対象とした17世紀から現代に至るまでの激動の国際関係を読み解く（Decipher）ための資料を収載した資料集である。

　本書の前身である『資料で学ぶ国際関係』の初版の刊行は2011年，その後，2015年の第2版刊行を経て，さらに約4年の歳月が経過した。この間も国際社会の変動は続いている。この変動に対応した国際関係教育を行うために，前書に引き続き，現在，編著者の所属する中京大学法学部および総合政策学部で国際政治学や国際法学に関する授業を担当されている佐道明広教授（国際政治学），小坂田裕子教授（国際法学），小山佳枝教授（国際法学）に編集をお願いした。また，内容に関しても，前書に収められていた資料の中で必要であるものを引き継ぎつつも，教育上，新たに必要と思われる資料を，この4年間に現れたものも含め，可能な限り収録することとした。さらに，複雑化した国際関係を理解する上での道標を示すべく，編著者間で意見交換し，「基礎編」，「歴史編」，「現代国際社会の法と政治編」に大別した上で，17世紀から現代に至るまでの国際関係に関する資料の編集を進めた。この他，特に本書ではアクセスしやすいウェブサイト資料は極力削除して検索するよう誘導する代わりに理解をより深めさせるために新たな資料（年表・地図を含む）を追加している。

　他方，前書と同様に，各章の最初には読書の道標を示すべく【解題】を，また事件ないし事象の全体像を把握するために，略年表や注を付している。

　なお，徳川時代から現在に至る日本政治外交史に関する資料は姉妹編の『資料で学ぶ日本政治外交史』に収録されているので，併せて利用していただきたい。

　最後に，本書の編集にあたって，編著者の要望に真摯に耳を傾けつつ，校正をはじめさまざまな点でご協力いただいた法律文化社の舟木和久氏に感謝の意を表したい。

　2019年2月

編著者を代表して　　古川　浩司

資料で読み解く国際関係　●目　次

はしがき

Ⅰ　基　礎　編

① 歴　　　　史 ——————————————————— 3

1　近　　　代 ·· 3

【001】近代国際関係(1618-1914)関連年表 ···················· 4

【002】西欧国際体系 ·· 7

【003】イスラム国際体系 ··· 9

【004】東洋国際体系 ·· 10

2　2つの世界大戦 ·· 12

【005】2つの世界大戦(1914-1945)関連年表 ·················· 13

【006】第一次世界大戦関連地図 ································· 16

【007】中東問題の淵源 ··· 17

【008】14カ条の平和原則(ウィルソン大統領の米議会への年頭教書,
1918年1月8日) ··· 19

【009】1920年代の国際協調(ヴェルサイユ体制・ワシントン体制) ·········· 20

【010】第二次世界大戦関連地図 ································· 21

【011】4つの自由(ルーズヴェルト大統領の米議会への年頭教書,
1941年1月6日) ··· 22

【012】大西洋憲章(1941年8月14日) ························ 23

【013】カイロ宣言(1943年11月27日) ······················ 24

【014】ヤルタ協定(1945年2月11日) ······················· 25

【015】ポツダム宣言（対日降伏宣言, 1945年7月26日） ········ 26

② 主　　　　体 ——————————————————— 27

【016】脆弱国家指数ランキング(2018年) ····················· 28

【017】東欧及び旧ソ連における新国家の承認に関するECガイドライン
(1991年12月) ··· 28

iii

【018】	国際機構の分類 ………………………………………………	29
【019】	IMF加盟国の投票権(2018年12月現在)・総務会決定事項	
	(特別多数決) ………………………………………………	29
【020】	主要国際機関の長(2018年12月現在) ………………………	30
【021】	主な非政府組織(NGO) ……………………………………	30
【022】	世界各国の国内総生産(購買力平価ベース:2017年)・	
	企業の売上高TOP10(2017年) ……………………………	31
【023】	稚内市とロシア連邦サハリン州の主な交流(2017年度まで) ………	32
【024】	稚内-コルサコフ航路の輸送実績(1999-2018) …………	32
【025】	対馬市への韓国人観光客数の推移(2000-2017) …………	33
【026】	台湾東部・沖縄八重山諸島観光経済圏 国境交流推進共同宣言	
	(2009年4月15日) …………………………………………	33
【027】	八重山諸島入域外国人観光客数の推移(2012-2017) ……	34

3　安全保障 ——————————————————————————— 35

【028】	『孫氏』「謀攻篇」 ……………………………………………	36
【029】	『戦争論』 ……………………………………………………	36
【030】	冷戦中の米国の対ソ戦略 ……………………………………	36
【031】	軍事支出上位15カ国(2016年・2007年・1999年) ………	38
【032】	「2017年国家安全保障戦略(NSS2017)」(米国トランプ大統領発表,	
	2017年12月18日)の概要 …………………………………	39
【033】	日本の国家安全保障の基本方針 ……………………………	41

4　法　　　源 ——————————————————————————— 43

【034】	国際法委員会(ILC)による法典化作業 ……………………	44
【035】	条約の制定過程 ………………………………………………	45
【036】	国会承認条約に関する大平外相答弁(1974年2月20日) …	45
【037】	社会権規約に対する日本の留保及び解釈宣言 ……………	46
【038】	人種差別撤廃条約に対する日本の留保 ……………………	47
【039】	ジェノサイド条約留保事件(ICJ勧告的意見, 1951年5月28日) …	47
【040】	人権条約に対する留保の許容性 ……………………………	48
【041】	強行規範 ………………………………………………………	49
【042】	日韓併合条約(1910年)に関する日本政府の立場 ………	50

　　　　　　　　　　　　　　　　　　　　　　　　　　　　目　　次

　　【043】各国における国際法と国内法 ……………………………………………… 51
　　【044】国際法の地位に関する憲法の規定 ……………………………………… 51

⑤ 学説・理論 ——————————————————————————— 52

　　【045】国際関係理論の主な特徴 ……………………………………………… 53
　　【046】代表的なリアリズム理論 ……………………………………………… 54
　　【047】地　政　学 …………………………………………………………………… 55

Ⅱ　現代国際社会の歴史編

① 国　際　関　係 ————————————————————————— 61

1　冷　戦　期 ……………………………………………………………………………… 61
　　【048】冷戦(1946-1991)関連年表 …………………………………………… 62
　　【049】チャーチル「鉄のカーテン(Iron Curtain)」演説(1946年3月5日) ……… 66
　　【050】トルーマン・ドクトリン(米上下院合同会議における
　　　　　　トルーマン大統領演説，1947年3月12日) …………………………… 67
　　【051】マーシャル・プラン(ハーヴァード大学におけるマーシャル
　　　　　　国務長官の記念講演演説，1947年6月5日) ………………………… 68
　　【052】冷戦初期のヨーロッパ …………………………………………………… 70
　　【053】朝鮮戦争(1950年6月～1953年7月休戦) ……………………… 71
　　【054】キューバ危機(1962年10月) ………………………………………… 72
　　【055】ベトナム戦争(1965年2月～1973年1月) ……………………… 73
　　【056】ドイツ統一(1990年10月) …………………………………………… 74
　　【057】ソ連解体(1991年12月) ……………………………………………… 75
　　【058】中東戦争 …………………………………………………………………… 76

2　冷　戦　後 ……………………………………………………………………………… 77
　　【059】冷戦後(1992-2018)関連年表 ……………………………………… 78
　　【060】湾岸戦争(1991年)・イラク戦争(2003年) ………………………… 81
　　【061】ユーゴスラヴィア解体(1991年～) …………………………………… 82
　　【062】ロシアのクリミア編入(2014年3月) ………………………………… 83
　　【063】中国の「一帯一路」構想(2013年～) ………………………………… 87
　　【064】板門店宣言(韓半島の平和と繁栄，統一に向けた板門店宣言，
　　　　　　2018年4月27日) …………………………………………………… 88

v

【065】米朝首脳会談共同声明（シンガポール，2018年 6 月12日）‥‥‥‥‥‥‥ 90

② 戦後日本外交 ──────────────────────── 91

1　主要国との関係 ‥‥‥‥‥‥‥‥‥‥‥‥‥‥‥‥‥‥‥‥‥‥‥‥ 91

【066】サンフランシスコ平和条約（日本国との平和条約，1951年 9 月 8 日調印，
1952年 4 月28日発効）‥‥‥‥‥‥‥‥‥‥‥‥‥‥‥‥‥‥‥‥‥‥‥ 92

【067】日華平和条約（日本国と中華民国との平和条約，1952年 4 月28日調印，
1952年 8 月 5 日発効，1972年 9 月29日失効）‥‥‥‥‥‥‥‥‥‥‥‥ 93

【068】日ソ共同宣言（日本国とソヴィエト社会主義共和国連邦との共同宣言，
1956年10月19日調印，同年12月12日発効）‥‥‥‥‥‥‥‥‥‥‥‥‥ 93

【069】外交活動の三原則 ‥‥‥‥‥‥‥‥‥‥‥‥‥‥‥‥‥‥‥‥‥‥‥ 94

【070】日韓基本条約（日本国と大韓民国との間の基本関係に関する条約，
1965年 6 月22日調印，同年12月18日発効）‥‥‥‥‥‥‥‥‥‥‥‥‥ 94

【071】日中共同声明（日本国政府と中華人民共和国政府との共同声明，
1972年 9 月29日調印）‥‥‥‥‥‥‥‥‥‥‥‥‥‥‥‥‥‥‥‥‥‥‥ 95

【072】福田ドクトリン（福田赳夫内閣総理大臣のマニラにおけるスピーチ，
1977年 8 月18日）‥‥‥‥‥‥‥‥‥‥‥‥‥‥‥‥‥‥‥‥‥‥‥‥‥ 95

【073】日中平和友好条約（日本国と中華人民共和国との間の平和友好条約，
1978年 8 月12日調印，同年10月23日発効）‥‥‥‥‥‥‥‥‥‥‥‥‥ 96

【074】日朝平壌宣言（2002年 9 月17日調印）‥‥‥‥‥‥‥‥‥‥‥‥‥‥‥ 96

【075】安倍ドクトリン（安倍晋三総理大臣のジャカルタにおけるスピーチ，
2013年 1 月18日）‥‥‥‥‥‥‥‥‥‥‥‥‥‥‥‥‥‥‥‥‥‥‥‥‥ 97

【076】海における法の支配・ 3 つの原則（第13回アジア安全保障会議
（シャングリラ・ダイアローグ）安倍内閣総理大臣の基調講演，
2014年 5 月30日）‥‥‥‥‥‥‥‥‥‥‥‥‥‥‥‥‥‥‥‥‥‥‥‥‥ 98

2　安全保障関係 ‥‥‥‥‥‥‥‥‥‥‥‥‥‥‥‥‥‥‥‥‥‥‥‥‥‥ 99

【077】日米安全保障条約 ‥‥‥‥‥‥‥‥‥‥‥‥‥‥‥‥‥‥‥‥‥‥‥ 100

【078】日米地位協定（日本国とアメリカ合衆国との間の相互協力及び安全保障
条約第 6 条に基づく施設及び区域並びに日本国における合衆国軍隊の地位
に関する協定，1960年 1 月19日調印，同年 6 月23日発効）‥‥‥‥‥‥ 102

【079】日米防衛協力のための指針（ガイドライン）‥‥‥‥‥‥‥‥‥‥‥‥ 103

【080】日米安全保障共同宣言（1996年 4 月17日）‥‥‥‥‥‥‥‥‥‥‥‥‥ 107

【081】日米同盟：未来のための変革と再編（2005年10月29日）（骨子）‥‥‥‥ 107

【082】武器輸出政策 ‥‥‥‥‥‥‥‥‥‥‥‥‥‥‥‥‥‥‥‥‥‥‥‥‥ 108

目　次

【083】国の存立を全うし，国民を守るための切れ目のない安全保障法制
　　　の整備について(2014年7月1日閣議決定) ･････････････････････ 110
【084】平和安全法制(2015年9月19日成立，2016年3月29日施行) ･･･････････ 112
3　領土問題関係 ･･･ 114
【085】北方領土 ･･ 115
【086】竹　　島 ･･ 118
【087】尖閣諸島 ･･ 121

Ⅲ　現代国際社会の法と政治編

1　国際機構 ──────────────────────────── 127

1　国際連盟・国際連合 ･････････････････････････････････ 127
【088】国際連盟・国際連合の歴史(略年表) ････････････････････ 128
【089】国際連盟機構図 ･･････････････････････････････････ 129
【090】国際連盟と国際連合の比較 ･････････････････････････ 129
【091】総会及び安全保障理事会に関する国連憲章の規定(一部抜粋) ･･･ 130
【092】総会・安全保障理事会・経済社会理事会の概要 ･･････････ 131
【093】国連事務局の主要幹部(2018年12月1日現在) ･･･････････････ 132
【094】安保理における拒否権行使回数(1946-2018年) ･･････････････ 132
【095】国連主要国の通常予算分担率・分担金・職員数(2018年・2014年・
　　　2010年) ･･ 133
2　欧　　州 ･･･ 134
【096】欧州の主要な枠組み(2018年12月現在) ･････････････････ 135
【097】EU関連年表 ････････････････････････････････････ 136
【098】リスボン条約(2007年12月13日署名，2009年12月1日発効)の概要 ････ 137
【099】NATO・OSCE関連年表 ･･････････････････････････ 137
【100】北大西洋条約(1949年4月4日作成，同年8月24日発効)第5条 ･･････ 139
【101】ヘルシンキ最終文書(1975年8月1日採択) ･･･････････････ 139
3　アジア太平洋 ･････････････････････････････････････ 140
【102】アジア太平洋における国際的枠組み ･･･････････････････ 141
【103】ASEAN関連年表 ･･･････････････････････････････ 142
【104】ARF・ASEAN＋3・EAS・ASEM関連年表 ･･･････････ 143
【105】APEC関連年表 ･･････････････････････････････････ 145
【106】中央アジア・コーカサス等の地域機構・枠組み ･････････ 147

vii

② 空　　間 —————————————————————————— 148

1　領　　域　——————————————————————————— 148
【107】領土保全に関する国連憲章の規定　————————————— 149
【108】先占の要件　—————————————————————— 149
【109】東部グリーンランド事件（デンマーク対ノルウェー，常設国際司法
　　　裁判所判決，1933年 4 月 5 日）　——————————————— 149
【110】パルマス島事件（オランダ対米国，常設国際司法裁判所判決，
　　　1928年 4 月 4 日）　—————————————————————— 149

2　国際化地域　——————————————————————— 150
【111】公海の法的地位　————————————————————— 151
【112】深海底鉱物資源　————————————————————— 151
【113】国連海洋法条約の深海底に関する規定　————————————— 152
【114】宇宙条約の規定　————————————————————— 152
【115】国際運河　—————————————————————— 153
【116】主要な国際河川と沿岸国　————————————————— 153
【117】南極大陸における領域主権の主張　————————————— 154
【118】南極大陸に対する領土主権をめぐる対立　—————————— 155
【119】南極条約の概要　————————————————————— 155
【120】南極条約体制　—————————————————————— 155
【121】信託統治制度に関する国連憲章の規定　————————————— 155
【122】独立した信託統治領　————————————————————— 156

3　海　　洋　——————————————————————————— 157
【123】大陸棚に関するトルーマン宣言（1945年 9 月28日）　—————— 158
【124】国連総会第 1 委員会におけるマルタ提案（1967年11月 1 日）　——— 158
【125】国連海洋法条約と関連諸協定　————————————————— 158
【126】国連海洋法条約によって設立された国際機関　————————— 158
【127】国連海洋法条約の構成　————————————————————— 159
【128】海洋の法的区分　————————————————————— 160
【129】日本の管轄水域　————————————————————— 160
【130】日本の直線基線　————————————————————— 161
【131】北海大陸棚事件　————————————————————— 161
【132】国連海洋法条約第76条 8 項に基づいて国連大陸棚限界委員会へ
　　　提出された日本の大陸棚延長申請（2008年11月）とその結果　——— 162
【133】主要な国際海峡とその沿岸国　————————————————— 163

viii

目　次

【134】津軽海峡と領海 3 海里 ……………………………………… 163
【135】国連海洋法条約の島の法的地位に関する規定 ……………… 163
【136】沖ノ鳥島 ………………………………………………………… 164
【137】海域ごとに認められる権利 ………………………………… 164

3 環境と経済 ————————————————————— 165

1　環　　境 …………………………………………………………… 165
【138】国連人間環境宣言(1972年) ………………………………… 166
【139】環境と開発に関するリオ宣言(1992年) …………………… 166
【140】国連環境計画(UNEP)の概要 ……………………………… 166
【141】分野別の主要な環境保護条約 ……………………………… 167
【142】生物多様性条約関連年表 …………………………………… 168
【143】ワシントン条約附属書による分類 ………………………… 169
【144】UNESCO世界遺産登録の手続 …………………………… 169
【145】近年の主なUNESCO危機遺産リスト(2018年 7 月現在) ……… 170
【146】かつお及びまぐろ類の地域漁業管理機関(RFMO)の概要 ……… 171
【147】国際捕鯨委員会(IWC)の概要 …………………………… 172
【148】商業捕鯨モラトリアム ……………………………………… 172
【149】気候変動枠組条約の概要 …………………………………… 173
【150】気候変動枠組条約と京都議定書締約国(2016年11月現在) ……… 173
【151】京都議定書第15回締約国会議コペンハーゲン合意における各国の
　　　温室ガス削減義務 …………………………………………… 174
【152】京都メカニズム ……………………………………………… 174
【153】南極条約環境保護議定書締約国(2017年 2 月現在) ……… 175

2　経　　済 …………………………………………………………… 176
【154】世界貿易機構(WTO)の概要 ……………………………… 177
【155】WTOの機構図 ……………………………………………… 178
【156】WTOの拡大 ………………………………………………… 178
【157】WTO協定の構成 …………………………………………… 179
【158】WTOの紛争解決手続 ……………………………………… 180
【159】GATT第20条の規定(抜粋) ……………………………… 181
【160】キハダマグロ事件 …………………………………………… 181
【161】GATT第24条の規定(抜粋) ……………………………… 181
【162】経済連携協定(EPA)と自由貿易協定(FTA) …………… 182

ix

4 個　　人 ——————————————————————————— 183

1　人　　権 ……………………………………………………… 183
- 【163】国連が中心となって作成した人権諸条約一覧
  - （2018年 2 月15日現在）…………………………………………… 184
- 【164】国際人権条約の概要(2018年 2 月現在)………………………… 185
- 【165】日本の国際人権条約批准に伴う国内法上の影響　…………… 185
- 【166】障害者権利条約の国内法への影響　…………………………… 185
- 【167】日本による自由権規約第 1 選択議定書未批准問題　………… 186
- 【168】地域的人権条約概要(2018年 8 月23日現在)………………… 187
- 【169】人権委員会と人権理事会の相違点　………………………… 187
- 【170】国連人権理事会の普遍的定期審査(UPR)…………………… 188
- 【171】男女共同参画社会の推進状況　……………………………… 188
- 【172】難民認定申請フローチャート　……………………………… 189
- 【173】日本における難民認定及び申請数の推移　………………… 190
- 【174】在日外国人の権利及び義務　………………………………… 191
- 【175】北海道におけるアイヌの人口分布　………………………… 192
- 【176】アイヌの生活実態　…………………………………………… 192
- 【177】町村内閣官房長官談話(2008年 6 月 6 日)………………… 193
- 【178】アイヌ政策のあり方に関する有識者懇談会報告書(2009年)… 193

2　武力紛争法・国際犯罪 ………………………………………… 194
- 【179】武力紛争法の発展　…………………………………………… 195
- 【180】国際刑事裁判所の系譜　……………………………………… 196
- 【181】ICCが管轄権を有する犯罪　………………………………… 197
- 【182】非締約国の行為に伴う侵略犯罪に対する管轄権の除外　… 197
- 【183】実行地及び被疑者の国籍によるICCの管轄権の有無　…… 198
- 【184】シェーファー米国務省戦争犯罪問題担当大使のICC規定に関する
  - 発言 …………………………………………………………………… 198

5 紛争解決・安全保障 ——————————————————————— 199

1　平和的解決 ……………………………………………………… 199
- 【185】在ペルー日本大使館公邸占拠事件に関する日本政府の見解 …… 200
- 【186】日韓請求権問題 ………………………………………………… 200

目　次

【187】慰安婦関係調査結果発表に関する河野内閣官房長官談話
　　　（1993年8月4日）‥‥‥‥‥‥‥‥‥‥‥‥‥‥‥‥‥‥‥‥‥‥ 201
【188】慰安婦問題日韓合意（2015年12月28日）‥‥‥‥‥‥‥‥‥‥‥ 201
【189】ICJ管轄権の受諾方式 ‥‥‥‥‥‥‥‥‥‥‥‥‥‥‥‥‥‥‥ 202
【190】選択条項受諾国一覧（2018年8月23日現在）‥‥‥‥‥‥‥‥‥ 203
【191】日本のICJ義務的管轄権受諾における「不意打ち提訴」に対する
　　　留保 ‥‥‥‥‥‥‥‥‥‥‥‥‥‥‥‥‥‥‥‥‥‥‥‥‥‥‥ 203
【192】ICJにおける裁判手続 ‥‥‥‥‥‥‥‥‥‥‥‥‥‥‥‥‥‥‥ 204
【193】民衆訴訟 ‥‥‥‥‥‥‥‥‥‥‥‥‥‥‥‥‥‥‥‥‥‥‥‥‥ 204
【194】核兵器の使用の合法性（ICJ勧告的意見，1996年7月8日）‥‥‥ 205

2　国際安全保障 ‥‥‥‥‥‥‥‥‥‥‥‥‥‥‥‥‥‥‥‥‥‥‥‥‥ 206
【195】集団的自衛権と集団的安全保障 ‥‥‥‥‥‥‥‥‥‥‥‥‥‥‥ 207
【196】「人間の安全保障」の定義 ‥‥‥‥‥‥‥‥‥‥‥‥‥‥‥‥‥ 207
【197】国連憲章第7章（一部抜粋）‥‥‥‥‥‥‥‥‥‥‥‥‥‥‥‥ 208
【198】国連PKOの変遷と分類 ‥‥‥‥‥‥‥‥‥‥‥‥‥‥‥‥‥‥ 209
【199】国際平和協力に関する諸法の概要 ‥‥‥‥‥‥‥‥‥‥‥‥‥‥ 210
【200】国際平和協力法 ‥‥‥‥‥‥‥‥‥‥‥‥‥‥‥‥‥‥‥‥‥‥ 211
【201】海賊対処法（海賊行為の処罰及び海賊行為の対処に関する法律，
　　　2009年6月19日成立，同年7月24日施行）の概要 ‥‥‥‥‥‥‥ 212
【202】日本船舶警備特別措置法（海賊多発海域における日本船舶の警備に
　　　関する特別措置法，2013年11月13日成立，11月30日施行）の概要 ‥‥ 213
【203】国際平和協力法の変遷 ‥‥‥‥‥‥‥‥‥‥‥‥‥‥‥‥‥‥‥ 214
【204】日本の「開発協力の原則」‥‥‥‥‥‥‥‥‥‥‥‥‥‥‥‥‥ 215

3　軍縮・不拡散 ‥‥‥‥‥‥‥‥‥‥‥‥‥‥‥‥‥‥‥‥‥‥‥‥‥ 216
【205】大量破壊兵器，ミサイル及び通常兵器（関連物質などを含む）の
　　　軍縮・不拡散体制の概要 ‥‥‥‥‥‥‥‥‥‥‥‥‥‥‥‥‥‥ 217
【206】世界の非核地帯 ‥‥‥‥‥‥‥‥‥‥‥‥‥‥‥‥‥‥‥‥‥‥ 218
【207】米ソ（露）二国間の軍備管理 ‥‥‥‥‥‥‥‥‥‥‥‥‥‥‥‥ 218
【208】核兵器不拡散条約（NPT）の主要規程 ‥‥‥‥‥‥‥‥‥‥‥‥ 219

略　語　表　221

凡　　例

1．収録資料の各項目に通し番号を付し，【　　】で表示した。
2．項目表示は通称を用いたが，必要に応じて，正式名称および関係する年月日等を（　　）内に表示した。
3．関連項目がある場合には，【　　】を付して，その関連する項目番号を表示した。
4．原則として各項目の最後に［出典］を付している。ただし，日本国内の法律文書，編著者が翻訳した条約その他の外交文書，編著者が整理・作成した図表・説明などについては出典を示していない。また，ウェブサイトのアクセス日は特に記述のあるものを除けば，2018年9月30日である。このほか，一部の年表（【001】【005】【048】【059】）及び図表（【009】【031】【079】）は古川が作成しているが，それ以外の筆者は当該部分の担当者を指す。
5．章内の各項目は，原則として年代順に配置したが，関連の深い項目については，まとめて掲載した。
6．巻末に「略語表」を付した（ただし，本文中に正式名称のあるものは省略した）。

I

基 礎 編

1 歴　　史

1　近　　代

　　解　題　国際関係の歴史を主要な国際体系の相克と捉えた場合，「西欧国際体系」「イスラム国際体系」「東洋国際体系」に分類できる。

　西欧国際体系は，30年戦争終結後のウェストファリア体制によって成立した「主権国家体制」，主権国家の国際的行動ルールとなる「国際法」，そして主権国家間の外交の基本方針となる「勢力均衡（Balance of Power）」を基本要素とする。その後，フランス革命・ナポレオン戦争を経て，これらを収拾するために開催されたウィーン会議によって，ヨーロッパはつかの間の協調・平和の時代を得た。この時代は「古典外交」の時代と呼ばれたが，重視された外交原則は「勢力均衡」であった。それはウィーン会議最終議定書にも明確に表されていたし，フランスの復活を恐れて「四国同盟」が結成されたことにも示されている。そのウィーン体制が終焉を迎えた後，自由主義の進展とナショナリズムの高揚の中で，それまで分裂していたイタリア，ドイツが統一国家を形成し国際政治の重要なアクターとして登場する。特にドイツ統一に導いたビスマルクは，絶妙な外交手腕で複雑な同盟ネットワークを形成しただけでなく，露土戦争に起因する国際紛争の解決のために1878年に彼が主催したベルリン会議に象徴されるように，ヨーロッパの安定にも力を注いだ【001】【002】。

　次のイスラム国際体系は，政治と宗教が未分化の独自の国際秩序である【003】。現実の国際社会の状況とは相違しているが，その基本となる思考枠組みは現在もイスラム教徒には一定の影響力を持っていると考えられる。西欧とイスラムの間でも抗争を繰り返し，一時は西欧社会がイスラムのオスマン帝国に征服される危機も生じた【001】。

　最後の東洋国際体系とは，中国を中心として成立したもので，「華夷秩序」と言われる独自の国際秩序が形成されていた。華夷秩序の中にあって，朝鮮半島やベトナム，琉球（沖縄）などには中国との間に朝貢と宗属関係を基本とする「冊封体制」が成立し，その他の周辺国とは中国王朝との距離を基本としたさまざまな関係があった。しかし，アヘン戦争および日清戦争などの結果，ヨーロッパ列強が本格的に進出して利権を獲得し，第二次世界大戦後に中華人民共和国が成立するまで，独立・統一すら危うい状態になっていく【001】【004】。

　このように，各国際体系は相互接触の過程で抗争を繰り返し，近代に西欧国際体系が世界全体を「支配」していく基礎が作られていくのである。

Ⅰ　基　礎　編

【001】近代国際関係（1618－1914）関連年表

1618年	**5** ボヘミアの新教徒（カルヴァン派）の墺（旧教国［皇帝派］）への反乱（30年戦争開始）【002】→墺，鎮圧
1625年	**5** クリスチャン4世（デンマーク王），新教徒保護を名目にドイツに侵入（→ボヘミア傭兵隊長のヴァレンシュタインの活躍で撃退）【002】
1630年	**6** グスタフ＝アドルフ（スウェーデン王），新教徒保護を名目にドイツに侵入（→アドルフが戦死し講和：プラハ条約締結［1635］）【002】
1635年	**5** 旧教国のフランス，西南ドイツに侵入し，スペイン（旧教徒）に宣戦布告【002】
1648年	**10** ウェストファリア（Westphalia）条約締結（30年戦争終結）【002】
1669年	**6** シャクシャインの戦い（→アイヌ，敗北：松前藩，蝦夷地における対アイヌ交易の主導権を握る）
1683年	**6** 大トルコ（Great Turkish）戦争（オスマン帝国，ハンガリー及びトランシルヴァニアに出兵）開始
1689年	**8** ネルチンスク（尼布楚）条約締結（清と露の境界線を定める）【004】
1699年	**1** カルロヴィッツ（Karlowitz）条約締結（大トルコ戦争終結→オスマン帝国，初めて欧州諸国に領土割譲・欧州における勢力の大幅後退）
1775年	**4** アメリカ独立戦争開始
1783年	**9** パリ条約締結（アメリカ独立戦争終結→英，米の独立を認める）
1789年	**5** クナシリ・メナシの戦い（→蜂起したアイヌ降伏：和人勢力伸長）　**7** フランス革命，全土に発生
1799年	**11** 仏，ナポレオン（Napoleon Bonaparte）が権力掌握（フランス革命終結）
1803年	**5** ナポレオン戦争勃発（仏と英墺露普との戦争）
1804年	**5** ナポレオン，フランス皇帝に即位
1805年	**5** ナポレオン，イタリア国王を兼務
1806年	**8** 神聖ローマ帝国滅亡（cf.ナポレオンの圧力により独にライン同盟成立）
1814年	**3** ショーモン（Chaumont）条約（英墺露普）締結【002】　**4** ナポレオン，イタリア国王退位→フランス皇帝退位　**9** ウィーン会議（Congress of Vienna）開始
1815年	**3** ナポレオン，皇帝に即位　**6** ウィーン議定書（Vienna Protocol）締結（→ウィーン体制成立）【002】ナポレオン，退位　**11** パリ条約締結（ナポレオン戦争終結）
1823年	**12** モンロー主義（Monroe Doctrine）発出（モンロー米国大統領，米大陸と欧州大陸間の相互不干渉を提唱）
1840年	**6** アヘン（Opium）戦争（アヘンの密輸販売をめぐる英と清の対立）勃発
1842年	**8** 南京条約締結（アヘン戦争終結→清，賠償金2100万ドル・香港の割譲・広東に加え厦門，福州，寧波，上海の開港）
1848年	**2** 仏，二月革命開始→ルイ・フィリップ（Louis Philippe）が国王退位（王政廃止）
1851年	**1** 太平天国の乱勃発（～64.8）【004】
1853年	**3** クリミア（Crimea）戦争（南下政策をとる露と阻止しようとするオスマン帝国・英・仏の対立）勃発
1854年	**3** 日米和親条約締結（下田と箱館（現在の函館）開港：鎖国体制の終焉）　**7** 琉米修好条約（琉球王国，米に領事裁判権を認める）
1855年	**2** 日魯通好条約締結【085】　**11** 琉仏修好条約締結（琉球王国，仏に領事裁判権を認める）
1856年	**3** パリ条約締結（クリミア戦争終結→オスマン帝国以外の軍艦のボスポラス海峡とダーダネルス海峡の通過禁止再確認・黒海の非武装化）　**6** アロー（Arrow）戦争（中国人による多くの外国人排斥事件に端を発する英仏と清の対立）勃発

4

|1| 歴　　史

1858年	**5** アイグン（璦琿）条約締結（露，清からアムール川（黒竜江）左岸獲得，ウスリー川以東（沿海州）は共同管理）【004】　**6** 天津条約締結（清，米英露仏と結ぶも批准拒否）【004】　**7** 日米修好通商条約締結（安政五カ国条約：蘭英仏露とも結ぶ→領事裁判権の設定（cf.治外法権）・関税自主権の喪失・外交官以外の外国人の国内旅行原則禁止）
1859年	**7** 琉蘭修好条約（琉球王国，蘭に領事裁判権を認める）
1860年	**8** 北京条約締結（アロー戦争終結→英仏へ800万両の賠償金・天津の開港・九竜半島の英への割譲・中国人の海外渡航許可）　**11** 北京条約締結（アロー戦争を仲介した露，黒竜江左岸の領有確認，沿海州領有［中州の島々は露が確保]）
1861年	**4** 南北（Civil）戦争：奴隷制をめぐる米国内の内戦　勃発
1862年	**9** ビスマルク（Otto von Bismarck），プロイセン王国首相（後のドイツ帝国首相）就任
1865年	**5** 南北戦争終結（奴隷制廃止派勝利）
1866年	**6** 普墺戦争勃発（墺を盟主とするドイツ連邦が脱退した普に宣戦）　**8** プラハ条約締結（普墺戦争終結→ドイツ連邦解体：普主導の北ドイツ連邦成立）
1867年	**6** オーストリア＝ハンガリー帝国成立
1868年	**10** 日本，明治改元
1869年	**9** 日本，蝦夷地及び北蝦夷地をそれぞれ北海道及び樺太と改称
1870年	**7** 普仏戦争（アルザス・ロレーヌをめぐる対立）勃発
1871年	**1** ドイツ帝国成立（プロイセン国王を皇帝とする）　**5** フランクフルト条約締結（普仏戦争終結：仏，50億フランの賠償金・アルザス・ロレーヌ喪失）　**8** 日本，廃藩置県　**9** 日清修好条規締結（欧米諸国と結んだ不平等条約の内容を相互に認め合う）
1872年	**10** 日本，琉球藩設置
1873年	**10** 三帝同盟締結【002】
1874年	**5** 日本，台湾出兵【087】
1875年	**5** 樺太・千島交換（サンクトペテルブルク）条約締結【085】
1876年	**2** 日朝修好条規締結（不平等条約［朝鮮，領事裁判権の設定・関税自主権の喪失]→開国）　**3** 日本，小笠原諸島の領有宣言
1877年	**2** 西南戦争（士族による反政府活動：日本国内で最後の内戦）勃発　**4** 露土戦争（オスマン帝国領下のスラヴ系諸民族によるトルコ人支配に対する反乱を露が支援）勃発　**9** 西南戦争終結（政府軍勝利）
1878年	**3** サン・ステファノ（San Stefano）条約締結（露土戦争終結→露にオスマン帝国領一部割譲・セルビア独立承認など）　**6** ベルリン（Berlin）会議（サン・ステファノ条約の修正）→**7** ベルリン条約締結（墺英露によりオスマン帝国の大半を分割→セルビア王国独立）
1879年	**4** 日本，沖縄県設置（琉球藩廃止→「琉球王国」終焉：琉米修好条約・琉仏修好条約・琉蘭修好条約失効）　**10** 独墺同盟締結【002】
1880年	**4** 日本，分島・増約（改約）案【087】提案
1882年	**5** 三国同盟（Triple Alliance）締結【002】
1885年	**12** 伊藤博文（長州出身）内閣成立
1887年	**3** リスボン議定書締結（ポルトガル，マカオ［澳門］の統治権を正式に認められる）　**6** 再保障条約締結【002】
1888年	**4** 黒田清隆（薩摩・陸軍出身）内閣成立
1889年	**9** 門戸開放通牒（米，列強主要国（英独露［日伊露は11月]）に対して中国の主権の尊重と中国内の港湾の自由使用を求める）　**12** 山縣有朋（長州・陸軍出身）内閣成立（cf.主権線［国家を規定する国境]と利益線［国家の利益と関係する境界線]を提唱）

I 基礎編

1890年	**3**ドイツ皇帝ヴィルヘルム2世（Wilhelm II），ビスマルクを辞職させる　**11**大日本帝国憲法施行
1891年	**5**松方正義（薩摩出身）内閣成立
1892年	**8**伊藤博文内閣成立
1894年	**1**露仏同盟締結　**7**英通商航海条約締結（領事裁判権撤廃：英の好意的中立）日清戦争（朝鮮半島の利権をめぐる対立）勃発　**11**日米通商航海条約締結（領事裁判権撤廃）
1895年	**4**下関（馬関）条約締結（日清戦争終結→日，遼東半島・台湾・澎湖諸島および約2億両獲得：※華夷秩序【004】崩壊へ加速）→三国干渉（独仏露の勧告：日，還付報奨金と引き換えに遼東半島返還）　**6**日本，台湾総督府設置
1896年	**9**松方正義内閣成立
1898年	**1**伊藤博文内閣成立　**6**大隈重信（肥前出身）内閣成立　**11**山縣有朋内閣成立
1899年	**10**ボーア（Boer）戦争（南アフリカの植民地化をめぐる英と蘭系アフリカーナ〔ボーア人〕の対立）勃発
1900年	**6**義和団の乱勃発（～01.7）【004】　**10**伊藤博文内閣成立
1901年	**6**桂太郎（長州・陸軍出身）内閣成立　**9**北京議定書（義和団との戦闘の事後処理）
1902年	**1**日英同盟締結（露の極東進出政策に対抗）　**5**ボーア戦争終結（英の勝利）
1904年	**2**日露戦争（朝鮮半島の利権をめぐる対立）　**4**英仏協商締結
1905年	**3**第一次モロッコ危機（仏のモロッコ進出に独が対抗）勃発　**9**ポーツマス（Portsmouth）条約締結（日露戦争の講和条約）【085】
1906年	**1**西園寺公望（山城・公家出身）内閣成立　**4**アルヘシラス議定書（第一次モロッコ危機解決：独，モロッコの現状維持を承認）
1907年	**4**日本，樺太庁設置　**8**英露協商締結（※三国協商（Triple Entente）成立）
1908年	**7**桂太郎内閣成立　**10**墺，ボスニア・ヘルツェゴヴィナ併合宣言（セルビア反発するも露の支持得られず）
1910年	**8**日韓併合条約締結【042】　**9**日本，朝鮮総督府設置
1911年	**2**新日米通商航海条約締結（関税自主権の完全回復）　**7**第二次モロッコ危機（独，仏のモロッコ進出の見返りを求めて対立）勃発　**8**西園寺公望内閣成立　**10**辛亥革命勃発（清朝滅亡→皇帝専制政治終了）【004】　**10**モロッコ協定（独，モロッコに対する要求を放棄）　**11**コンゴ協定（独，仏領コンゴの一部獲得）
1912年	**1**中華民国成立（孫文（Sun Yat-sen），臨時大総統就任）　**3**袁世凱（Yuan Shikai），中華民国臨時大総統就任　**10**第一次バルカン戦争（オスマン帝国とバルカン同盟の対立）勃発　**12**桂太郎内閣成立
1913年	**2**山本権兵衛（薩摩・海軍出身）内閣成立　**5**ロンドン条約締結（第一次バルカン戦争終結：バルカン同盟勝利）　**6**第二次バルカン戦争（ブルガリアと対ブルガリア連合の対立）勃発　**8**ブカレスト条約（第二次バルカン戦争終結：対ブルガリア連合勝利）　**10**袁世凱，中華民国大総統就任
1914年	**4**大隈重信内閣成立　**6**墺帝位継承者フランツ・フェルディナント（Franz Ferdinand）夫妻がサライェヴォ（Sarajevo）で暗殺（→第一次世界大戦勃発）

〔出典〕　各種資料をもとに筆者作成。

【002】西欧国際体系

(1) 関連地図

1．16世紀の神聖ローマ帝国

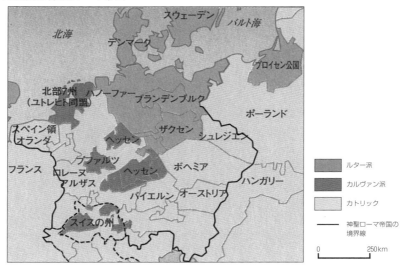

2．1815年のプロイセン

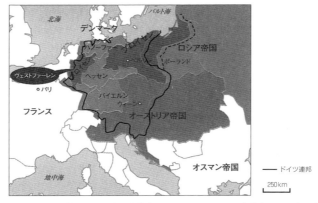

[注] ドイツ連邦とは，旧神聖ローマ帝国を構成していたドイツの35の領邦と4つの帝国自由都市との連合体で，1815年6月にオーストリアを盟主として発足（1866年のプラハ条約で解体）。
[出典] イブ・ラコスト（猪口孝日本語版監修，大塚宏子訳）『ヴィジュアル版 ラルース 新版地図で見る国際関係』原書房，2017年，122頁。

I　基礎編

(2)　ウェストファリア条約（1648年10月24日締結）

　選挙侯，諸侯及び自由市より成る帝国議会において，旧教徒（皇帝派）の多数を変じ，新教徒に対等の力を与えて均勢を維持せしめる。皇帝の権力を制限し皇帝は任意に議会を招集する権なく，議会は一定の時期に自ら集会し，帝国の参戦，講和につき皇帝は議会の協賛を要することとなった。新教諸侯の領土を拡張し，旧教諸侯の領土を或は改収し或は俗化して両派を拮抗せしめる。両派の均勢破れんとするときは，フランス，スウェーデンは干渉を成し得べしとする。各諸侯は皇帝の承認を要せずして，相互に又は外国と同盟を結ぶの権を認められた。諸侯は主権を認められ，事実上独立の君主となった。

　　［出典］　神川彦松「近代国際政治史　上巻」『神川彦松全集　第二巻』勁草書房，1967年，122頁。

(3)　ショーモン条約（1814年3月締結：フランスに対する4カ国同盟）

　①向こう20年間，ウィーン体制を維持する。即ちナポレオンとその王朝の復活阻止とフランスの侵略から欧州を防護すること，ウィーンで確立された原則から逸脱があった場合は，すみやかにかつ断固同盟国の協同の下に行動する。②締約国は上記の目的を達するため，共通の利害問題のためと，また人々の休息と繁栄と平和保持のために最も適当な手段を検討するため，時々集まって会合をもつ。

　　［注］　本条約はウィーン会議で再確認され四国同盟が締結された。その後，1818年にフランスが加わり五国同盟となったが，スペイン立憲革命(1820～23)の干渉に対するイギリスの反対を契機に事実上崩壊した。
　　［出典］　北島平一郎『近代外交史──ナポレオンからカイザーへ』創元社，1975年，51頁。

(4)　ウィーン議定書（1815年6月9日締結）

　①フランス・スペイン・ナポリではブルボン家が復位する，②ローマ教皇領が復活し，サルデーニャはサヴォイア・ジェノヴァを獲得する，③ポーランドの大部分にはロシア皇帝を王とするポーランド王国が成立する，④プロイセンはザクセンの一部とライン左岸を獲得する，⑤神聖ローマ帝国は復活させず，35の君主国と4つの自由市からなるドイツ連邦を構成する，⑥イギリスはオランダからセイロン（スリランカ）とケープ植民地を，そして戦時中占領した地中海のマルタ島を獲得する，⑦オランダは海外の植民地を喪失した代償に南ネーデルラント（ベルギー）を獲得する，⑧オーストリアは南ネーデルラントを喪失した代償として北イタリアのロンバルディアとヴェネツィアを獲得する，⑨スウェーデンはフィンランドをロシアに，西ポンメルンをプロイセンに割譲するかわりにノルウェーを獲得する，⑩スイスを永世中立国とする。

　　［出典］　木下康彦ほか編『詳説世界史研究』山川出版社，2008年，358頁。

1 歴 史

(5) ビスマルク外交

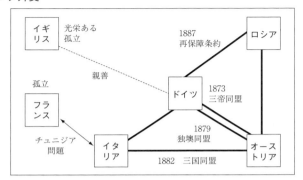

[出典] 『グローバルワイド最新世界史図表』第一学習社，2007年，193頁をもとに筆者作成。

【003】 イスラム国際体系 [注1]

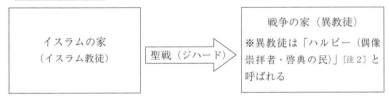

[注1] イスラムは政治と宗教の分化を認めていない。イスラムとは，人間活動のあらゆる分野においてアッラーの命に従うこと。「イスラムの家」は基本的に宗教共同体である。イスラム法は近代的意味での法律ではなく，あらゆる人間活動における行動の規範のこと。罰の考え方も，現世だけでなく来世におけるものも伴う。「戦争の家」に存在する異教徒の諸集団も，基本的に宗教集団としてとらえる。イスラム国際体系は，基本的に宗教集団と宗教集団との関係のことで，「国家」を基本単位とする近代的な国際体系とは異質のもの。
[注2] 「偶像崇拝者」には「改宗か死か」の選択。「啓典の民（キリスト教・ユダヤ教のように唯一神を奉じ啓示の書をもつもの）」にはムスリムの共同体との契約により，税の支払いや一定の行動制限に従うことが条件で，イスラム法が許容する範囲での，固有の宗教と法と生活慣習をもった自治が許される。
[出典] 鈴木董「イスラム国際体系」有賀貞ほか編『講座国際政治①』東京大学出版会，1989年，81-111頁をもとに筆者作成。

Ⅰ 基 礎 編

【004】東洋国際体系

(1) 華夷秩序の概念図

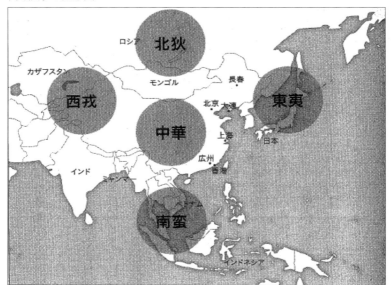

[注] 中国は取り囲むの四方の異民族を「四夷」と侮蔑の意味を含んで呼称した。
「四夷」とは，
①東夷（とうい）：東方に住む異民族で，貉（むじな）の同類の存在．
②西戎（せいじゅう）：西側に住む民族で，羊を放牧し，自らも羊と同類．
③北狄（ほくてき）：北方の民族で，犬と同類の人々．
④南蛮（なんばん）：東南アジア諸国や南から来訪する西洋人で，昆虫と同類を指す。
なお，中国の最も伝統的な安全保障戦略は「以夷制夷（夷狄を以て，夷狄を制す）」である。
[出典] 秋元千明『戦略の地政学』ウェッジ，2017年，139頁。

(2) 「不平等条約」下の中国

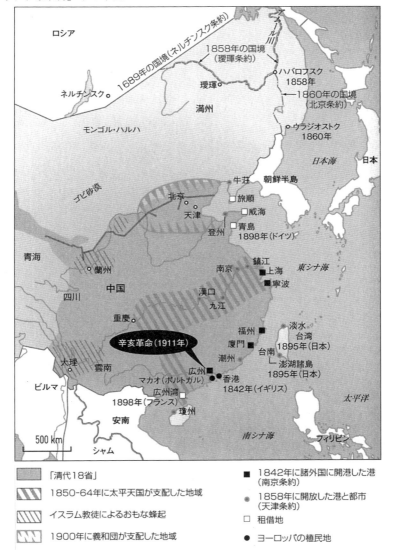

[出典] イブ・ラコスト（猪口孝日本語版監修，大塚宏子訳）『ヴィジュアル版 ラルース新版 地図で見る国際関係』原書房，2017年，198頁。

Ⅰ　基礎編

2　2つの世界大戦

> 　**解　題**　第一次世界大戦は，人類史上初めての世界戦争，総力戦となった【005】【006】。戦争終結にあたって米国の参戦が果たした役割は大きく，戦後の国際秩序の在り方について米国のウィルソン大統領が発表した14カ条の平和原則【008】は，その後の国際社会に大きな影響をもたらした。特に重要なのが集団安全保障に基づく「国際連盟」【089】の創設と，それまでの秘密外交の在り方を批判した「新外交」の提唱であった。他方，現在の「新しい脅威」の中心であるテロ問題との関係も強く，極めて解決が困難な課題である中東問題の直接の原因となった3つの文書も第一次世界大戦中に発出された【007】。
> 　第一次世界大戦後の国際秩序は，ヨーロッパにおける「ヴェルサイユ体制」と，アジア・太平洋地域における「ワシントン体制」である。「ヴェルサイユ体制」はドイツに過酷な賠償を命じるとともに領土削減や軍備縮小などを決めた厳しい内容で，ドイツ国民に大きな不満を生んだ結果，1930年代のナチス台頭の温床となっていく【005】【006】。他方，「ワシントン体制」は日米の建艦競争（海軍の大幅増強）に関する軍縮条約に始まり，太平洋地域に関する4カ国条約，中国問題に関する9カ国条約の3つの条約によって形成された国際体制であった。ちなみに1920年代は国際協調の時代と言われ，第一次世界大戦の惨禍に懲りて平和と安定を望む傾向が強く，ヴェルサイユ体制成立時のドイツ賠償問題をめぐる混乱にあたっては「ロカルノ体制」が成立して地域安定のモデルとなり，1929年のパリ不戦条約はこの時代の平和主義を象徴するものであった【009】。
> 　しかし，大恐慌による世界経済の混乱で各国はブロック経済の形成に向かい，いわゆる「持てる国」（米国，英国，フランス）と「持たざる国」（日本，ドイツ，イタリア）の対立も先鋭化していく。ドイツで政権を握ったヒトラーによるヴェルサイユ体制への挑戦に対して，英国やフランスは「宥和政策」で臨んだが，ヒトラー政権の対外膨張への野心は止まらず，1939年9月にヨーロッパで戦争が勃発する。日本も中国との戦争を終結させる見通しがないまま，ドイツ・イタリアと同盟を結んだ。1941年12月に日本が米国や英国等と戦端を開き，ドイツもこれに加わることでヨーロッパからアジアに至る世界大戦となり，各国に大きな被害をもたらして1945年まで続く【005】【010】。
> 　さて，第二次世界大戦の戦争目的および戦後構想を示したのが「4つの自由」と「大西洋憲章」である【011】【012】。連合国はこの後もカイロ・ヤルタやポツダムなどで会談を行うことで戦後構想を検討し，第二次世界大戦後の国際社会に大きな影響をもたらした【013】【014】【015】。

1　歴　史

【005】　2つの世界大戦（1914-1945）関連年表

1914年	**7**第一次世界大戦勃発【006】　**8**独，露仏に宣戦布告し中立国ベルギーに侵攻→英，独に宣戦布告　日本，独に宣戦布告（cf.日英同盟）　タンネンベルクの戦い（東部戦線）　**9**マルヌの戦い（西部戦線）　**10**オスマン帝国参戦（同盟国側）
1915年	**1**日本，中国に21か条の要求（山東省の独の利権継承，満蒙の権益など）　**4**独軍，毒ガス使用　**5**伊参戦（三国同盟破棄）【002】　**6**フサイン＝マクマホン協定開始【007】（～16.1）　**10**ブルガリア参戦（同盟国側）【006】
1916年	**2**独，ヴェルダン要塞総攻撃（西部戦線：～16.12）　**5**サイクス＝ピコ協定締結【007】　**6**袁世凱，死去（→群雄割拠の時代に）　**7**ソンムの戦い（西部戦線：～16.11）　**10**寺内正毅（長州・陸軍出身）内閣成立
1917年	**2**独，無制限潜水艦作戦宣言　**3**ロシア3月革命（ロシア暦2月：帝政終結→臨時政府成立）　**4**米国参戦（協商国側）　**11**石井＝ランシング協定締結（中国内の特殊利益に関する日米合意）　**11**バルフォア宣言【007】　**11**ロシア11月革命（ロシア暦10月：臨時政府瓦解→レーニン（Vladimir Lenin），権力掌握→「平和に関する布告」（無賠償・無併合・民族自決）を提唱）
1918年	**1**ウィルソン（Thomas Woodrow Wilson：民主）米国大統領，14ヵ条の平和原則【008】提案　**3**ブレスト＝リトフスク条約調印（同盟国・ロシア革命政権講和）　**7**ソヴィエト＝ロシア成立　**8**日米英仏など，シベリア出兵開始（ロシア革命干渉戦争：～22.10）　**9**原敬（盛岡出身）内閣成立　ブルガリア降伏　**10**オスマン帝国降伏　**11**墺降伏（→オーストリア＝ハンガリー帝国崩壊）　**12**独，休戦条約調印
1919年	**3**朝鮮，三・一運動（日本からの独立運動）　**5**中国，五・四運動（抗日・反帝国主義運動）　**6**ヴェルサイユ（Versailles）条約締結（独との講和成立）【006】【009】　**8**独，ワイマール（Weimar）憲法採択　**9**サン＝ジェルマン（Saint-Germain）条約締結（墺との講和成立）　**10**中国国民党結成（広東）　**11**ヌイイ（Neuilly）条約締結（ブルガリアとの講和成立）
1920年	**1**国際連盟発足【089】　**4**ケマル（Mustafa Kemal），大国民議会招集（アンカラ政府成立）　**6**トリアノン（Trianon）条約締結（ハンガリーとの講和成立）　**8**セーヴル（Sèvres）条約締結（オスマン帝国との講和成立→オスマン帝国，広大な領土を喪失）
1921年	**1**ロンドン会議（独の賠償金額1320億金マルクに決定）　**7**中国共産党結成（上海）　**11**高橋是清（江戸出身）内閣成立　**12**独，賠償金の支払い延期要求　四か国条約締結【009】
1922年	**2**ワシントン海軍軍縮条約・九か国条約締結【009】　**3**日本，南洋庁官制施行（南洋庁設置）　**4**スターリン（Joseph Stalin），ロシア（後のソ連）共産党書記長就任　ラパロ（Rapallo）条約締結（独ソ関係の正常化）　**6**加藤友三郎（安芸・海軍出身）内閣成立　**10**ムッソリーニ（Benito Mussolini），ローマ進軍（権力掌握）　**11**オスマン帝国滅亡　**12**ソビエト社会主義共和国連邦（ソ連）樹立宣言
1923年	**1**仏・ベルギーがルール占領（※独で天文学的インフレ）　**7**ローザンヌ（Lausanne）条約締結（アンカラ政府，主権国家として認められる）　**9**関東大震災　山本権兵衛内閣成立　**10**ケマル，トルコ共和国成立を宣言（トルコ革命）　**11**ヒトラー（Adolf Hitler）によるミュンヘン一揆
1924年	**1**清浦奎吾（肥後出身）内閣成立　レーニン死去　**4**中国，第一次国共合作成立　**6**加藤高明（尾張出身）内閣成立　**8**ドーズ案（1年目は10億金マルク［うち8億金マルクはドーズ公債］から始めて次第に増額し，5年目以降［標準年度］に入ってからは25億金マルク，6年目以降の支払いは「繁栄指数」を考慮して決定されるとする）成立
1925年	**8**仏，ベルギー，ルール占領解除　**12**ロカルノ条約成立（英独仏伊，ベルギー，ポーランド，チェコスロバキアの7カ国で締結，ラインラントの永久非武装化も決定）
1926年	**1**若槻禮次郎（出雲出身）内閣成立　**7**中国国民政府，北伐開始（第1次北伐）　**9**独，常任理事国として国際連盟加盟【088】

13

Ⅰ　基礎編

1927年	**4**蒋介石，上海クーデター（共産党勢力排除→北伐一時中断）田中義一（長州・陸軍出身）内閣成立　**5**日本，山東出兵（～29.5）　**8**中国共産党，南昌（Nanchang）蜂起（第1次国共内戦開始：～37.1）
1928年	**4**中国国民政府，北伐再開（第2次北伐）　**6**蒋介石，「全国統一」宣言（北伐終了）　**8**不戦条約（戦争放棄に関する条約，Kellogg-Briand Pact）締結【009】　**10**蒋介石（Chiang Kai-shek），中華民国国民政府主席就任
1929年	**6**ヤング案（賠償総額1210億ライヒスマルク・59年払いに緩和）成立　**7**濱口雄幸（土佐出身）内閣成立　**10**ウォール街で株価大暴落→世界恐慌（Great Depression）の発生
1930年	**4**ロンドン海軍軍縮条約締結【009】
1931年	**4**若槻禮次郎内閣成立　**6**独，賠償金支払い停止を宣言　**7**フーヴァー＝モラトリアム（米，賠償・戦債の1年間支払い猶予）　**9**満州事変（日本，満州に侵攻）　**12**犬養毅（備中出身）内閣成立
1932年	**3**満州国，建国　**5**五・一五事件（犬養首相，暗殺）→斎藤実（陸奥・海軍出身）内閣成立　**6**ローザンヌ会議（賠償金30億ライヒスマルクに減額で合意→米独未批准）　**7**オタワ会議（英，スターリング・ブロック形成へ）
1933年	**3**フランクリン・ルーズベルト（Franklin D. Roosevelt [FDR]：民主），米国大統領就任　日本，国際連盟脱退表明【088】　**5**ナチス政権発足　**10**独，国際連盟と軍縮会議より脱退　**12**日本，ワシントン海軍軍縮条約の破棄通告（36.12 失効）
1934年	**1**独，ポーランドとの不可侵条約締結（期間10年）　**7**岡田啓介（越前・海軍出身）内閣成立
1935年	**3**独，ザール地方回復・徴兵制度復活及びヴェルサイユ条約第5編（軍備制限）の廃棄　**6**英独海軍協定締結（制限付きで独の再軍備を認める）　**10**伊，エチオピア侵攻【088】
1936年	**1**日本，ロンドン海軍軍縮条約を脱退　**2**二・二六事件（日本陸軍のクーデター未遂事件）　**3**広田弘毅（福岡出身）内閣成立　独，ラインラントの再武装化とロカルノ諸条約の破棄　**5**伊，エチオピア併合　**11**独防共協定締結　**12**西安（Xi'an）事件（蒋介石，反共から抗日に）
1937年	**2**林銑十郎（石川・陸軍出身）内閣成立　**6**近衛文麿（東京出身）内閣成立　**7**日中戦争勃発　**9**中国，第2次国共合作成立　**11**独伊防共協定締結　中国国民政府，重慶（Chongqing）に遷都　**12**南京（Nanjing）攻略戦開始（日本勝利：cf.南京事件）　伊，国際連盟脱退【088】
1938年	**1**第一次近衛声明（日中国交断絶：「国民政府を対手とせず」）　**3**独，墺併入・占領　**9**ミュンヘン協定（ズデーテンの割譲をはじめ独の要求はほとんど認められる）【010】　**10**英独不可侵条約締結　**11**第二次近衛声明（東亜新秩序建設に関する声明：第1次近衛声明を修正）　**12**仏独不可侵条約締結　第三次近衛声明（近衛3原則［中国との和平方針］：善隣友好，共同防共，経済提携）
1939年	**1**平沼騏一郎（美作出身）内閣成立　**3**独，チェコスロバキア侵入・占領【010】　**4**伊，アルバニア侵攻　独，ポーランドとの不可侵条約及び英独海軍協定破棄（英がポーランドへ保証を与えたことに対する報復）　**5**ノモンハン（Nomonhan）事件（満蒙国境で日ソ軍衝突）独伊同盟締結　**7**日米通商航海条約破棄（米，対日貿易制限開始）　**8**独ソ不可侵条約締結（期間10年：ヒトラー，この取引きにより急に「反共十字軍」をやめラパロとビスマルクの論理【002】に復帰）　**8**阿部信行（石川・陸軍出身）内閣成立　**9**独ソ，ポーランド侵攻（英仏，独に宣戦布告→第二次世界大戦勃発）【010】　**9**ソ連，バルト3国（リトアニア・ラトヴィア・エストニア）侵入　**11**ソ連，フィンランド侵入

1　歴　史

1940年	1米内光政（岩手・海軍出身）内閣成立　新日米通商航海条約失効　3汪兆銘（Wang Chao-ming），南京国民政府樹立　4独，デンマーク・ノルウェー侵入・占領【010】　5英，チャーチル（Winston Churchill）内閣成立　独，ルクセンブルク・ベルギー・蘭仏侵入【010】　6英軍ダンケルク撤退　伊，英仏に宣戦布告　パリ陥落（仏の降伏→休戦成立）【010】　7近衛文麿内閣成立（cf.大東亜共栄圏：大東亜を日本の生存権とする【010】）　8ソ連，バルト3国併合　9日本，北部仏領インドシナ進駐【010】　9日独伊3国軍事同盟締結　10独，ルーマニア占領【010】
1941年	1FDR，「4つの自由」演説【011】　3米，武器貸与法成立（連合国に対し膨大な軍需物資の供給可能に）　4独，ユーゴスラヴィアとギリシアへ侵入・占領【010】日ソ中立条約締結【085】　6独ソ開戦（独の一方的な宣戦と全面奇襲攻撃で開始）【010】　7米英，日本資産を凍結　8米，対日全面禁輸決定　米英，大西洋憲章調印【012】　10東條英機（東京・陸軍出身）内閣成立　12真珠湾攻撃（太平洋戦争開始：独伊，米に宣戦布告）【010】
1942年	1連合国共同宣言（「枢軸国と徹底的に戦い各国が単独で休戦または講和しない」と明言）　2日本，シンガポール占領【010】　6ミッドウェー（Midway）海戦（日本海軍，敗北）【010】
1943年	2独，スターリングラード（Stalingrad）でソ連に降伏【010】　9伊，無条件降伏　11大東亜共同宣言（「東亜諸国を米英から解放し，自存自衛のための大東亜の建設」と宣言）米英中，カイロ宣言【013】
1944年	6連合国軍，ノルマンディー（Normandie）上陸作戦　7小磯國昭（栃木・陸軍出身）内閣成立　ブレトン・ウッズ（Bretton Woods）会議（世界銀行と国際通貨基金（IMF）の設立決定）　8連合軍，パリ解放【010】米英ソ中，ダンバートン・オークス会議【088】　11米軍，日本爆撃開始
1945年	2ヤルタ（Yalta）協定締結【014】硫黄島の戦い（2.16〜3.26 組織的戦闘終結）　3沖縄戦開始（3.26〜6.23 組織的戦闘終結）　4鈴木貫太郎（和泉・海軍出身）内閣成立　FDR死去（→トルーマン（Harry S.Truman）副大統領が大統領就任）　サンフランシスコ会議【088】　5独，無条件降伏　7ポツダム（Potsdam）宣言【015】　6ベルリン宣言【052】（ドイツ分割管理）　8米軍，広島原爆投下　ソ連，対日宣戦【085】米軍，長崎原爆投下　日本，ポツダム宣言受諾表明（無条件降伏）東久邇稔彦（皇族・陸軍出身）内閣成立　ソ連軍，南樺太占領　9対日連合国降伏文書調印（第2次世界大戦停戦）ソ連軍，北方四島占領【085】朝鮮総督府，降伏文書調印（→米ソ分割占領）　10幣原喜重郎（大阪府出身）内閣成立　国際連合（国連）発足【088】連合国最高司令官総司令部（GHQ：ダグラス・マッカーサー（Douglas MacArthur）最高司令官），日本の外交権停止を指令　台湾総督府，降伏文書調印（→中華民国編入）　11ニュルンベルク裁判所開廷（戦犯19被告に有罪判決：46.10）【180】　11ユーゴスラヴィア連邦人民共和国（FPRY）建国宣言【061】日本，海軍省廃止　12日本，陸軍省廃止　国際通貨基金（IMF）・国際復興開発銀行（世界銀行）発足

［出典］　各種資料をもとに筆者作成。

Ⅰ 基礎編

【006】第一次世界大戦関連地図
(1) 第一次世界大戦前（1914年）のヨーロッパ

［出典］ イブ・ラコスト（猪口孝日本語版監修，大塚宏子訳）『ヴィジュアル版 ラルース新版 地図で見る国際関係』原書房，2017年，122頁。

(2) 第一次世界大戦後のドイツ

［出典］ イブ・ラコスト（猪口孝日本語版監修，大塚宏子訳）『ヴィジュアル版 ラルース新版 地図で見る国際関係』原書房，2017年，122頁。

1 歴　史

【007】中東問題の淵源

(1)　フサイン＝マクマホン協定（1915〜16年）

イギリスが同盟国であるフランスの利益を損なうことなしに自由に活動できる境界線内
にある地域においては，私は英国政府の名の下で次のとおりの保証および貴書簡への返答
を与える権限を有しております。すなわち，

① 　イギリスは一定の修正を加えて[注]，メッカのシャリーフによって要求されている範
　囲内すべての地域におけるアラブ人の独立を認め，それを支援する用意がある。

② 　イギリスは外国からのすべての侵略に対して聖地を保全し，その不可侵性を承認する。

③ 　状況が許せば，イギリスはアラブに助言を与え，これらのさまざまな地域における
　もっとも適切と思われる統治形態を設立する援助を行う。

④ 　他方，アラブ側はイギリスだけの助言と指導を仰ぐことを決定し，健全なる統治形態
　の確立に必要なヨーロッパ人の顧問および官吏はイギリス人であることを承認する。

⑤ 　バグダードおよびバスラの両州（ウィラーヤ）に関しては，現地住民の福利の促進と
　相互の経済的利益を保護するために当該地域を外国の侵略から守るべく，イギリスの地
　位と利益の観点から特別の行政措置を必要としていることをアラブ側は承認する。（略）

　　［注］ メルシナとアレキサンドレッタの両地域，およびダマスクス，ホムス，ハマ，アレッポよりも西に位
　　　　置する地域はアラブ独立国家からは除外されるという修正。
　　［出典］ 歴史学研究会編『世界史史料⑩』岩波書店，2006年，38-41頁。

(2)　サイクス＝ピコ協定（1916年5月）

一 　イギリスおよびフランスはアラブ首長の宗主権の下において添付地図に示されるA地
　域およびB地域のアラブ国家あるいはアラブ国家連合を承認してそれを保護する用意が
　ある。A地域においてはフランスが，B地域においてはイギリスが事業および地域融資
　の優先権を有する。A地域においてはフランスのみが，B地域においてはイギリスのみ
　がアラブ国家あるいはアラブ国家連合の要請に応じて顧問あるいは外国人官吏を供給で
　きる。

二 　青色地域においてはフランスが，赤色地域においてはイギリスが，それぞれが望むよ
　うな，あるいはアラブ国家またはアラブ国家連合と合意するのが適切だと考える，直接
　的または間接的な統治あるいは管理を行うことが認められる。

三 　茶色地域においては国際管理が行われるが，その形態はロシア，そして後には他の同
　盟諸国，さらにはメッカのシャリーフの代表と協議して決定される。（略）

九 　フランス政府はアラブ国家あるいはアラブ国家連合を除いては第三国に対して，イギ
　リス政府の事前の了承なく青色地域における諸権利の移譲を行う交渉を行わないし，当
　該諸権利を譲渡しないことに合意する。また，イギリス政府も赤色地域に関してフラン
　ス政府に対して同様の約束を与えることを合意する。

　　［出典］ (1)と同じ。

17

I 基礎編

(3) サイクス＝ピコ協定関連地図

［出典］ 'The Sykes-Picot Agreement (1916)' (Jewish Virtual Library Website) をもとに筆者作成。

(4) バルフォア宣言（1917年2月）

　私は国王陛下の政府を代表いたしまして，ユダヤ人シオニスト諸氏の大望に共感を示す以下の宣言を，閣議の同意を得て貴下にお伝えすることができて非常に悦ばしく思っております。「国王陛下の政府はパレスチナにおいてユダヤ人のためナショナル・ホームの民族的郷土を設立することを好ましいと考えており，この目的の達成を円滑にするために最善の努力を行うつもりです。また，パレスチナに現存する非ユダヤ人諸コミュニティーの市民および信仰者としての諸権利，ならびに他のあらゆる国でユダヤ人が享受している諸権利および政治的地位が侵害されることは決してなされることはないと明確に理解されています。」

　貴下がこの宣言をシオニスト連盟にお知らせいただけましたならば光栄に存じます。
　　［出典］ (1)と同じ。

1 歴　史

【008】 14カ条の平和原則 （ウィルソン大統領の米議会への年頭教書，1918年1月8日）

　この戦争でわれわれが求めるものは，われわれ自身にとって特別なものではない。それは，この世界を住みやすく安全なものにすることである。（略）世界平和のための計画は，われわれの計画である。そしてその計画，われわれが見るところ唯一の可能な計画は，以下の通りである。

(1)　開かれた形で到達した開かれた平和の盟約。その締結後は，いかなる種類の秘密の国際的合意もあってはならず，外交は常に率直に国民の目の届くところで進められるものとする。

(2)　平時も戦時も同様だが，領海外の海洋上の航行の絶対的な自由。ただし，国際的盟約の執行のための国際行動を理由として，海洋が全面的または部分的に閉鎖される場合は例外とする。

(3)　和平に同意し，その維持に参加するすべての諸国間における，すべての経済障壁の可能な限りの除去と貿易条件の平等性の確立。

(4)　国家の軍備を，国内の安全を保障するに足る最低限の段階まで縮小することで，適切な保証を相互に交換。

(5)　植民地に関するすべての請求の，自由で柔軟，かつ絶対的に公平な調整。その際には，主権に関するそうしたすべての問題の決着に当たっては，当事者である住民の利害が，法的権利の決定を待つ政府の正当な請求と同等の重みを持たされなければならない，という原則に基づくものとする。

(6)〜(13)　ロシア，ベルギー，仏領，伊国境，オーストリア・ハンガリー，バルカン諸国，トルコ少数民族，ポーランドの領土回復または独立の保持（詳細は省略）。

(14)　大国にも小国にも等しく，政治的独立と領土保全の相互保証を与えることを目的とする具体的な盟約の下に，諸国の全般的な連携が結成されなければならない。

　…（略）…

　これでわれわれは，これ以上の疑いも質問の余地もないほど，具体的な言葉で述べ終えた。私が概要を述べたこの計画全体には，明確な原則が貫いている。それは，すべての国民と民族に対する正義であり，そして強い弱いにかかわらず，互いに自由と安全の平等な条件の下に生きる権利である。この原則が土台となっていない限り，国際正義という建造物は，どの部分もしっかり立つことはできない。合衆国の国民は，これ以外の原則に従って行動することはできない。そして，この原則を守るために，自分の生命，栄誉，持っているものすべてを捧げる準備ができている。このことの道徳的な頂点，人類の自由のための最終的な絶頂である，その戦争が訪れたのである。合衆国国民は，自分の力，自分の最も崇高な目的，そして自分自身の品位と献身を試してみる準備ができている。

　［出典］　在日米国大使館・領事館ウェブサイトをもとに筆者作成。

Ⅰ 基礎編

【009】 1920年代の国際協調 （ヴェルサイユ体制・ワシントン体制）

年　月	会議名	締結条約	内　容	参加国
1919年 1-6月	ヴェルサイユ講和会議	ヴェルサイユ条約	国際連盟規約 ドイツの領土喪失【006】 ドイツの軍備制限（陸軍の徴兵制，潜水艦，空軍の禁止） 日本，中国の山東省におけるドイツ権益を受け継ぎ，南洋群島を委任統治	戦勝国27カ国
1921年11月- 1922年2月	ワシントン会議	四カ国条約 （12月）	太平洋島嶼の領土権尊重（この条約調印の結果，日英同盟は破棄）	日・英・米・仏
		ワシントン海軍軍縮条約 （2月）	主力艦制限，英・米・日・仏・伊の比率5・5・3・1.75・1.75（空母を含む）（1936年条約失効）	日・英・米・仏・伊
		九カ国条約 （2月）	中国の領土保全，主権の尊重，門戸開放，機会均等の主義（日本・山東省権益を返還する。石井・ランシング協定の破棄）	日・英・米・仏・伊・中国・ベルギー・オランダ・ポルトガル
1927年 6-8月	ジュネーブ（海軍軍縮）会議	（決　裂）	主力艦以外の一般艦種（巡洋艦・駆逐艦・潜水艦）の隻数及びトン数制限	日・英・米
1928年8月	パリ会議	不戦条約 （ケロッグ・ブリアン協定）	各国人民の名において，国策の手段としての戦争放棄（「人民の名において」というのは国体にもとり，天皇の大権をないがしろにするものだとして大きな問題となった）	日・英・米・仏・独など15カ国（のちに63カ国になった）
1930年 1-4月	ロンドン（海軍軍縮）会議	ロンドン海軍軍縮条約	補助艦制限，大型巡洋艦の比率は英米10・日本6，その他の補助艦は日本7，潜水艦は日本同率（この条約の批准をめぐって，統帥権干犯問題がおこる）（日本，1936年1月脱退）	日・英・米・仏・伊（仏・伊は棄権）

［出典］　和歌森太郎監修『資料日本史』東京法令出版，1964年をもとに筆者作成。

20

1　歴　史

【010】第二次世界大戦関連地図
(1) ナチス・ドイツの領土拡大

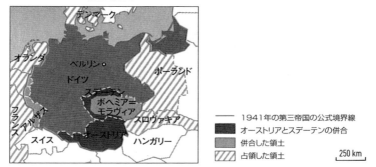

［出典］　イブ・ラコスト（猪口孝日本語版監修，大塚宏子訳）『ヴィジュアル版 ラルース新版　地図で見る国際関係』原書房，2017年，122頁。

(2) 第二次世界大戦（ヨーロッパ戦線）

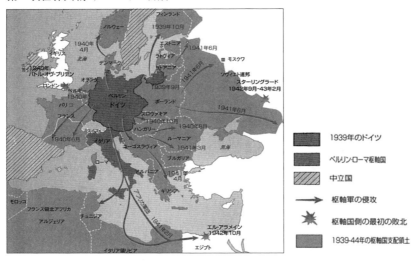

［出典］　イブ・ラコスト（猪口孝日本語版監修，大塚宏子訳）『ヴィジュアル版 ラルース新版　地図で見る国際関係』原書房，2017年，123頁。

Ⅰ 基礎編

(3) 日本の生存圏の野望（1940年）と実際の占領地域

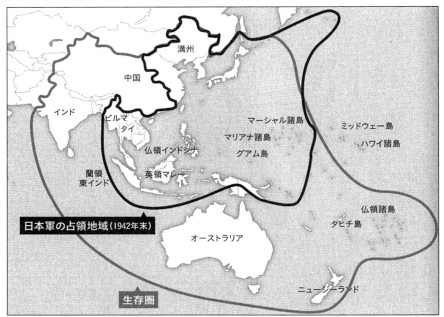

［出典］ 秋元千明『戦略の地政学』ウェッジ，2017年，179頁。

【011】 4つの自由（ルーズヴェルト大統領の米議会への年頭教書，1941年1月6日）

　私は，合衆国の歴史で前例のない時期に際してお話している。「前例のない」という言葉を使うのは，米国の安全保障が今ほど外部からの重大な脅威にさらされたことは，これまでなかったからである。…（略）…

　国内問題についての我が国の政策が，われわれの門戸の内にいるすべて人々の権利と尊厳に対する適切な敬意に基づいているのと全く同じように，国際問題に関する我が国の政策は，大小を問わずすべての国の権利と尊厳に対する適切な敬意に基づいている。そして道義的な正義は，最後には勝たなくてはならないし，必ず勝つだろう。

　われわれが確実なものとすることを追求している将来の日々に，われわれは人類の普遍的な4つの自由を土台とした世界が生まれることを期待している。

　第1は，世界のあらゆる場所での言論と表現の自由である。

　第2は，世界のあらゆる場所での，個人がそれぞれの方法で神を礼拝する自由である。

　　　　　　　　　　　　　　　　　　　　　　　　　　　1　歴　史

　第3は，欠乏からの自由である。それは，世界的な観点で言えば，あらゆる国に，
その住民のための健全で平和時の生活を保証するような経済的合意を意味する。
　第4は，世界のいかなる場所でも，恐怖からの自由である。それは世界的な観点で
言えば，いかなる隣国に対しても，物理的な侵略行為を犯すことがないような形で，
世界中の軍備を削減することを意味する。
　これは，千年先の幻想ではない。われわれの時代と，この世代のうちに実現可能な
形の世界の，明確な基盤である。そうした種類の世界は，独裁者たちが爆弾の衝撃に
よって作り上げようとしているいわゆる専制政治の新秩序のまさに対極にある。
　そのような新秩序に対して，われわれはもっと偉大な概念で対抗する。それは道義
をわきまえた秩序である。優れた社会は，世界支配の企てにも海外での革命にも，等
しく恐れることなく対峙することができる。
　米国の歴史が始まった時から，われわれは変化を推し進めてきた。永続的な平和革
命に携わってきた。それは，着実に進む革命であり，状況の変化に静かに適合してき
た。そこには強制収用所も，逃走を阻む生石灰の入った溝もなかった。われわれが追
求する世界秩序は，自由な諸国が，友好的な文明的社会の中で力を合わせる協力関係
なのである。
　米国は，その運命を，何百万人もの自由な男女の手と頭と心に託してきた。そし
て，神の導きの下で，「自由」に信頼を託してきた。自由とは，あらゆる場所で人権
が至上であることを意味する。そうした人権を獲得したり維持したりするために苦闘
する人々に，われわれは支援の手を差し伸べる。われわれの強みは，われわれの目的
の一致である。その崇高な概念には，勝利以外の終わりはあり得ないのである。
　　［出典］　在日米国大使館・領事館ウェブサイト。

【012】大西洋憲章（1941年8月14日）

　アメリカ合衆国大統領及聯合王国ニ於ケル皇帝陛下ノ政府ヲ代表スル「チャーチル」
総理大臣ハ，会合ヲ為シタル後両国カ世界ノ為一層良キ将来ヲ求メントスル其ノ希望
ノ基礎ヲ成ス両国国策ノ共通原則ヲ公ニスルヲ以テ正シト思考スルモノナリ。
1．　両国ハ領土的其ノ他ノ増大ヲ求メス。
2．　両国ハ関係国民ノ自由ニ表明セル希望ト一致セサル領土ノ変更ノ行ハルルコト
　　ヲ欲セス。
3．　両国ハ一切ノ国民カ其ノ下ニ生活セントスル政体ヲ選択スルノ権利ヲ尊重ス。
　　両国ハ主権及自治ヲ強奪セラレタル者ニ主権及自治カ返還セラルルコトヲ希望ス。
4．　両国ハ其ノ現存義務ヲ適法ニ尊重シ大国タルト小国タルト又戦勝国タルト敗戦
　　国タルトヲ問ハス一切ノ国カ其ノ経済的繁栄ニ必要ナル世界ノ通商及原料ノ均等

Ⅰ　基礎編

条件ニ於ケル利用ヲ享有スルコトヲ促進スルニ努ムヘシ。

5．　両国ハ改善セラレタル労働基準，経済的向上及社会的安定ヲ一切ノ国ノ為ニ確
保スル為，右一切ノ国ノ間ニ経済的分野ニ於テ完全ナル協力ヲ生セシメンコトヲ
欲ス。

6．　「ナチ」ノ暴虐ノ最終的破壊ノ後両国ハ一切ノ国民ニ対シ其ノ国境内ニ於テ安全
ニ居住スルノ手段ヲ供与シ，且ツ一切ノ国ノ一切ノ人類カ恐怖及欠乏ヨリ解放セ
ラレ其ノ生ヲ全ウスルヲ得ルコトヲ確実ナラシムヘキ平和カ確立セラルルコトヲ
希望ス。

7．　右平和ハ一切ノ人類ヲシテ妨害ヲ受クルコトナク公ノ海洋ヲ航行スルコトヲ得
シムヘシ。

8．　両国ハ世界ノ一切ノ国民ハ実在論的理由ニ依ルト精神的理由ニ依ルトヲ問ハス
強力ノ使用ヲ抛棄スルニ至ルコトヲ要スト信ス。陸，海又ハ空ノ軍備カ自国国境
外ヘノ侵略ノ脅威ヲ与ヘ又ハ与フルコトアルヘキ国ニ依リ引続キ使用セラルルト
キハ将来ノ平和ハ維持セラルルコトヲ得サルカ故ニ，両国ハ一層広汎ニシテ永久
的ナル一般的安全保障制度ノ確立ニ至ル迄ハ斯ル国ノ武装解除ハ不可欠ノモノナ
リト信ス。両国ハ又平和ヲ愛好スル国民ノ為ニ圧倒的軍備負担ヲ軽減スヘキ他ノ
一切ノ実行可能ノ措置ヲ援助シ及助長スヘシ。（以下略）

〔出典〕「英米共同宣言（大西洋憲章）」（内閣府北方対策本部ウェブサイト）。

【013】 カイロ宣言（1943年11月27日）

「ローズヴェルト」大統領，蔣介石大元帥及「チャーチル」総理大臣は各自の軍事
顧問及外交顧問と共に北「アフリカ」に於て会議を終了し左の一般的声明を発せられ
たり各軍事使節は日本国に対する将来の軍事行動を協定せり

三大同盟国は，海路，陸路及空路に依り其の野蛮なる敵国に対し仮借なき弾圧を加
ふるの決意を表明せり右弾圧は既に増大しつつあり

三大同盟国は日本国の侵略を制止し且之を罰する為今次の戦争を為しつつあるもの
なり右同盟国は自国の為に何等の利得をも欲求するものに非ず

又領土拡張の何等の念をも有するものに非ず

右同盟国の目的は日本国より1914年の第一次世界戦争の開始以後に於て日本国が奪
取し又は占領したる太平洋に於ける一切の島嶼を剥奪すること並に満洲，台湾及澎湖
島の如き日本国が清国人より盗取したる一切の地域を中華民国に返還することに在り
日本国は又暴力及貪欲に依り日本国の略取したる他の一切の地域より駆逐せらるべし

前記三大国は朝鮮の人民の奴隷状態に留意し軈て朝鮮を自由且独立のものたらしむ
るの決意を有す

右の目的を以て右三同盟国は同盟諸国中日本国と交戦中なる諸国と協調し日本国の無条件降伏を齎すに必要なる重大且長期の行動を続行すべし

　［出典］「カイロ宣言」（内閣府北方対策本部ウェブサイト）。

【014】ヤルタ協定（1945年2月11日）

　三大国，すなわちソヴィエト連邦，アメリカ合衆国及びグレート・ブリテンの指導者は，ソヴィエト連邦が，ドイツが降伏し，かつ，欧州における戦争が終了した後2箇月又は3箇月で，次のことを条件として，連合国に味方して日本国に対する戦争に参加すべきことを協定した。

　1　外蒙古（蒙古人民共和国）の現状が維持されること。

　2　1904年の日本国の背信的攻撃により侵害されたロシアの旧権利が次のとおり回復されること。

　　(a)　樺太の南部及びこれに隣接するすべての諸島がソヴィエト連邦に返還されること。

　　(b)　大連港が国際化され，同港におけるソヴィエト連邦の優先的利益が擁護され，かつ，ソヴィエト社会主義共和国連邦の海軍基地としての旅順口の租借権が回復されること。

　　(c)　東支鉄道及び大連への出口を提供する南満洲鉄道が中ソ合同会社の設立により共同で運営されること。ただし，ソヴィエト連邦の優先的利益が擁護されること及び中国が満洲における完全な主権を保持することが了解される。

　3　千島列島がソヴィエト連邦に引き渡されること。

　前記の外蒙古並びに港及び鉄道に関する協定は，蒋介石大元帥の同意を必要とするものとする。大統領は，この同意を得るため，スターリン大元帥の勧告に基づき措置を執るものとする。

　三大国の首脳はこれらのソヴィエト連邦の要求が日本国が敗北した後に確実に満たされるべきことを合意した。

　ソヴィエト連邦は，中国を日本国のきはん[注]から解放する目的をもって自国の軍隊により中国を援助するため，ソヴィエト社会主義共和国連邦と中国との間の友好同盟条約を中国政府と締結する用意があることを表明する。

　［注］　きはん（覊絆）：行動する者の妨げになるものや事柄。
　［出典］「ヤルタ協定」（内閣府北方対策本部ウェブサイト）。

I 基礎編

【015】 ポツダム宣言 （対日降伏宣言，1945年7月26日）

1. 吾等合衆国大統領，中華民国政府主席および連合王国総理大臣は，――日本国に対し，今次の戦争を終結する機会を与ふることに意見一致せり。

4. 無分別なる打算により日本帝国を滅亡の淵に陥れたる我儘なる軍国主義的助言者に依り日本国が引き続き統御せらるべきか，または理性の経路を日本国が履むべきかを日本国が決定すべき時期は，到来せり。

5. 吾等の条件は，左の如し。
　　吾等は右条件より離脱することなかるべし。右に代わる条件存在せず。吾等は，遅延を認むるを得ず。

6. 吾等は，無責任な軍国主義が世界より駆逐せらるるに至る迄は，平和，安全及正義の新秩序が生じ得ざることを主張するなるを以て，日本国民を欺瞞し，之をして世界征服の挙に出ずるの過誤を犯さしめたる者の権力は，永久に除去せられざるべからず。

7. 右の如き新秩序が建設せられ，且日本国の戦争遂行能力が破砕せらることの確証あるに至る迄は，聯合国の指定すべき日本国領域内の諸地点は，吾等の茲に指示する基本的目的の達成を確保する為占領せらるべし。

8. カイロ宣言の条項は，履行さるべく，又日本国の主権は，本州，北海道，九州及四国並に吾等の決定する諸小島に極限せらるべし。

9. 日本国軍隊は，完全に武装を解除せられたる後，各自の家庭に復帰し，平和的且生産的の生活を営むの機会を得しめらるべし。

10. 吾等は，日本人を民族として奴隷化せんとし，又は国民として滅亡せしめんとするの意図を有するものに非ざるも，吾等の捕虜を虐待せる者を含む一切の戦争犯罪人に対しては，厳重なる処罰を加えらるべし。日本国政府は，日本国国民の間に於ける民主主義的傾向の復活強化に対する一切の障害を除去すべし。言論，宗教及思想の自由並に基本的人権の尊重は，確立せらるべし。

11. 日本国は，其の経済を支持し，且公正なる実物賠償の取立を可能ならしむるが如き産業を維持することを許さるべし。但し，日本国をして戦争の為再軍備を為すことを得せしむるが如き産業は，此の限に在らず。

12. 前記諸目的が達成せられ，且日本国国民の自由に表明せる意思に従い平和的傾向を有し且責任ある政府が樹立せらるるに於ては，聯合国の占領軍は，直に日本国より撤収せらるべし。

13. 吾等は，日本国政府が直に全日本国軍隊の無条件降伏を宣言し，且右行動に於ける同政府の誠意に付，適当且充分なる保障を提供せんことを同政府に対し要求す。右以外の日本国の選択は，迅速且完全なる壊滅あるのみとす。

　［出典］外務省ウェブサイト。

② 主　　体

解題　国際関係を理解する上で不可欠な行為主体（actor）として，主権国家，国際機構，脱国家行為主体（多国籍企業・非政府組織・地方自治体）がある。

まず主権国家は，現在もなお最重要の行為主体とされる。国家の構成要件としては，①永続的住民，②領土，③政府，④他の国と関係を結ぶ能力が必要であるとされる。ただし，近年，欧州連合（EU）【097】加盟国のように，国際機構に主権の一部を移譲する国が現れる一方，アフガニスタンやシリア，ソマリア，南スーダンなどのように自国内の秩序を維持できない国も出てきた。国家の脆弱性に関しては公共財の提供能力や領土管轄権などから分類することができる【016】。また，民主主義や基本的人権の尊重を国家承認の要件に加えるべきかが議論されている【017】。

次に，国際機構は，地理的範囲，構成員，投票権などにより分類できる【018】。なお，後述する国連安全保障理事会の拒否権【096】以外にも，例えば，クォータ（出資額）に比例して投票権が割り当てられる国際通貨基金（IMF）では，全加盟国が参加する総務会におけるクォータ（加盟国への割り当て額）の変更，特別引き出し権（SDR）の配分・消却，協定改正などの重要な決定に対して米国が事実上の拒否権を有している【019】。また，国際機構の長【020】に関しては，国際政治の結果であるとの声も聞かれる中，日本政府も確実に日本出身の国際公務員の育成に努めている。

脱国家行為主体でまず着目すべきなのは多国籍企業で，米国，中国，日本などの大企業をはじめ，その一部は，中規模国の国内総生産（GDP）を凌駕するまでに成長している【022】。また，非政府組織（NGO）もアムネスティ・インターナショナル，国境なき医師団そして核兵器廃絶国際キャンペーン（ICAN）がノーベル平和賞を受賞するなど，国際関係に少なからぬ影響を与えている【021】。さらに，「外交は国の専管事項である」との観点から見落とされがちであるが，地方自治体も国際関係に影響を及ぼす場合もある。例えば，日本の国境地域でも北海道稚内地域，長崎県対馬地域，沖縄県八重山地域などのように，対岸自治体との友好交流および経済交流が進展し，当該地域の経済をさらに発展させる可能性を秘めている【023】【024】【025】【026】【027】。

このように，時代が進むにつれて，国際関係の主体は多様になっている。

Ⅰ　基　礎　編

【016】 脆弱国家指数ランキング（2018年）

<table>
<tr><td rowspan="3">持続可能</td><td>10</td><td></td></tr>
<tr><td>20</td><td>フィンランド・ノルウェー・スイス・デンマーク（4）</td></tr>
<tr><td>30</td><td>オーストラリア・スウェーデン・ニュージーランド・カナダ・ドイツ・オランダ・オーストリア・ベルギーなど（12）</td></tr>
<tr><td rowspan="3">安定</td><td>40</td><td>シンガポール・フランス・英国・日本・韓国・米国など（11）</td></tr>
<tr><td>50</td><td>スペイン・チリ・アルゼンチンなど（17）</td></tr>
<tr><td>60</td><td>ハンガリー・モンゴル・ブルネイなど（12）</td></tr>
<tr><td rowspan="3">注意</td><td>70</td><td>ベトナム・ブラジル・マレーシア・キューバなど（22）</td></tr>
<tr><td>80</td><td>ロシア・インド・タイ・ブータン・ウクライナ・中国・インドネシアなど（39）</td></tr>
<tr><td>90</td><td>東チモール・ネパール・フィリピン・スリランカ・パプアニューギニア・イラン・ラオス・カンボジアなど（29）</td></tr>
<tr><td rowspan="3">警戒</td><td>100</td><td>ナイジェリア・エチオピア・パキスタン・ミャンマー・北朝鮮など（19）</td></tr>
<tr><td>110</td><td>スーダン・チャド・アフガニスタン・ジンバブエ・イラク・ハイチ・ギニア（7）</td></tr>
<tr><td>120</td><td>南スーダン・ソマリア・イエメン・シリア・中央アフリカ・コンゴ民主共和国（6）</td></tr>
</table>

　〔注〕　国家が脆弱化する要因となる12の指標（安全保障機構・派閥化したエリート・集団の不満・経済の悪化・不均一な開発・人材及び頭脳流出・国家の正統性・公共サービス・人権及び法の支配・人口圧力・難民及び国内避難民・外部の介入）をもとに総計120点で採点し、点数が高いほど脆弱であると評価している。なお、（　）内は国の数である。
　〔出典〕　‘2018 Fragile States Index’（The Fund for Peace Website）をもとに筆者作成。

【017】 東欧及び旧ソ連における新国家の承認に関するECガイドライン（1991年12月）

　欧州理事会の要請に従って、閣僚達は、新国家との関係がいかにあるべきかという観点から、東欧及び旧ソ連における最近の事態の進展について考えてきた。
　これらの新しい国家の承認の過程に関して、われわれは共通の立場をとり、次の事項の遵守を新国家に要求する。
1．　国連憲章の諸規定ならびにヘルシンキ最終文書および新欧州のためのパリ憲章の中で、法の支配、民主主義および人権に関してなされた約束の尊重。
2．　全欧安全保障協力会議の枠組みの中でなされた約束に従って、民族的および国民的集団並びに少数者の権利の保障。
3．　平和的手段によってのみ、かつ、共通の合意によってのみ変えることの出来る全国境不可侵の尊重。
4．　安全保障および地域的安定のみならず、軍縮および核の不拡散に関するすべての約束の受諾。
5．　国家承継および地域紛争に関するすべての問題を合意によって、適切な場合には仲裁に訴えることによって解決することの約束。
　　共同体およびその加盟国は、侵略の結果として生まれた実体を承認することはない。これらの原則を堅持することが、共同体およびその加盟国による承認と外交

② 主　体

関係の開設に道を開く。

［出典］ *European Journal of International Law*, Vol. 4 No. 1 , 1993, p.72.

【018】 国際機構の分類

(1)　**加盟国の地理的範囲**
- ・普遍的：国際連盟・国際連合など
- ・地域的：欧州連合（EU）・東南アジア諸国連合（ASEAN）など

(2)　**構成員**
- ・政府代表のみ：国際連盟・国際連合など
- ・政府・使用者・労働者（三者代表）：国際労働機関（ILO）

(3)　**投票権**
- ・1国1票制：国際連盟・国際連合など
- ・加重投票制：世界銀行・国際通貨基金（IMF）・欧州連合（EU）など

【019】 IIMF加盟国の投票権 （2018年12月現在）・総務会決定事項 （特別多数決）

国　名	投票権数	シェア（%）
米　国	831,407	16.52
日　本	309,670	6.15
中　国	306,294	6.09
ドイツ	267,809	5.32
フランス	203,016	4.03
英　国	203,016	4.03
イタリア	152,165	3.02
インド	132,609	2.64
ロシア	130,502	2.59
ブラジル	111,885	2.22
カナダ	111,704	2.22
サウジアラビア	101,391	2.02
メキシコ	90,592	1.80
韓　国	87,292	1.73
豪　州	67,189	1.34
トルコ	48,051	0.95
インドネシア	47,949	0.95
アルゼンチン	33,338	0.66
南アフリカ	31,977	0.64

事　項	必要票数（%）
クォータの変更	85
SDRの配分・消却等	85
協定改正	85

［注］　上記の国々にEUを加えた主要20カ国・地域（G20）の枠組みで，1999年より財務大臣・中央銀行総裁会議が，2008年より首脳会合がそれぞれ各国持ち回りで開催されている。

［出典］　*IMF Members' Quotas and Voting Power, and IMF Board of Governors*（IMF Website）および岡村健司編著『国際金融危機とIMF』（財）大蔵財務協会，2009年，83頁をもとに筆者作成。

I 基礎編

【020】 主要国際機関の長 （2018年12月現在）

国際連合事務総長
　アントニオ・グテーレス（ポルトガル）
国連児童基金（UNICEF）事務局長
　ヘンリエッタ・フォア（米国）
国連教育科学文化機関（UNESCO）事務局長
　オードレ・アズレ（フランス）
国連難民高等弁務官事務所(UNHCR)高等弁務官
　フィリッポ・グランディ（イタリア）
国連開発計画（UNDP）総裁
　アヒム・シュタイナー（ドイツ）
国際労働機関（ILO）事務局長
　ガイ・ライダー（英国）
国際原子力機関（IAEA）事務局長
　天野之弥（日本）
世界保健機関（WHO）事務局長
　テドロス・アダノム（エチオピア）
国連食糧農業機関（FAO）
　ジョゼ・グラツィアーノ・ダ・シルバ（ブラジル）
国連世界食糧計画（WFP）事務局長
　デイビッド・ビーズリー（米国）
国連環境計画（UNEP）事務局長
　ジョイス・ムスヤ（タンザニア）

国連工業開発機関（UNIDO）事務局長
　李勇（中国）
国連人口基金（UNFPA）事務局長
　ナタリア・カネム（パナマ）
世界知的所有権機関（WIPO）事務局長
　フランシス・ガリ（豪州）
国際電気通信連合（ITU）事務総局長
　趙厚麟（中国）
国連大学（UNU）総長
　デイビッド・マローン（カナダ）
国際民間航空機関（ICAO）事務局長
　柳芳（中国）
国際海事機関（IMO）事務局長
　イム・ギテク（韓国）
国際復興開発銀行（IBRD）総裁
　ジム・ヨン・キム（米国）[注1]
国際通貨基金（IMF）専務理事
　クリスティーヌ・ラガルド（フランス）
経済協力開発機構（OECD）事務総長
　アンヘル・グリア（メキシコ）
アジア開発銀行（ADB）総裁
　中尾武彦（日本）

［注1］　2019年2月1日に退任した。
［注2］　かつて選出された国際機関の長では，緒方貞子（UNHCR難民高等弁務官：1990-2000），松浦晃一郎（ユネスコ事務局長：1999-2009），内海善雄（ITU事務総局長：1999-2006），関水康司（IMO事務局長：2012-2015）などがいる。
［出典］　各国際機関のホームページをもとに筆者作成。

【021】 主な非政府組織 （NGO）

(1)　**医療分野**
　・赤十字国際委員会（ICRC）：設立1863年・本部ジュネーブ
　・国境なき医師団：設立1971年・本部ジュネーブ
　・AMDA：設立1984年・本部岡山
(2)　**軍縮分野**
　・地雷禁止国際キャンペーン（ICBL）：結成1992年（NGOの連合体）
　・ピースデポ：設立1997年・本部東京
　・核兵器廃絶国際キャンペーン（ICAN）：設立2007年・本部ジュネーブ
(3)　**人権分野**
　・アムネスティ・インターナショナル：設立1961年・本部ロンドン
　・ヒューマン・ライツ・ウォッチ：設立1978年・本部ニューヨーク
(4)　**環境分野**
　・グリーン・ピース：設立1971年・本部アムステルダム
　［注］　ヒューマン・ライツ・ウォッチはICBLの一員として1997年にノーベル平和賞を受賞した。なお，ICBLは2011年にクラスター兵器連合（CMC）と統合してICBL-CMCとなったが，統合後も両組織は独自に展開している。
　　　　ICANは2017年にノーベル平和賞を受賞した。

② 主　体

【022】　世界各国の国内総生産（購買力平価ベース：2017年）・企業の売上高TOP10（2017年）

順　位	国　名	GDP (PPP)	順　位	会社名	
1	中　国	23,300.78	1	ウォルマート（米国）	485.9
2	米　国	19,390.60	2	国家電網	315.2
3	インド	9,448.66	3	中国石油化工集団	267.5
4	日　本	5,562.82	4	中国石油天然気集団	262.6
5	ドイツ	4,193.92	5	トヨタ自動車	254.7
6	ロシア連邦	3,749.28	6	フォルクス・ワーゲン（独）	240.3
7	インドネシア	3,242.77	7	ロイヤルダッチシェル（蘭）	240.0
8	ブラジル	3,240.52	8	バークシャー・ハサウェイ（米国）	223.6
9	英　国	2,896.83	9	アップル（米国）	215.6
10	フランス	2,871.26	10	エクソン・モービル（米国）	205.0
11	イタリア	2,410.99			
12	メキシコ	2,344.20			
13	トルコ	2254.11			
14	韓　国	1,969.11			
15	スペイン	1,773.97			
16	サウジアラビア	1,773.55			
17	カナダ	1.702.44			
⋮					
20	豪　州	1,157.30			
26	アルゼンチン	920.25			
29	南アフリカ	765.57			
⋮					
40	スウェーデン	504.09			
⋮					
51	ポルトガル	331.45			
53	ノルウェー	322.10			
60	フィンランド	249.07			
⋮					
184	パラオ	0.32			
186	ツバル	0.04			

（単位：10億米ドル）

［出典］　*Gross domestic product 2017, PPP*（*World Bank Website*), *Fortune Global 500 List 2017*'（Fortune Website）をもとに筆者作成。

31

I　基　礎　編

【023】稚内市とロシア連邦サハリン州の主な交流（2017年度まで）

・友好都市経済交流促進会議（2007年度〜：1995〜2006年度は友好都市経済交流会議）

・稚内・コルサコフ定期航路利用促進合同会議（1998年度〜）

・友好都市青少年派遣・受入事業（2012年度〜：2009年度は友好都市少年少女親善交流
　受入事業：1996〜1997年度は中学生サミット，1998〜2008年度は少年少女サミット）

・スポーツ交流受入・派遣事業（1999〜2004・2006〜2010・2014年度）

・文化交流派遣・受入事業（2010〜2012・2014年度）

・友好都市職員受入研修（2002〜2014年度：1993〜2001年度は職員相互派遣研修）

［注］　稚内市は，1972年にネベリスク市，1991年にコルサコフ市，2001年にユジノサハリンスク市と友好都
　　　市を締結している。また，上記以外に，稚内商工会議所がロシア人企業研修受入事業を1994年度より実
　　　施しており，2018年度までの25年間で107名が研修を修了している（稚内商工会議所ウェブサイト）。
［出典］　稚内市ウェブサイトをもとに筆者作成。

【024】稚内－コルサコフ航路の輸送実績（1999-2018）

	1999年	2000年	2001年	2002年	2003年	2004年	2005年
便数（便）	56	64	64	100	118	120	128
旅客（人）	2,355	3,652	4,205	4,838	4,894	5,403	5,943
（日本人）	1,823	2,151	3,029	2,861	2,861	2,769	3,091
（ロシア人）	532	1,463	1,097	1,911	1,864	2,516	2,639
（その他外国人）	0	38	79	66	169	118	213
貨物（トン）	235.96	458.46	1,075.23	1,478.19	4,693.47	4,187.57	7,025.98
（貨物輸出）	180.13	377.40	885.56	1,325.41	4,529.49	3,966.13	6,644.13
（貨物輸入）	55.83	81.06	189.67	152.78	163.98	221.44	381.85

	2006年	2007年	2008年	2009年	2010年	2011年	2012年
便数（便）	120	90	76	76	56	56	56
旅客（人）	6,681	4,695	5,331	4,236	3,903	3,629	4,219
（日本人）	2,526	2,010	1,582	1,474	1,111	1,419	1,473
（ロシア人）	3,474	2,559	3,601	2,630	2,708	2,137	2,636
（その他外国人）	681	126	148	132	84	73	110
貨物（トン）	6,525.00	4,906.51	5,218.21	904.35	733.34	1,170.43	979.13
（貨物輸出）	6,215.16	4,164.52	4,239.05	730.37	720.27	1,133.30	909.89
（貨物輸入）	309.84	741.99	979.16	173.98	13.07	37.13	69.24

	2013年	2014年	2015年	2016年	2017年	2018年
便数（便）	56	54	74	24	68	32
旅客（人）	3,728	4,438	4,401	511	1,374	678
（日本人）	1,717	1,541	2,215	154	485	279
（ロシア人）	1,943	2,761	2,046	336	807	375
（その他外国人）	68	136	140	21	82	24
貨物（トン）	1,153.90	906.23	192.10	NA	NA	NA
（貨物輸出）	1,138.74	900.60	NA	NA	NA	NA
（貨物輸入）	15.16	5.63	NA	NA	NA	NA

［注］　2014年は2便（1往復），2016年は4便（2往復），2017年は10便（5往復），2018年は6便（3往復）
　　　欠航した。
　　　1999〜2015年は「アインス宗谷」（2628トン・旅客定員223名），2016年以降は「ペンギン33号」（270トン・
　　　旅客定員80名）が就航している。
［出典］　稚内市役所作成資料。

32

②　主　体

【025】対馬市への韓国人観光客数の推移（2000-2017）

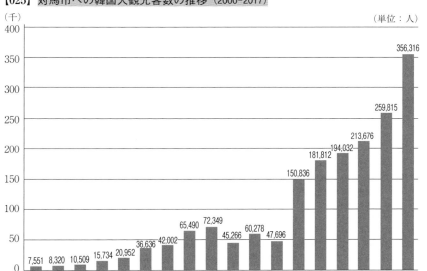

［注］　対馬市人口（2017年12月末現在）：31,415人。対馬市は2004年3月の合併後，釜山広域市影島区と再び姉妹都市を締結している。
［出典］　対馬市役所作成資料。

【026】台湾東部・沖縄八重山諸島観光経済圏 国境交流推進共同宣言（2009年4月15日）

　中華民国台湾東部（花蓮，宜蘭，台東）と沖縄八重山諸島（石垣市，竹富町，与那国町）は，国境を隔てる2地域であるが，古来より一衣帯水の関係で，両地域は相互に往来し，各種交流を深めているところである。両地域の人々は深く厚い情誼で結ばれ，家族のような親密さでお付き合いを続けてきている。両地域の住民にとって最も良好な関係を追求するために，我々は，花蓮市と与那国町，及び蘇澳鎮と石垣市の姉妹都市関係を発展させ，「台湾東部（花蓮，宜蘭，台東）・沖縄八重山諸島（石垣市，竹富町，与那国町）観光経済圏」の形成を推進することに同意した。よって，下記の項目について，双方が今後も協議し，誠実に実行に移すことを共に宣言する。
1．我々は毎年一回を目処に，「国境交流推進拡大合同会議」を両地において輪番に開催し，双方の観光・文化・経済産業の交流・発展推進について意見交換を行う。
2．我々は相互に協力しあい，台湾東部と沖縄八重山諸島の両地域間の便利で高速な海路・空路の直航交通網の実現，およびその直航路線の定期航路化に向けて努

33

Ⅰ　基 礎 編

　力する。

３．初動として，我々は毎年次の定期チャーター便就航に取り組み，両地域の「国
　　境交流特区構想」を一歩一歩着実に実現する。

　（1）児童・生徒の修学（卒業）旅行，スポーツ・文化交流ツアー

　（2）農・商工・観光業などの視察ツアー

　（3）その他

４．我々は，台湾・日本両中央政府に対して，時代の流れにそぐわない関係法令に
　　ついての解決協力を求め，両地域の観光経済圏確立を両国の国益として捉え，両
　　政府から積極的な協力を得て，早期実現するように全力で働きかける。

５．我々は旅行業者，海運会社，航空会社らと協力し，両地域内の観光資源を共同
　　で開発し，両地域の旅行コース造成を図る。

６．民間の経済推進協会等の設立および発展を推進し，外資企業を含む各種企業誘
　　致を推進する。

　　両地域は，台湾と日本のみならず，東アジア全体を結ぶ国境都市を目指す。次代を
担う青少年が，この「国境の海」を超えて活躍し，両地域の平和と活力，安心と共生
を確かなものとすることを此処に誓う。

　　［注］　石垣市は1995年に蘇澳鎮と，与那国町は1982年に花蓮市と姉妹都市を締結している。
　　［出典］　八重山広域圏市町村事務組合資料。

【027】　八重山諸島入域外国人観光客数の推移（2012-2017）

国　　籍	2012	2013	2014	2015	2016	2017
全　　体	62,617	89,827	167,107	194,056	193,727	217,867
台　　湾	58,619	83,767	90,763	109,981	88,013	84,440
香　　港	745	1,295	475	1,570	15,143	29,869
中国（上記以外）	49	52	16,956	309	17,067	24,150
その他	3,204	4,713	58,913	82,196	73,504	79,408

　　［出典］　観光入域客数（石垣市ウェブサイト）・八重山入域観光統計（沖縄県八重山事務所ウェブサイト）を
　　　　　　もとに筆者作成。

③ 安 全 保 障

解 題 ここでは国際政治を考えるにあたって重要な安全保障・戦略関係の資料を集めている。戦略論に関しては古代から現代まで膨大な蓄積があり，ごく一部しか紹介できないが，まず重要なことは，戦略論に不戦戦略と決戦戦略の2つの大きな系譜があることである。前者が中国古代の『孫子』に代表され【028】，後者を代表するのが19世紀にクラウゼヴィッツが著した『戦争論』である【029】。

不戦戦略とは戦わずして勝つことが最善とするものであり，決戦戦略は最終的に敵のせん滅を目指すものである。両者は相反するようにも見えるが，不戦戦略の実現には決戦において相手をせん滅できる態勢の構築が必要であったり，時代や地域においてどちらが重視されるかは異なっている。両者とも現代まで戦略論の基礎としての位置づけを失っていない。

このほか，海上権力に着目したマハンや間接的アプローチを主張したリデル・ハートなど，戦略論を論じる場合に重要な文献は多い。

さて，第二次世界大戦後の冷戦において，米国は数々の戦略を形成・推進してきた。核兵器という究極の兵器が登場する中で，「抑止」を基本とした戦略が考案された。「抑止」とは，攻撃した場合，相応の打撃が与えられることが予想されることで，攻撃への意思を抑制しようというものである。米国の戦略は「封じ込め」から「大量報復戦略」などに変化していくが，「抑止」の基本的考え方は変わっていない【030】。

さらに，冷戦終了後，世界の軍事費支出の状況は激変している【031】。この変化を受けて，米国は海外の基地を整理統合する「米軍再編」を進める一方で，混迷する国際社会に対応した戦略を形成してきた。米国の戦略体系は，2017年に発足したトランプ政権においては，最高位に政治・経済・軍事を含む総合的な安全保障戦略である「国家安全保障戦略（NSS）」をおき，その下にこれを軍事面から具体化した「国家防衛戦略（NDS）」や「核態勢見直し（NPR）」などをおくという構成になっている【032】。一方，日本では1957年に「国防の基本方針」が閣議決定されたが簡単な方針しか示しておらず，2013年に国家安全保障戦略が策定されるまで，本来は防衛力整備の方針を示す防衛計画の大綱が安全保障戦略の一部を担っていた。しかし策定後は，国家安全保障戦略を踏まえて防衛計画の大綱が策定され，それをもとに5カ年の中期防衛力整備計画を明示した上で，年度予算が計上されている【033】。

35

Ⅰ　基礎編

【028】『孫子』「謀攻篇」

　孫子曰わく，凡そ用兵の法は，国を全うするを上と為し，国を破るはこれに次ぐ。
（およそ戦争の原則としては，敵国を傷つけずにそのままで降伏させるのが最上策で，敵国を討
ち破って屈伏させるのはそれに劣る）。

　是の故に百戦百勝は善の善なる者に非ざるなり。戦わずして人の兵を屈するは善の
善なる者なり。（こういうわけだから百たび戦闘して百たび勝利を得るというのは，最高にす
ぐれたものではない。戦闘しないで敵兵を屈服させるのが，最高にすぐれたことである。）

　〔出典〕　金谷治訳注『孫子〔新訂〕』岩波書店，2000年，44-46頁。

【029】『戦争論』

(1)　決戦戦略を示す言辞

　「戦略の第一条件はできるだけ強力な戦力を持って戦場に臨むことである。」

　「敵の重心に向かい，総力を結集して突進しなくてはならない。重心を突いて敵の
均衡を破ったら，これを回復する余裕をあたえないよう，突進しなければならない。」

　「血を流さずに勝利を得ようとするものは，血を流すことを辞さない者によって必
ず征服される。」「敵の戦闘力の破壊という戦争本来の手段をなるべく使わないですま
そうとする戦略は誤りである。」

　〔出典〕　西原正『戦略研究の視角』人間の科学社，1988年，30-31頁。

(2)　「戦争」に関する定義

　「戦争は単に一つの政治的行動であるのみならず，実にまた一つの政治的手段でも
あり，政治的交渉の継続であり，他の手段による政治的交渉の継続にほかならない」

　〔出典〕　クラウゼヴィッツ（清水多吉訳）『戦争論　上』中央公論新社，2001年，63頁。

【030】 冷戦中の米国の対ソ戦略

(1)　対ソ封じ込め戦略

　──合衆国のいかなる対ソ政策も，その主たる要因はソ連の膨張傾向に対する長期
の，辛抱強い，しかも確固として注意深い封じ込め（containment）でなければならな
いことは明らかである。けれどもそうした政策は，外面的な演劇，即ち脅威や怒号
や，あるいは外面的な「強硬さ」という大げさな身振りとは何の関係もないことを指
摘しておくことは重要である。クレムリンは，政治的現実に対する反応において，基
本的に柔軟であるが，威信を大切にすることに決して無関心ではない。こちらのまず
い脅迫的身振りによって，クレムリンは，現実主義的感覚では譲歩すべきだと考えて
も，譲歩できなくなる立場におかれてしまう。ロシアの指導者たちは，人間心理に対
する鋭い判断力をもっており，従って彼らは政治的問題における力の根源は，決して

36

3 安全保障

憤激や自制心の喪失ではないことを非常によく知っている。彼らはそうした力の弱さを利用するのに敏捷である。これらの理由からいって，──ロシアの威信を著しく損なわないで応諾できるような道を開いておくようロシアの政策に対する要求を提示すべきであるということが，ロシアとうまくやっていく必須条件である。

近い将来合衆国が，ソビエト政権と政治的に親交をむすぶことができると期待できないのは明らかである。合衆国としては，ソ連を政治的分野の仲間としてではなく，敵として考えてゆかねばならない。ソビエトの政策は，平和と安定に対する抽象的愛を全く反映せず，社会主義世界と資本主義世界とが永久に幸福に共存できる可能性を全く信じていないことを反映しており，むしろあらゆる敵の影響力と力を破壊し，弱めるよう注意深く，執拗に圧迫を加えることを反映している。

この事実に対比できるのは，ロシアが，西側世界全体と対立しているので，まだはるかに弱い相手であり，ソビエトの政策がきわめて柔軟性をもっており，またソビエト社会が究極的には自分のすべての潜在力をことごとく弱めてしまうような欠陥を，十分その内に含んでいるという事実である。このことはそれだけで，もしロシアが平和な安定した世界の利益を浸食する兆候を示すならばどこであろうと，合衆国が合理的確信と断固たる対抗力をもってロシア人に対抗するための，確固とした封じ込め政策を始めることを正当化するものである。

アメリカの行動が，他からの援助なしに単独で共産主義運動の生死を決めるような力を行使することができ，ロシアのソビエト権力を早期に打倒することができるというのは，誇張であろう。しかし合衆国は──クレムリンが最近数年間にとってきたよりは，はるかに穏健で慎重な態度をとるように強制し，究極的にはソビエト権力の崩壊かまたは漸次的な温和化に出口を求めねばならなくなるようにさせる力をもっているのである。

［出典］ J. ケナンX論文（「ソ連の行動の淵源」と題して『フォーリン・アフェアーズ』1947年7月号に掲載した匿名論文）。

(2) 大量報復戦略

我々の軍事計画に変革を加えるにさきだち，大統領および国家安全保障会議はいくつかの基本的政策を決定した。その基本的決定とは，我々の選ぶ方法と場所において即座に反撃できる巨大な報復力に主たる重点を置くことである。このことが決定された現在，国防省および統合参謀本部は，敵の好みにしたがっていつどこから来るともわからぬ攻撃に，いつでも受けて立つための体制をとるやり方の代わりに，我々の方針に合致した軍事体制を作ることが可能となった。この結果，いろいろ多くの軍事手段を用意する代わりに，そのどれかを選択すればよいことになる。したがって，今やより基本的な安全保障を，より安上りに確保することが可能になった。

［出典］ ジョン・フォスター・ダレス米国外交協会での演説。1954年1月12日。

Ⅰ　基 礎 編

【031】 軍事支出上位15カ国 （2016年・2007年・1999年）

2016					2007			1999		
順位	国	支出(10億米ドル)	変化(2007−2016：%)	世界シェア(%)	順位	支出(10億米ドル)	世界シェア(%)	順位	支出(10億米ドル)	世界シェア(%)
1	米 国	611	−4.8	36	1	547	45	1	259.9	36
2	中 国	[215]	118	[13]	3	[58.3]	[5]	8	18.4	3
3	ロシア	69.2	87	[4.1]	7	[35.4]	[3]	7	22.4	3
4	サウジアラビア	[63.7]	20	[3.8]	8	33.8	3	10	14.5	2
5	イ ン ド	55.9	54	3.3	10	24.2	2	12	10.2	1
上位5カ国計		1015		60						
6	フランス	55.7	2.8	3.3	4	53.6	4	3	46.8	7
7	英 国	48.3	−12	2.9	2	59.7	5	5	31.8	4
8	日 本	46.1	2.5	2.7	5	43.6	4	2	51.2	7
9	ドイツ	41.1	6.8	2.4	6	36.9	3	4	39.5	5
10	韓 国	36.8	35	2.2	11	22.6	2	9	15.0	2
上位10カ国計		1243		74						
11	イタリア	27.9	−16	1.7	9	33.1	3	6	23.5	3
12	オーストラリア	24.6	29	1.5	14	15.1	1	NA	NA	NA
13	ブラジル	23.7	18	1.4	12	15.3	1	11	14.3	2
14	UAE	[22.8]	123	[1.3]	NA	NA	NA	NA	NA	NA
15	イスラエル	18.0	19	1.1	NA	NA	NA	NA	NA	NA
上位15カ国計		1360		81		1008	83		575.1	80
世 界		1686	14	100		1214	100		[719]	100

［注］　カッコ（[　]）は概算，NAは不明。
［出典］　*SIPRI Yearbook* 2017，*SIPRI Yearbook* 2008および*SIPRI Yeabook* 2000をもとに筆者作成。

3　安全保障

【032】「2017年国家安全保障戦略（NSS2017）」（米国トランプ大統領発表，2017年12月18日）
　　の概要

○「2017年国家安全保障戦略」（以下戦略）は，国外で米国への信任を取り戻し，米国
　民が自国への誇りを新たにするため大統領が実施した過去11カ月間の行動に立脚し
　ている。

○米国は確固とした戦略を持つことにより，死活的な国益を守ることが可能とな
　る。戦略は，以下の4つを死活的な国益，または「4本柱」と位置づけている。
　　　Ⅰ. 国土と国民，米国の生活様式を守る　　Ⅱ. 米国の繁栄を促進する
　　　Ⅲ. 力による平和を維持する　　　　　　　Ⅳ. 米国の影響力を向上する

○戦略は，世界における米国の地位に影響を与える重大な課題および潮流に対応する
　ものである。それらには以下のものが含まれる。
　・中国やロシアなど，技術，宣伝および強制力を用い，米国の国益や価値観と対極
　　にある世界を形成しようとする修正主義勢力
　・テロを広め，隣国を脅かし，大量破壊兵器を追求する地域の独裁者
　・歪曲したイデオロギーの名の下，憎しみをあおり，罪なき人々への暴力を扇動す
　　るジハード（聖戦）テロリスト，および薬物や暴力を地域社会にまん延させる国
　　際犯罪組織

○戦略は，大統領の道義的な現実主義という概念を明確にし，前進させる。

○戦略は，国際政治において力が果たす中心的な役割を認識し，強い主権国家が世界
　平和のための最良の希望であると確認し，かつ米国の国益を明確に定義している点
　で現実主義的である。

○戦略はまた，世界各地に平和と繁栄を広める米国の価値観を前進させることを根拠
　にしている点で道義的である。

Ⅰ　国土を守る：トランプ大統領の一義的な責務は，米国民，米国土および米国の生活様
　式を守ることである。

○我々は，国土の保全と主権回復のため，国境警備を強化し，移民受け入れ制度を改
　革する。
　・米国土に対する国境を越える最大の脅威は，以下の通りである。
　・野蛮かつ残虐な方法で人々を殺害，抑圧，奴隷とし，また仮想ネットワークを使
　　い脆弱な人々を搾取し，陰謀を教唆・指示するジハード（聖戦）テロリスト
　・我々の地域社会を薬物や暴力で分裂させ，民主主義的な制度を腐敗させることで
　　同盟国とパートナー国を弱体化させる国際犯罪組織

○米国は，脅威の根源に狙いを定める。我々は，脅威が我々の国境に到達する前
　に，あるいは国民に危害がおよぶ前に脅威に立ち向かう。

Ⅰ　基礎編

○新たな技術や新たな敵は新たな脆弱性を作り出すことにつながるため，我々は主要なインフラとデジタルネットワークを守るための取り組みを一層強化する。

○我々は米国をミサイル攻撃から守るため，多層的なミサイル防衛システムを配備している。

Ⅱ　米国の繁栄を促進する：強い経済は，米国民を守り，米国の生活様式を支え，米国の影響力を維持する。

○我々は国力の回復に必要となる米国労働者と企業を利するよう，米国経済を活性化する。

○米国はもはや貿易体制の慢性的な乱用を許容しない。自由で公正，互恵的な経済関係を追求する。

○米国は21世紀の地政学的な競争を勝ち抜くため，研究，技術および革新の分野で先頭に立たなければならない。我々は，米国の知的財産を盗用し自由な社会の技術を不当に利用する者から，自国の安全保障の基盤技術を守る。

○米国は，国際市場を開放し，エネルギー源の多様化とエネルギーへのアクセスの恩恵が，経済の安全保障と国家の安全保障を促進するよう自らのエネルギーの優位性を活用する。

Ⅲ　力による平和を維持する：力強く，一新され，よみがえった米国は，平和を堅持し敵意を抑止する。

○我々は米国の軍事力を再建し，最強の軍隊を堅持する。

○米国は戦略的競争という新たな時代において，外交，情報，軍事，経済といった分野で国家として持つあらゆる手段を用い，国益を守る。

○米国は宇宙やサイバーを含む多くの分野で能力を強化し，これまで軽視されてきた能力も再生させる。

○米国の同盟国とパートナー国は，米国の力を拡大させ共通の利害を守る。米国はこうした国々が，共通の脅威に対応するためにより大きな責任を負うことを期待する。

○我々は世界の主要地域である，インド太平洋，ヨーロッパ，および中東において，勢力の均衡が米国を利するものになるよう努める。

Ⅳ　米国の影響力を向上する：米国は，その歴史を通じて今後も善を促進する力として，自国の利益を拡大し人類に恩恵をもたらすようその影響力を行使していく。

○米国民を守り自国の繁栄を促進するため，我々は今後もその影響力を海外で強化しなければならない。

○米国は外交および開発の取り組みにあたり，二国間，多国間，そして情報の領域などあらゆる分野でより良い成果を生み，自国の利益を守り，国民のため新たな経済

③　安全保障

活動の機会を見出し，競争相手に挑むため競合していく。

○米国は自由市場経済，民間部門の成長，政治的安定，平和を促進するため，志を同じくする国々とのパートナーシップを求めていく。

○強固で安定し繁栄する主権国家を促進するために，法の支配や個人の権利などを含む米国の価値観を擁護する。

○我々の「アメリカ・ファースト」（米国第一主義）の外交政策は，平和や繁栄，そして成功する社会の形成に必要な条件の設定を支援していく建設的な力として，世界における米国の影響力を象徴する。

　　［出典］在日米国大使館・領事館ウェブサイト。

【033】日本の国家安全保障の基本方針

(1)　国家安全保障戦略（2013年12月17日閣議決定）の概要

１．国家安全保障の基本理念（＝国際協調主義に基づく積極的平和主義）[注1]

国益　　○わが国の平和と安全を維持し，その存立を全うする　○わが国の平和と安全をより強固なものとする　○普遍的価値やルールに基づく国際秩序を維持・擁護する

目標　　○必要な抑止力を強化し，わが国に直接脅威が及ぶことを防止　○日米同盟の強化，域内外パートナーとの信頼・協力関係の強化などにより，アジア太平洋地域の安全保障環境を改善し，脅威の発生を予防・削減　○グローバルな安全保障環境を改善し，繁栄する国際社会を構築

２．わが国が取るべき国家安全保障上の戦略的アプローチ

①わが国の能力・役割の強化・拡大

　　○外交の強化　○総合的な防衛体制の構築　○領域保全に関する取組の強化　○海洋安全保障の確保　○サイバーセキュリティの強化　○国際テロ対策の強化　○情報機能の強化　○防衛装備・技術協力　○宇宙空間の安定的利用，安全保障分野での活用　○技術力の強化

②日米同盟の強化

　　○日米間の安全保障・防衛協力の更なる強化　○安定的な米軍プレゼンスの確保

③国際社会の平和と安全のためのパートナーとの外交・安全保障協力の強化

　　○韓，豪，ASEAN諸国，印：協力関係の強化　○中国：「戦略的互恵関係」の構築

　　○北朝鮮：拉致・核・ミサイルといった諸懸案の包括的解決に向け，具体的な行動を求めていく　○ロシア：あらゆる分野で協力を推進　○地域協力・三か国の枠組みの積極的な活用　○アジア太平洋地域の友好諸国との協力　○アジア太平洋地域

41

I 基 礎 編

外の諸国との協力

④国際社会の平和と安定のための国際的努力への積極的寄与

　　○国連外交の強化　○法の支配の強化　○軍縮・不拡散に係る国際努力の主導

　　○国際平和協力の推進　○国際テロ対策における国際協力の推進

⑤地球規模課題解決のための普遍的価値を通じた協力の強化

　　○普遍的価値の共有，開発問題などへの対応と「人間の安全保障」の実現，開発途上国の人材育成に対する協力，自由貿易体制の維持・強化，エネルギー・環境問題への対応，人と人との交流の強化

⑥国家安全保障を支える国内基盤の強化と内外における理解促進

　　○防衛生産・技術基盤の維持・強化　○情報発信の強化　○社会的基盤　○知的基盤の強化

　　［注1］　積極的平和主義とは，日本がその国力にふさわしい形で，国際社会の平和と安定及び繁栄の確保にこれまで以上に積極的に寄与していく姿勢を指す。
　　［注2］　国家安全保障戦略に基づく防衛計画の大綱及び中期防衛力整備計画に関する詳細は「防衛大綱と防衛力整備」（防衛省ウェブサイト）を参照されたい。
　　［出典］　『防衛白書 平成29年版』。

(2)　**国防の基本方針**（1957年5月20日国防会議決定，閣議決定）

　　国防の目的は，直接及び間接の侵略を未然に防止し，万一侵略が行われるときはこれを排除し，もって民主主義を基調とするわが国の独立と平和を守ることにある。この目的を達成するための基本方針を次のとおり定める。

1　国際連合の活動を支持し，国際間の協調をはかり，世界平和の実現を期する。

2　民生を安定し，愛国心を高揚し，国家の安全を保障するに必要な基盤を確立する。

3　国力国情に応じ自衛のため必要な限度において，効率的な防衛力を漸進的に整備する。

4　外部からの侵略に対しては，将来国際連合が有効にこれを阻止する機能を果し得るに至るまでは，米国との安全保障体制を基調としてこれに対処する。

　　［出典］　防衛省ウェブサイト。

4 法　　　源

解　題　国際法の主要な成立形式には，国際慣習法と条約が存在しており，争いがあるものとして，法の一般原則，学説・判例や国際機構の決議等がある。

国際慣習法の成立には，諸国家の一般的慣行と法的信念の2つの要素が必要であるとされている。統一的な立法機関が存在しない国際社会では，すべての国家に適用される国際慣習法は，大きな役割を果たしてきたが，個々の国際慣習法規則の成立時期の特定やその内容が必ずしも明確でないという限界がある。そこで，不文法である国際慣習法を成文化する「法典化」が試みられてきた。国連では，1947年に総会の補助機関として，国際法の専門家からなる国際法委員会（ILC）が設立され，法典化作業が行われている【034】。

条約とは，国家間の文書の形式による合意で，国際法により規律されるものをいう（条約法条約2条1項（a））。条約の締結は，各国の条約締結権者が交渉し，条約文を採択するという過程を経る【035】。条約に拘束されることへの同意の表明は，署名，条約を構成する文書の交換，批准，受諾，加入などによって行われる（同11条）【036】。条約の署名や批准の際に留保を付すこともできる【037】【038】。条約法条約の留保制度は，留保の許容性判断を他の締約国の異議申し立てに基づかせているが，条約義務の相互性を前提が成り立たない人権条約に，当該留保制度が適用されるかどうかについて議論が生じている【039】【040】。

条約の成立要件に一定の瑕疵があった場合，条約は無効となる。条約法条約は，条約の無効原因につき網羅主義をとり8つの無効原因を示している。強行規範は，従来学説上の主張にとどまっていたが，条約法条約でその存在が認められ，無効原因の1つとされた【041】。また国家に対する強制も無効原因とされたが，これをめぐり，日韓併合条約（1910年）の有効性が日韓で争われている【042】。

国際法と国内法が矛盾した場合，国際法においては，国内法を援用して国際法上の義務を免れることはできないという原則が確立している。一方，国際法が国内法上，いかなる効力を与えられるのか，また国際法に国内的効力が認められる場合に，その効力が国内法秩序のいずれの段階に位置づけられるのかは，各国の国内法特に憲法の定めによる【043】【044】。

Ⅰ　基礎編

【034】 国際法委員会（ILC）による法典化作業

▶法典化が完了したもの

条約名または条文草案名	草案採択年 （年）	条約採択年 （年）	条約発効年 （年）
1）無国籍の削減に関する条約	1954	1961	1975
2）領海条約	1956	1958	1964
3）公海条約	1956	1958	1962
4）漁業資源保存条約	1956	1958	1966
5）大陸棚条約	1956	1958	1964
6）仲裁手続に関するモデル規則	1958	1958＊	―
7）外交関係条約	1958	1961	1964
8）領事関係条約	1961	1963	1967
9）条約法条約	1966	1969	1980
10）特別使節団条約	1967	1969	1985
11）国際機構国家代表条約	1971	1975	未
12）外交官等保護条約	1972	1973	1977
13）条約承継条約	1974	1978	1996
14）最恵国条項に関する条文草案	1978		
15）国家財産等承継条約	1981	1983	未
16）国際機構条約法条約	1982	1986	未
17）外交伝書使及び外交伝書使が携行しない外交封印袋の地位に関する条文草案	1989		
18）国家及び国家財産の裁判権免除に関する条約	1991	2004	未
19）国際水路の非航行的利用の法に関する条約	1994	1997	2014
20）ICC（国際刑事裁判所）規程	1994	1998	2002
21）人類の平和と安全に対する罪に関する法典草案	1996		
22）国家承継との関連における自然人の国籍に関する条文草案	1999		
23）国家責任条文	2001		
24）危険を内包する活動から生ずる越境損害の防止に関する条文草案	2001		
25）有害活動から生ずる越境損害の場合の損失分担に関する原則	2006		
26）外交的保護に関する条文草案	2006		
27）越境地下水に関する条文草案	2008		
28）国際機構の責任に関する条文草案	2011		
29）武力紛争が条約に及ぼす影響に関する条文草案	2011		

〔注〕　＊国連が採択したモデル規則であり，法的拘束力はない。
〔出典〕　松井芳郎ほか『国際法〔第5版〕』有斐閣，2007年，29頁等をもとに筆者作成。

[4] 法　源

【035】条約の制定過程

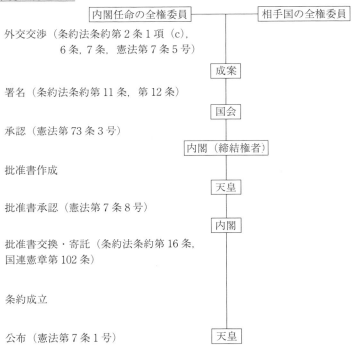

［出典］　櫻井雅夫『国際関係法入門』有信堂高文社，2004年，8頁をもとに筆者作成。

【036】国会承認条約に関する大平外相答弁（1974年2月20日）

　国会承認条約の第1のカテゴリーとしては，いわゆる法律事項を含む国際約束が挙げられます。憲法第41条は，国会を国の唯一の立法機関である旨定めております。したがって，右の憲法に規定にもとづく国会の立法権にかかわるような約束を内容として含む国際約束の締結には当然国会の承認が必要であります。具体的には，当該国際約束の締結によって，新たな立法措置の必要があるか，あるいは既存の国内法の維持の必要があるという意味において，国会の審議をお願いし承認をえておく必要があるものを指すものであり，領土あるいは施政権の移転のごとく，立法権を含む国の主権全体に直接影響を及ぼすような国際約束もこのカテゴリーに入る。

　次に，いわゆる財政事項を含む国際約束も国会承認条約に該当いたします。憲法第85条は，「国費を支出し，又は国が債務を負担するには，国会の議決に基くことを必

45

Ⅰ 基 礎 編

要とする」旨定めております。したがって右の憲法に規定にもとづき，すでに予算または法律で定めている以上に財政支出義務を負う国際約束の締結には国会の承認がえられなくてはなりません。

第3のカテゴリーとして，法律事項または財政事項を含まなくとも，わが国と相手国との間あるいは国家間一般の基本的な関係を法的に規定するという意味において政治的に重要な国際約束であって，それゆえに，発効のために批准が要件とされているものも国会承認条約であります。特定の国際約束に拘束される旨の国家の意思表示の諸形式のうち，批准はもっとも重い形式とされており，一般に，当事国により政治的重要性を有すると認められた国際約束は，批准を発効要件とすることが国際的な慣行になっております。

　　［出典］　第72回国会衆議院外務委員会議事録第5号，2頁。

【037】 社会権規約に対する日本の留保及び解釈宣言

(1)　留　保

　1　日本国は，経済的社会的及び文化的権利に関する国際規約第7条(d)［労働条件］の規定の適用に当たり，この規約にいう「公の休日についての報酬」に拘束されない権利を留保する。

　2　日本国は，経済的，社会的及び文化的権利に関する国際規約第8条(d)［同盟罷業をする権利］の規定に拘束されない権利を留保する。ただし，日本国政府による同規約の批准の時に日本国の法令により前記の規定にいう権利が与えられている部門については，この限りでない。

　3　日本国は，経済的，社会的及び文化的権利に関する国際規約第13条2(b)及び(e)及び(c)［教育についての権利］の規定の適用に当たり，これらの規定にいう「特に，無償教育の漸進的な導入により」に拘束されない権利を留保する[注]。

(2)　解釈宣言

　日本国政府は，結社の自由及び団結権の保護に関する条約の批准に際し同条約第9条にいう「警察」には日本国の消防が含まれると解する旨の立場をとったことを想起し，経済的，社会的及び文化的権利に関する国際規約第8条2及び市民的及び政治的権利に関する国際規約第22条2にいう「警察の構成員」には日本国の消防職員が含まれると解釈するものであることを宣言する。

　　［注］　2012年9月に日本政府は社会権規約第13条2(b)及び(c)に係る留保を撤回した。
　　［出典］　日本弁護士連合会ウェブサイト。

46

４　法　　源

【038】人種差別撤廃条約に対する日本の留保

(1) 留　保

　日本国は，あらゆる形態の人種差別の撤廃に関する国際条約第４条の(a)及び(b)［人種的優越主義に基づく差別と扇動の禁止］の規定の適用に当たり，同条に「世界人権宣言に具現された原則及び次条に明示的に定める権利に十分な考慮を払って」と規定してあることに留意し，日本国憲法の下における集会，結社及び表現の自由その他の権利の保障と抵触しない限度において，これらの規定に基づく義務を履行する。

　　［出典］日本弁護士連合会ウェブサイト

(2) 留保を付した理由

　我が国憲法は第21条第１項において，集会，結社及び言論，出版その他一切の表現の自由（以下，これらを併せて「表現の自由」という。）を保障している。表現の自由は，個人の人格的尊厳そのものにかかわる人権であるとともに，国民の政治参加の不可欠の前提をなす権利であり，基本的人権の中でも重要な人権である。かかる表現の自由の重要性から，我が国憲法上，表現行為等の制約に当たっては過度に広範な制約は認められず，他人の基本的人権との相互調整を図る場合であっても，その制約の必要性，合理性が厳しく要求される。特に最も峻厳な制裁である罰則によって表現行為等を制約する場合には，この原則はより一層厳格に適用される。また，我が国憲法第31条は，罪刑法定主義の一内容として，刑罰法規の規定は，処罰される行為及び刑罰について，できるだけ具体的であり，かつ，その意味するところが明瞭でなければならないことを要請している。

　本条約第４条(a)及び(b)は，人種的優越又は憎悪に基づく思想の流布や人種差別の扇動等を処罰することを締約国に求めているが，我が国では，これらのうち，憲法と両立する範囲において，一定の行為を処罰することが可能であり，その限度において，同条の求める義務を履行している。しかし，同条の定める概念は，様々な場面における様々な態様の行為を含む非常に広いものが含まれる可能性があり，それらすべてにつき現行法制を越える刑罰法規をもって規制することは，上記のとおり，表現の自由その他憲法の規定する保障と抵触するおそれがある。そこで，我が国としては，世界人権宣言等の認める権利に留意し，憲法の保障と抵触しない限度において，本条約第４条に規定する義務を履行することとしたものである。

　　［出典］人種差別撤廃条約第１回・第２回政府報告，2000年１月。

【039】ジェノサイド条約留保事件（ICJ勧告的意見，1951年５月28日）

　ジェノサイド条約の趣旨および目的は，この条約を採択した総会及び国家ができる限り多数の国々を参加させることを意図していたことを暗示する。１又は２以上の国

47

Ⅰ　基　礎　編

を条約から完全に排除することは，条約の適用範囲を制限するだけでなく，その基礎にある道徳的および人道的原則の権威を損なうことになりうる。締約国が，ささいな留保に対する異議により，こうした結果が生じることを容易に認めたとは考えにくい。しかし，締約国は，できる限り多数の参加国を確保するという無益な願望のために，条約の目的を犠牲にすることを考えていたわけでもない。こうして条約の趣旨及び目的は，留保を付す自由と留保に対して異議を唱える自由の両方を制限する。加入に際して留保を付す国家と，留保に異議を唱える国家の態度に関する基準で備えるべきなのは，留保と条約の趣旨および目的との両立性である。

　［出典］*ICJ Reports*, 1951, p.24.

【040】　人権条約に対する留保の許容性

(1)　自由権規約委員会一般的意見24（1994年）

17　留保の定義及び他の明確な規定がない場合の趣旨及び目的の基準の適用について規定しているのは，条約法に関するウィーン条約である。しかし，委員会は，留保に関する国家の異議の役割に関する当該規定は，人権条約に付される留保の問題を取扱うには適当ではないと信じる。人権諸条約，特に規約は，国家間の相互義務の取交わしを網羅するものではない。かかる条約は，個人に対する権利の付与に関わるものである。国家間の相互主義の原則は，第41条における委員会の権限についての宣言に対する留保のような限られた状況を除けば，機能する余地がない。留保に関する伝統的な規則の実施が規約にとってきわめて不適当なため，諸国はしばしば留保に対するいかなる法的利益も又はこれに異議を唱える必要性も見出さない。
　（略）

18　ある特定の留保が規約の趣旨及び目的と両立するか否かを決定するのは，必然的に委員会となる。これは部分的には，前述のとおり，人権条約については締約国に不適切な任務だからであり，また部分的には，委員会がその機能を果たす上で避けることのできない任務だからである。…。人権条約の特殊な性格のために，規約の趣旨及び目的と留保の両立性は，法原則に鑑みて，客観的に確定されねばならず，委員会はこうした任務を果たすのにとりわけ適した立場にある。留保が許容されない場合の一般的帰結は，留保国に対して規約がまったく効力を有しないというものではない。むしろ，規約は留保国に対して留保の利益なしに効力を有するという意味において，かかる留保は一般的に分離可能である。

　［出典］　国連文書（CCPR/C/21/Rev.1/Add.6）．

(2)　フランスの反論

10　フランスは，留保に関する国家の異議の役割に関する（1969年条約法条約の）規程

が人権条約に対する留保問題を扱うのに適切でないという一般的意見の見解を支持
できない。

11　この見解は，条約法条約の規則とは異なるものが人権条約には適用され，または
適用されるべきであるとの考えに基づいている。またそれは，留保に対して異議を
申し立てる権利を締約国は適切な注意をもって行使しないという，不当な前提に基
づいたものである。

14　規約の趣旨及び目的と留保が両立するかについて（自由権規約）委員会が決定を
下す立場にあるという意見に関しては，委員会は，他の条約機関または同意により
設立された類似の機関と同様に，その存在をもっぱら条約に負っており，締約国が
付与した以上の権限を有するものではないことを指摘する。それゆえ，留保が条約
の趣旨及び目的と両立するかどうかを決めるのは，条約に別段の定めがない限り，
締約国である。

[出典]　国連文書（A/51/40, pp.104-106）.

【041】 強行規範

(1)　条約法条約（1969年）第53条

　締結の時に一般国際法の強行規範に抵触する条約は無効である。この条約の適用
上，一般国際法の強行規範とは，いかなる逸脱も許されない規範として，また後に成
立する同一の性質を有する一般国際法の基本によってのみ変更することのできる規範
として，国により構成されている国際社会全体が受け入れ，かつ，認める規範をい
う。

(2)　ILC条約法条約草案第50条注釈

　（ILCにおいて，強行規範の）例として，以下が提案された。(a)（国連）憲章原則に反
する違法な武力の行使を意図する条約，(b) 国際法における他のあらゆる犯罪行為
の遂行を意図する条約，(c) すべての国家が抑圧に協力するよう要請されている，奴
隷貿易，海賊，ジェノサイド等の行為の遂行を意図又は黙認する条約。…（略）…
ILCは，次の2つの理由により強行規範の規則の例を条文に加えないことにした。第
1に，強行規範の規則と抵触するために無効とされた条約の例をあげることは，いか
に慎重を期して起草しても，条文中で言及されていない他の例に関する立場について
誤解を招きうること。第2に，たとえ選択的にせよ強行規範の性格をもつとみなされ
る国際法規則のリストを作成しようとすれば，ILCは本条文草案の範囲外の問題を長
期間にわたって研究しなければならなくなりうるからである。

[出典]　*Yearbook of the International Law Commission*, 1996-Ⅱ, p.248.

Ⅰ　基礎編

【042】 日韓併合条約（1910年）に関する日本政府の立場

(1)　日韓基本条約第2条

1910年8月22日以前に大日本帝国と大韓帝国との間で締結されたすべての条約及び協定は，もはや無効であることが確認される。

(2)　佐藤栄作総理答弁（1965年11月19日）

旧条約の問題に触れられましたが，これは私が申し上げるまでもなく，当時，大日本帝国と大韓帝国との間に条約が結ばれたのであります。これがいろいろな誤解を受けているようでありますが，条約であります限りにおいて，これは両者の完全な意思，平等の立場において締結されたことは，私の申し上げるまでもございません。したがいまして，これらの条約はそれぞれ効力を発生してまいったのであります。

［出典］　第50回国会参議院会議録第8号，18頁。

(3)　椎名悦三郎外相答弁（1965年11月19日）

これは，従来の日韓に締結された旧条約，それに対して，客観的にもはや無効であるという事実を宣言したものでございまして，これらの条約がしからばいつ無効になったのかというと問題が残るのでございますが，日韓間の併合条約は，1945年8月15日，すなわち朝鮮が日本の支配を離れたとき，すなわち韓国が独立を宣言したその日から失効したという解釈をとっております。それから併合前の諸条約は，それぞれ条約の所定の条件が成就した際に失効し，あるいはまた，併合条約の発効に際して失効するという解釈をとっております。

［出典］　同上，19頁。

(4)　村山富市総理答弁（1995年10月5日）

韓国併合条約は，当時の国際関係等の歴史的事情の中で法的に有効に締結され，実施されたものであると認識をいたしております。しかしながら，今申し上げましたような認識と韓国併合に対する政治的，道義的評価とは別の問題であり，政府としては，朝鮮半島のすべての人々に対し，過去の一時期，我が国の行為により耐え難い苦しみと悲しみを体験されたことについて深い反省と遺憾の意を従来より表明してきたところでございます。

［出典］　第134回国会参議院会議録第4号，19頁。

(5)　村山富市総理再答弁（1995年10月13日）

日韓併合条約は，形式的には合意として成立しておりますけれども，実質的には，やはり当時の歴史的事情というものが背景にあって，その背景のもとにそういう条約が成立した。その当時の状況というものについては，我が国として深く反省すべきものがあったということでございます。したがって私は，この条約は，締結にあたって双方の立場が平等であったというふうには考えておりません。

［出典］　第134回国会衆議院予算委員会議事録第4号，14頁。

50

4 法　　源

【043】 各国における国際法と国内法

(1) 変形方式または一般的受容方式

(1)	変形方式	イギリス，カナダ，スカンジナビア諸国など
(2)	一般的受容方式	日本，アメリカ，ドイツ，オランダ，フランスなど

　［出典］　西井正弘編『図説　国際法』有斐閣，1998年，19頁等をもとに筆者作成。

(2) 国内法秩序における国際法の地位に関する憲法の規定

日本	アメリカ	オランダ	フランス
憲法 　　　　国際法 法律 制令	連邦憲法 連邦法　　　条約 州憲法 州法	条約＊ 憲法 法律 制令	憲法 　　　　条約 法律 制令
日本国憲法98条2項の解釈	合衆国憲法6条2 慣習国際法について明文なし	オランダ憲法91・94条＊憲法に抵触する条約の議会承認には，投票総数の2／3以上の賛成必要	フランス憲法54・55条（相互主義の留保）慣習国際法について明文なし

　［出典］　同上。

【044】 国際法の地位に関する憲法の規定

(1) 合衆国憲法第6条2

　この憲法，これに準拠して制定される合衆国の法律，および合衆国の権限に基づいて締結されまた将来締結されるすべての条約は，国の最高法規である。各州の裁判官は，各州の憲法または法律中に反対の定めのある場合といえども，これに拘束される。

　［出典］　樋口陽一ほか編『解説　世界憲法集〔第3版〕』三省堂，1997年，56頁。

(2) 日本国憲法第98条

1　この憲法は，国の最高法規であつて，その条規に反する法律，命令，詔勅及び国務に関するその他の行為の全部又は一部は，その効力を有しない。

2　日本国が締結した条約及び確立された国際法規は，これを誠実に遵守することを必要とする。

5　学説・理論

解題　国際法の学説において不可欠な人物は「国際法の父」とも言われるフーゴ・グロティウスである。「海洋自由」の原則を唱えた「自由海論」(1609年)は後の国際海洋法、また戦争が法による規制を受けるものであるとする「戦争と平和の法」(1625年)は後の国際人道法や軍縮国際法の発展の契機となった。

　一方、国際関係理論は20世紀以降、国際政治を主権国家間の闘争として捉え軍事力を重視する伝統的なリアリズム（勢力均衡論）を叩き台に発展してきた。リアリズムの起源は、古代ギリシャにおけるペロポネソス戦争の根本原因をアテネとスパルタ間のパワーの不均等成長に見出した歴史家のトゥキデデスまで遡る。その後、第一次世界大戦後に世界共通の利益である平和の実現に向けて各国の利害を調和させることは可能であるとする理想主義者に対する批判をもとに体系化された結果、最近はクラシカル・リアリズム、防御的リアリズム、攻撃的リアリズム、ネオクラシカル・リアリズムに分類される【046】。

　このリアリズムに対して挑戦してきたのがリベラリズムとマルキシズムである。リベラリズムは、主権国家間の協力や主権国家以外のアクターにも着目してきたが、冷戦後には世界政府が存在しなくても世界秩序が維持できるとするグローバル・ガヴァナンス論へと発展した。また、マルキシズムの影響を受けた従属論は、旧植民地後の独立後も先進国である中心と開発途上国である周辺の社会・経済構造に組み込まれていることを示し、世界システム論、帝国論と発展していく【045】。

　これらの理論が冷戦の終結を予測できなかったことから発展してきたのがコンストラクティビズムである。アメリカでは当初、リアリズムおよびリベラリズムに対抗する第三の理論かと受け止められたが、その後は上記の理論を補完するアプローチと考えられている【045】。

　他方、戦略論を考える場合に重要なのが地政学である。地政学は19世紀からドイツとアメリカを中心に発展した。しかしながら、ナチスドイツの対外侵略に利用され、日本でも第二次世界大戦の前にナチスドイツの影響で「大東亜共栄圏」構想等に利用されたこともあり、戦争に利用される非科学的な考え方ということで戦後長く研究すること自体忌避される傾向があった。しかし、現在でも主要国の戦略形成に一定の影響力を持っているのも事実である。なお、スパイクマンが、米国がカリブ海をいわば自らの「内海」として影響力を行使して西半球全体の支配の確立につなげたように、中国がいずれ経済成長を遂げて軍事力によって「アジアの地中海」を「中国のカリブ海」にするだろうと予言していたことは興味深い【047】。

5 学説・理論

【045】 国際関係理論の主な特徴

		リアリズム	リベラリズム	マルキシズム	コンストラクティビズム
主な主体		国　家	国家, 非国家主体	経済階級	国家と非国家主体
主な公理	支配的な人間の欲求	恐怖, 支配欲	恐怖, 快適な生活	強欲	秩序立った意味ある社会生活の必要
	主体の主要な目標	パワー or 安全保障	安全保障＋福利と公正	資本家階級は利益の極大化を図る；労働者階級は公正な賃金と労働環境を求める	主体の利害は相互作用を通じて社会的に構築される
	主体の主要な手段	軍事力	軍事力, 貿易, 投資, 交渉, 説得	富（資本家階級）, 労働（労働者階級）	歴史的な時期と社会的な文脈による
	相互作用の支配的なプロセス	競争	競争と協力	搾取	歴史的な時期と社会的な文脈による
	国際システムの支配的な構造上の特徴	ホッブズ的無政府状態	非ホッブズ的無政府状態	経済的不平等	社会的拘束（法, 規則, 規範, タブーなど）
主な理論（主な提唱者）		【046】を参照されたい。	理想主義（W. ウィルソン, A. ジマーン）, 機能主義（D. ミトラニー）, 新機能主義（E. ハース）, 交流主義（K. ドイッチュ）, 国際的相互依存論（R. コヘイン, J. ナイ）, 国際レジーム論（S. クラスナー）, デモクラティック・ピース論（B. ラセット）, グローバル・ガバナンス論（O. ヤング, J. ローズノー）	従属理論（R. プレヴィッシュ, A. フランク）, 世界システム論（I. ウォーラーステイン）	（A. ウェント, J. ラギー, N. オヌフ）

［出典］ Joseph S. Nye and David A. Welch, *Undesatanding Global Conflict and Cooperation: An introduction to Theory and History, 10ᵗʰ edition*, Pearson, 2017, p. 67をもとに筆者作成。

53

Ⅰ　基礎編

【046】代表的なリアリズム理論

	古典的リアリズム	防御的リアリズム	攻撃的リアリズム	新古典的リアリズム
何が国家を権力闘争へ向かわせるのか？	国家に内在する権力欲	システムの構造（無政府状態）	システムの構造（無政府状態）	国内に内在する諸要因
国家はどのくらいパワーを欲するのか？	できるだけ大きなパワー，国家は覇権の確立を究極の目標に掲げ，相対的なパワーを極大化しようとする。	安全保障さえ確保できれば，それ以上のパワーを求めない。国家は勢力均衡の維持に集中する。	できるだけ大きなパワー，国家は覇権の確立を究極の目標に掲げ，相対的なパワーを極大化しようとする。	できるだけ大きなパワー，国家は覇権の確立を究極の目標に掲げ，相対的なパワーを極大化しようとする。
主な提唱者	H. モーゲンソー，E. カー，F. ケナン	K. ウォルツ，J. スナイダー	J. ミアシャイマー	G. ローズ

　［出典］　吉川直人・野口和彦編『国際関係理論』勁草書房，2006年，147頁をもとに筆者作成。

5 学説・理論

【047】地政学
(1) 地政学の系譜

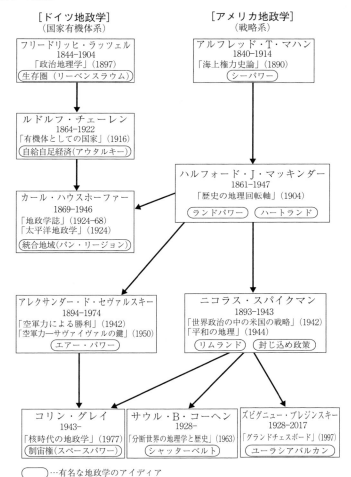

──…有名な地政学のアイディア

[注] シャッターベルト：国内不安要素と大国の利害の思惑が絡んで紛争が起こりやすい「危険な地域」（例：中東）。
　　ユーラシアバルカン：コーカサス〜カスピ海〜中央アジアに至る世界で最も不安定かつ地政学的に極めて重要な地域。
[出典] 奥山真司『地政学──アメリカの世界戦略地図』五月書房，2004年，59頁の図に筆者が一部加筆。

Ⅰ 基礎編

(2) スパイクマンのリムランド理論

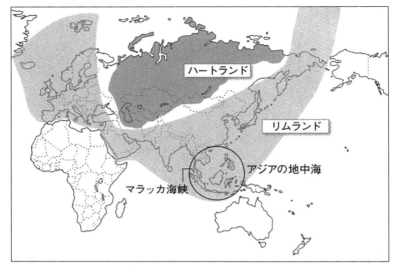

［出典］ 日本再建イニシアティブ『現代日本の地政学』中央公論新社，2017年，34頁。

(3) ハウスホーファーのパン・リージョン理論

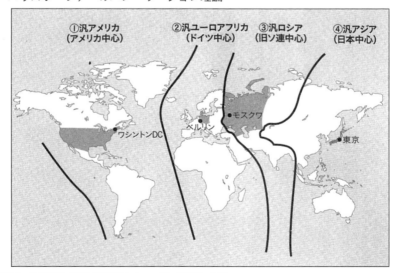

［出典］ 秋元千明『戦略の地政学』ウェッジ，2017年，62頁。

(4) 冷戦中の米国の対中ソ包囲

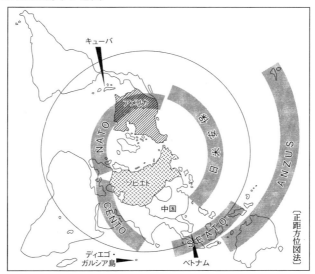

[出典] 高野孟『世界地図の読み方』日本実業出版社，1985年，31頁。

(5) 中国の海洋戦略

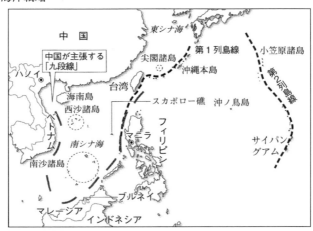

[出典] 日本再建イニシアティブ『現代日本の地政学』中央公論新社，2017年，36頁。

Ⅱ

現代国際社会の
歴史編

① 国際関係

1 冷戦期

解題 第二次世界大戦末期から明らかになりつつあった米ソの対立（冷戦【049】）を明確な形で述べたのがチャーチルであった【049】。アメリカは共産主義に対抗的姿勢を示すとともに【050】，ヨーロッパの復興に向けて主導権を取っていく姿勢も明らかにし【051】，ベルリン封鎖問題を迎える【052】。

冷戦はヨーロッパで始まったがアジアでも例外ではなかった。その象徴が朝鮮戦争である【053】。アジアにおいてはベトナム戦争【055】も起こり，ヨーロッパでは冷戦であったのがアジアでは熱戦となった。なお，冷戦における最大の危機が，1962年のキューバ問題である【054】。人類が核戦争の瀬戸際まで行ったことを機に米ソは対立の中にも協調を探るようになっていく。その動きが70年代には特に活発となり，「緊張緩和」（デタント）の時代と呼ばれた。

ところで，冷戦は「資本主義」対「社会主義」というイデオロギーの対立でもあったが，社会主義体制の内部においても動揺が起こっていた。東欧において自由主義を求めて社会主義圏を脱しようという動きと，社会主義陣営同士の対立である中ソ対立である。前者は，フルシチョフによる第20回共産党大会でのスターリン批判演説の後に起こったハンガリー動乱と1968年のチェコ事件に代表される。後者では，1969年にダマンスキー島事件という武力衝突事件が起こるなど対立は先鋭化し，米中接近の背景となっている。

70年代のデタントの時代は長く続かなかった。ベトナム戦争で疲弊した米国が軍備を削減し，国際問題への関与を縮小している間にソ連は軍備増強を進めていた。中東戦争やイラン革命による中東の激動が世界の不安定化を促進していく中，1979年にソ連が突如アフガニスタンに侵攻したことを契機に第二次冷戦（新冷戦）と言われる米ソ対立が激化した。このときに大きな争点となったのがヨーロッパにおける中距離核戦力の配備問題である。これはソ連にゴルバチョフ書記長が登場したことで米ソが協調に向かった。ゴルバチョフはソ連国内においてはペレストロイカという自由主義化の改革を進めるとともに，米国陣営に対しては「新思考外交」を進め，これによって第二次世界大戦後続いていた冷戦は，ようやく終わりを迎えることになる【056】【057】。ただし，冷戦の終焉は主にヨーロッパであって，アジアにおいては冷戦下で形成された構造がいまだに残されているのである。

この他，1947年のイスラエル建国以降，冷戦期に4次にわたり激戦が繰り広げられた中東戦争に関する資料も収録した【058】。

Ⅱ　現代国際社会の歴史編

【048】 冷戦 (1946-1991) 関連年表

1946年	3チャーチル（Winston Churchill），鉄のカーテン演説【049】　5極東国際軍事裁判所開廷（戦犯25被告に有罪判決：48.11)【180】　5吉田茂（東京都出身）内閣成立　6第2次国共内戦開始（～49.12)　12インドシナ戦争（ベトナム民主共和国の独立をめぐる仏との戦争）開始（～55.8)
1947年	2台湾，二・二八事件（外省人支配に対する本省人の反乱）　3トルーマン・ドクトリン【050】発出　5日本国憲法施行　5片山哲（和歌山県出身）内閣成立　6マーシャル・プラン【051】発出　9天皇メッセージ（沖縄の米軍基地を長期提供する代わりに日本の潜在主権を認めさせる）10共産党・労働者党情報局（コミンフォルム）設置発表（ソ連，アルバニア除く東欧6カ国，仏・伊の共産党で結成）　11国連総会，パレスチナ分割決議（総会決議181号）採択【058】
1948年	1関税と貿易に関する一般協定（GATT）暫定適用　2チェコスロバキア＝クーデター（→共産党政権樹立）　3芦田均（京都府出身）内閣成立　4欧州経済協力機構（OEEC）発足（→マーシャル・プラン受け入れ）　5日本，海上保安庁法施行　5第1次中東戦争【058】勃発（～49.7)　5蒋介石（Chiang Kai-shek)，中華民国総統就任　6ソ連，ベルリン封鎖（～49.5)【052】　6コミンフォルム，ユーゴスラヴィア共産党除名　8大韓民国（韓国）建国→李承晩（Yi Seungman)，大統領就任　9朝鮮民主主義人民共和国（北朝鮮）建国→金日成（Kim Il Sung)，首相就任　10吉田茂内閣成立（※軽武装経済復興路線を選択）
1949年	1経済相互援助会議（COMECON）設立（ソ連・東欧4か国で結成）　2ドッジ・ライン（Dodge Line）勧告（→日本経済の自立と安定のために財政金融引き締め政策実施）　4北大西洋条約機構（NATO)【099】設立（米国主導の反ソ軍事同盟）　4GHQ，1ドル＝360円の単一為替レートを設定　5ドイツ連邦共和国（西独）成立【052】　6日本，樺太庁廃止　6金日成，朝鮮労働党書記就任　8ソ連，原子爆弾保有（核戦争の恐怖が現実に）　10中華人民共和国建国（中国革命）→毛沢東（Mao Zedong)，中央人民政府主席就任　10ドイツ民主共和国（東独）成立【052】　11対共産圏輸出統制委員会（COCOM）設置　12蒋介石，台北を中華民国の臨時首都に
1950年	1不後退防衛線（アチソン・ライン）　2中ソ友好同盟相互援助条約締結（冷戦の激化と日本の対米従属化・軍国主義復活に備えた軍事同盟）　4米国国家安全保障会議政策文書第68号（NSC-68）提出（軍事支出増大によるソ連の膨張阻止）　5米，仏の要請に基づきベトナム援助計画を発表　6朝鮮戦争勃発【053】　7マッカーサー，吉田首相に警察予備隊の創設と海上保安庁の拡充を指令　8日本，警察予備隊令施行
1951年	1米国講和特使ダレス（John Foster Dulles）来日（日本の再軍備要求に曖昧な態度の吉田首相と衝突）　4トルーマン，マッカーサー解任（→マシュー・リッジウェイ（Matthew B. Ridgway)，朝鮮国連軍・GHQ最高司令官就任）　9米豪NZ，太平洋安全保障（ANZUS）条約調印　9対日講和会議開始→10サンフランシスコ平和条約（日本国との平和条約）調印（南洋庁官制失効)【066】　10日米安全保障条約調印【077】（cf.非武装中立）　12吉田書簡（Dulles宛書簡で台湾の国民党政府（中華民国）との講和を確約）
1952年	1李承晩，海洋主権宣言【086】　2トカラ列島，日本復帰　4日本，海上保安庁内に海上警備隊発足　サンフランシスコ平和条約【066】発効（GHQ進駐終了)，日米安全保障条約発効【077】　日華平和条約署名【067】　5欧州防衛共同体条約【097】調印（未発効）　6日中民間貿易協定（第1次）締結　8日本，保安庁法施行（警察予備隊→保安隊，海上警備隊→警備隊）　11米国，初の水爆実験
1953年	1アイゼンハワー（Dwight D. Eisenhower）米国大統領（共和）・ダレス国務長官就任　3ソ連，スターリン（Joseph Stalin）死去（マレンコフ（Georgy Malenkov）を経てフルシチョフ（Nikita Khrushchev）が後継に）　7朝鮮戦争休戦協定締結　8ソ連，水爆保有を公表　9フルシチョフ，ソ連共産党第一書記就任　10米韓相互防衛条約調印（53.11発効）　12奄美群島，日本に返還

① 国際関係

1954年　1 ダレス，「大量報復戦略（Massive Retaliation）」演説【030】　2 ソ連，クリミアをロシアから
ウクライナに移管　3 第5福竜丸事件（ビキニでの米水爆実験により被爆）　3 ディエン・
ビエン・フー（Dien Bien Phu）の戦い（仏，大苦戦）　4 ジュネーブ（Geneva）会議（インド
シナ戦争休戦会談）　4 コロンボ（Colombo）会議（東南アジア・南アジア5カ国による会議）
6 ネルー（Jawaharlal Nehru：印）＝周恩来（Zhou Enlai：中国）会談（平和5原則を宣言）
7 日本，防衛庁設置法・自衛隊法施行（保安隊→陸上自衛隊，警備隊→海上自衛隊，航空自衛
隊新設）　7 ジュネーブ休戦協定調印（ベトナムを北緯17度線で南北に分断）　9 毛沢東，中国
国家主席・中国共産党中央軍事委員会主席就任　中華人民共和国軍，金門・馬祖を砲撃（第1
次台湾危機）　12 米華相互防衛条約調印　12 鳩山一郎（東京都出身）内閣成立

1955年　1 ソ連，非公式に国交正常化交渉を打診　4 アジア－アフリカ会議（平和10原則を宣言）　5 西
独NATO加盟　ワルシャワ条約機構設立（NATOに対抗）【099】　7 ジュネーブ米英仏ソ4巨頭
会談　9 日本，関税と貿易に関する一般協定（GATT）加盟　10 日本社会党統一大会　11 日本，
自由民主党結成（※「55年体制」に）

1956年　2 フルシチョフ，ソ連共産党第20回大会でスターリン批判　4 コミンフォルム解散　10 日ソ共
同宣言署名【068】　ハンガリー動乱　第2次中東戦争（スエズ危機）【058】勃発　12 国連総会，
日本の加盟を全会一致で可決　12 石橋湛山（東京都出身）内閣成立

1957年　2 岸信介（山口県出身）内閣成立　5 日本，国防の基本方針【033】を閣議決定　8 ソ連，大陸
間弾道弾（ICBM）の実験成功　9 日本，『わが外交の近況（外交青書）』創刊【069】　10 ソ連，
世界初の人工衛星スプートニク1号打ち上げ

1958年　1 米，初の人工衛星打ち上げ　5 中国，大躍進運動（第2次5ヵ年計画）開始（→大失敗）
10 日米安全保障条約改定交渉開始→警察官職務執行法改正案提出（警察官の職務権限拡大→撤
回）

1959年　1 キューバ革命　4 劉少奇（Liu Shaoqi），中国国家主席就任　9 米ソ首脳，キャンプ・デービッ
ト会談（国際問題の平和的解決に関する共同コミュニケ発表）　9 フルシチョフ訪中（共同声明
発表なし→中ソ対立激化）

1960年　1 新日米安保条約【077】・日米地位協定【078】，ワシントンで調印　2 仏，原爆実験成功
5 U-2型偵察機撃墜事件（ソ連，米国機撃墜）　5 衆議院，新日米安全保障条約・日米地位協
定の批准審議で強行採決→6 新日米安全保障条約・日米地位協定発効（岸首相退陣表明）　7
池田勇人（広島県出身）内閣成立　8 尹普善（Yun Bo-seon），韓国大統領就任

1961年　1 ケネディ（John F. Kennedy［JFK］：民主），米国大統領就任　米，キューバと国交断絶　4
米，キューバ軍事侵攻（ピッグス湾事件）　5 韓国，5・16軍事クーデター（朴正熙（Pak
Jeong-hui）が政権奪取）　7 ソ朝友好協力相互援助条約調印（61.9発効）　7 中朝友好協力相互
援助条約調印（61.9発効）　8 東独，ベルリンの壁構築【056】　9 第1回非同盟諸国会議開催（ベ
オグラード）　9 OEEC，経済協力開発機構（OECD）に改組

1962年　10 キューバ危機【054】（"13DAYS"）（→ソ連，キューバのミサイル撤去）　11 「日中長期総合
貿易に関する覚書」締結（中華人民共和国側代表・廖承志（Liào Chéngzhì）と日本側代表・
高碕達之助が署名→LT貿易：～67.12）

1963年　2 日本，GATT11条国に移行（国際収支の赤字を理由に輸入制限を行わないことを国際的に約
束）　4 FPRY，ユーゴスラヴィア社会主義連邦共和国（SFRY）に改称　6 米ソホットライン
（首脳間の専用電話回線）協定締結　8 部分的核実験禁止条約（PTBT）締結（※米英ソ主導）
10 朴正熙，韓国大統領就任（軍事政権）　11 ケネディ米国大統領暗殺→ジョンソン（Lyndon B.
Johnson）副大統領，大統領就任

Ⅱ　現代国際社会の歴史編

1964年	1中仏，外交関係樹立　4日本，IMF 8条国に移行（貿易に伴う為替取引に対する規制の撤廃→通商・金融の自由化）4日本，OECDに加盟（先進西側自由主義諸国の一員に認知される）10東京五輪開催　10ソ連，フルシチョフ解任→ブレジネフ（Leonid Brezhnev），ソ連共産党第1書記就任　10中国，原爆実験成功　11佐藤栄作（山口県出身）内閣成立

1965年　2米軍，大規模な北爆開始（ベトナム戦争開始）【055】　6日韓基本条約調印【042】【070】9 9・30事件（インドネシアで軍事クーデター→スハルト（Suharto）政権：開発独裁体制へ）

1966年　3仏，NATOの軍事機構から脱退（西側の「多極化」決定的に）【099】　5中国，文化大革命開始（～76.10）

1967年　1米英ソ，宇宙条約【114】署名　4佐藤首相，武器輸出3原則【082】表明　6第3次中東戦争（6日戦争）【058】勃発　7欧州共同体（EC）【097】発足　11日米共同声明（小笠原諸島返還決定）　12佐藤首相，衆院本会議で「非核3原則（作らず，持たず，持ちこませず）」表明

1968年　1佐藤首相，施政方針演説で「核四政策（非核3原則・核軍縮・米国の核抑止力に依存・核エネルギーの平和利用）」発表　4小笠原諸島返還協定調印　6小笠原諸島，日本に返還　7米英ソ，核兵器不拡散条約（NPT）【208】署名（70.3発効）　8ソ連，チェコスロヴァキアの自由化（プラハの春）に対し軍事介入（チェコ事件：cf.制限主権論）　10劉少奇，中国国家主席解任（毛沢東復活）

1969年　1ニクソン（Richard M. Nixon：共和），米国大統領就任　3ダマンスキー（珍宝）島で中ソ武力衝突（東側の「多極化」決定的に）　7ニクソン・ドクトリン（平和三原則）発表（ベトナム戦争の「ベトナム化」）　10ブラント（Willy Brandt）西独首相，東方政策（東側との和解外交）に着手　11米ソ，ヘルシンキにて戦略兵器制限交渉（SALT）【207】開始　日米共同声明発表（日米安保条約【077】継続・沖縄「核抜き・本土並み」返還決定）

1970年　5ソ連・チェコスロバキア，新友好協力相互援助条約締結　10日本，『防衛白書』創刊　12ポーランド・グダニスク暴動（生活必需品大幅値上げに労働者抗議）

1971年　6沖縄返還協定調印　7ニクソン，訪中発表　8ニクソン，金とドルの一時的交換停止（ドル防衛政策）発表　10国連総会，中国の国連加盟（台湾追放）決定【088】　12スミソニアン（Smithsonian）協定 締結（1ドル＝308円に）

1972年　2ニクソン訪中　5沖縄，日本に返還　5米ソ，戦略兵器制限条約（SALT）【207】署名　7南北共同声明（南北朝鮮，平和的方法での統一を確認）7田中角栄（新潟県出身）内閣成立　9日中共同声明調印【071】　12東西ドイツ基本条約署名（両独関係正常化）12金日成，朝鮮民主主義人民共和国主席就任

1973年　1ベトナム和平協定調印【055】　2日本，変動相場制に移行　6ブレジネフ訪米→米ソ核戦争防止協定調印　10第4次中東戦争（「ヨム・キプル戦争」）【058】勃発　田中首相訪ソ（日ソ共同声明【085】）

1974年　1田中首相，東南アジア5カ国訪問（タイ／バンコクで学生反日デモ，インドネシア／ジャカルタで反日暴動に遭う）　5印，核実験　7米ソ，地下核実験制限条約署名【207】（90.12発効）　8ニクソン，米国大統領辞任→フォード（Gerald Rudolph Ford）副大統領，大統領就任　12三木武夫（徳島県出身）内閣成立

1975年　4蒋介石死去→厳家淦（Yan Jiagan），中華民国総統就任　5サイゴン陥落（ベトナム戦争終結）8欧州安全保障協力会議（CSCE），ヘルシンキ宣言採択【101】　11第1回サミット（主要国首脳会議），仏で開催

1976年　2三木首相，武器輸出に関する政府統一見解表明【082】　5米ソ，平和目的地下核爆発制限条約【207】署名（90.12発効）　6日本，NPT批准　7ベトナム統一（南ベトナム消滅→ベトナム社会主義共和国成立）　9毛沢東死去　10華国鋒（Hua Guofeng），中国共産党中央軍事委員会主席就任　10日本，防衛計画の大綱（51大綱）を閣議決定　12フィデル・カストロ（Fidel Castro），キューバ国家評議会議長就任　福田赳夫（群馬県出身）内閣成立

64

1 国際関係

1977年　**1**カーター（Jimmy Carter：民主），米国大統領就任　**7**鄧小平（Deng Xiaoping），中国共産党中央軍事委員会副主席兼人民解放軍総参謀長就任（＝復活）　**8**福田首相，マニラで福田ドクトリン（東南アジア外交3原則）【072】発出　**11**サダト（Anwar al Sadat）エジプト大統領，イスラエル訪問

1978年　**2**中国，「4つの近代化」開始　**5**蒋経国（Chiang Ching-kuo），中華民国総統就任　**6**金丸信防衛庁長官，在日米軍駐留経費の一部負担（思いやり予算）表明　**8**日中平和友好条約締結【073】（政府開発援助（ODA）の開始）　**9**キャンプ・デービッド合意（米国仲介によりエジプト・イスラエル，平和条約締結合意）　**11**日米防衛協力のための指針（78「指針」【079】）合意　**12**大平正芳（香川県出身）内閣成立　**12**ベトナム軍，カンボジアに侵攻

1979年　**1**米中国交回復　**1**イラン革命　**3**イスラエル・エジプト平和条約締結（シナイ半島，エジプトに返還）　**4**米国，台湾関係法制定（実質的な軍事協力を維持）　**5**大平首相，訪米（歓迎会で米国を「かけがえのない友邦であり，同盟国」と初めて公に発言）　**6**米ソ，第2次戦略兵器制限条約（SALT Ⅱ）署名【207】　**10**朴正煕韓国大統領暗殺　**12**崔圭夏（Choi Kyu-hah），韓国大統領就任　米華相互防衛条約失効　ソ連軍，アフガニスタン侵攻

1980年　**1**大平首相，豪・NZ訪問（環太平洋連帯構想への協力を求める）　**4**政府，モスクワ五輪不参加発表　**7**鈴木善幸（岩手県出身）内閣成立　**8**全斗煥（Chun Doo-hwan），韓国大統領就任　**9**ポーランドで自主管理労組「連帯」結成（スト権承認）　**9**イラン・イラク戦争開始（イラク・湾岸諸国関係不安定化＝湾岸戦争の原因）

1981年　**1**レーガン（Ronald W. Reagan：共和），米国大統領就任（ソ連を「悪の帝国」と呼ぶ）　**5**鈴木首相，訪米（日米共同宣言で「同盟」という文言が初めて使われるが，「軍事的意味を含まないとする」首相に抗議して伊東正義外相辞任）　**6**鄧小平，中国共産党中央軍事委員会主席就任　**11**米ソ，中距離核戦力（INF）削減交渉開始　**12**ポーランドで戒厳令布告

1982年　**1**NATO特別外相会議，ポーランド問題でソ連に警告　**6**第2回国連軍縮特別総会開催（反核運動頂点に）　**6**米ソ戦略兵器削減交渉（START）【207】開始　**11**ブレジネフ死去→アンドロポフ（Yurii Andropov），ソ連共産党書記長就任　中曽根康弘（群馬県出身）内閣成立

1983年　**1**中曽根首相，訪米（「日本列島を不沈空母のように強力に防衛する」と発言）　**4**レーガン，「スター・ウォーズ」演説（戦略防衛構想（SDI）開始）　**6**李先念（Li Xiannian），中国国家主席就任［任期5年：2期10年可］　**6**鄧小平，中国中央軍事委員会主席就任　**10**米軍，グレナダ侵攻　**11**レーガン来日，西側の結束と日本の防衛努力強化を再確認（「Ron・Yasu関係」）

1984年　**2**アンドロポフ死去→チェルネンコ（Konstantin Chernenko），ソ連共産党書記長就任　**4**レーガン訪中（米は中国の4つの近代化，中は米の軍事力を支持）

1985年　**3**チェルネンコ死去→ゴルバチョフ（Mikhail Gorbachev），ソ連共産党書記長就任　**8**中曽根首相，靖国神社を公式参拝（戦後の首相として初）　**9**プラザ合意（Plaza Accord：先進5カ国（日米独英仏），ドル高是正の経済政策協調で一致）　**11**ジュネーブで米ソ首脳会談（6年半ぶり）　**12**北朝鮮，NPT加入

1986年　**4**ゴルバチョフ，ペレストロイカ（Perestroika：改革）提唱　**4**チェルノブイリ（Chornobyl）原発事故（ソ連・ウクライナ）

1987年　**11**竹下登（島根県出身）内閣成立　**12**ゴルバチョフ，訪米→米ソ，中距離核戦力全廃（INF）条約調印【207】　**12**パレスチナ，第1次インティファーダ（Intifada：反抗）蜂起

1988年　**1**李登輝（Lee Teng-hui），中華民国総統就任　**2**盧泰愚（Roh Tae-woo），韓国大統領就任　**3**ゴルバチョフ，新ベオグラード宣言（ソ連，制限主権論の無効を宣言）　**4**楊尚昆（Yang Shangkun），中国国家主席就任　**4**米ソ，アフガニスタン和平協定調印　**5**竹下首相，ロンドンで国際協力構想（平和のための協力強化・文化交流の強化・ODAの拡充強化）表明　ソ連軍，アフガニスタンから撤退開始　**8**イラン・イラク戦争停戦　**11**パレスチナ国家独立宣言

65

Ⅱ　現代国際社会の歴史編

1989年	**1**ブッシュ（George H. W. Bush：共和），米国大統領就任　**2**ソ連軍，アフガニスタンから撤退完了　**3**ソ連，第1回人民代議員大会選挙実施（初の複数候補制による自由選挙：改革派躍進→ゴルバチョフ，最高会議議長就任）　**5**ゴルバチョフ，訪中（中ソ関係正常化）　**6**宇野宗佑（滋賀県出身）内閣成立　**6**中国，天安門事件→江沢民（Jiang Zemin），中国共産党総書記就任　**8**海部俊樹（愛知県出身）内閣成立　**9**日米構造協議（Structural Impediments Initiative：SII）開始　**9**ポーランド，非共産党主導内閣発足　**9**ハンガリー，東独市民の出国許可　**9**ベトナム，カンボジアから撤退　**10**ハンガリー，議会制民主主義・市場経済の本格導入を決定　**11**江沢民，中国共産党中央軍事委員会主席就任　**11**ベルリンの壁【056】崩壊（東独，国境を開放）　**12**米ソ，マルタ会談（冷戦終結宣言）　**12**ルーマニア，チャウシェスク（Nicolae Ceauşescu）政権崩壊
1990年	**3**ゴルバチョフ，ソ連大統領就任　**3**江沢民，中国中央軍事委員会主席就任　**5**バルト3国，「3カ国会議」の復活（ソ連からの事実上の独立回復）宣言　**8**イラク，クウェート侵攻　**9**ソ連・韓国，国交成立　**10**ドイツ統一（東独消滅・第一次世界大戦賠償支払再開）【056】　**11**日本，国連平和協力法案（湾岸多国籍軍への協力想定）の廃案決定
1991年	**1**ソ連軍，リトアニア侵攻　湾岸戦争（Gulf War）【060】開始（多国籍軍，イラクを爆撃）　**1**多国籍軍に90億ドルの追加支援を決定（総額130億ドル）→**2**多国籍軍，クウェート解放　**3**クロアチア紛争開始【061】　**4**イラク，国連安保理決議687受諾（イラク戦争終結）　**4**ゴルバチョフ，来日（ソ連元首，初来日）【085】　**4**ペルシャ湾岸機雷除去の為，海上自衛隊掃海部隊出発（自衛隊初の海外派遣）　**5**中ソ国境東部協定締結（珍宝島は中国帰属に：国境の98％確定）　**6**10日間戦争開始（スロヴェニア勝利→SFRYから分離独立）【061】　**6**COMECON解散　**7**ワルシャワ条約機構解散　**7**エリツィン（Boris Yeltsin），ロシア共和国大統領就任［任期5年］　**7**米ソ，戦略兵器削減条約（START）調印　**8**ソ連，保守派によるクーデター（失敗）　**9**ソ連，バルト3国独立承認【057】　**9**国連総会，南北朝鮮一括加盟承認　**10**カンボジア和平協定調印（内戦終結）　**11**宮沢喜一（広島県出身）内閣成立　**11**マケドニア，SFRYから分離独立【061】　**12**南北基本合意書締結（92.3発効：南北朝鮮，和解と不可侵を確認）　**12**ゴルバチョフ大統領辞任（＝ソ連解体【057】）→エリツィン，権力継承（ロシア連邦大統領に就任）

［出典］　各種資料をもとに筆者作成。

【049】 チャーチル「鉄のカーテン（Iron Curtain）」演説（1946年3月5日）

　（略）先頃まで連合国の勝利に輝いていた状況にかげりがさしている。ソヴィエト・ロシアと共産主義者の国際組織が近い将来になさんとしていることについて，あるいは彼らの膨張的傾向，他国に改宗を迫る行動に限界があるとすれば，それは何なのかということは誰も知らない。（略）

　バルト海のステッチンからアドリア海のトリエステまで，大陸を横切って鉄のカーテンがおろされている。このカーテンの背後には，中部および東部ヨーロッパの古くからの首都がある。ワルシャワ，ベルリン，ウィーン，ブダペスト，ベオグラード，ブカレスト，そしてソフィア，これら有名な都市すべてその周囲の住民がソヴィエト圏内にあり，何らかの形で，ソヴィエトの影響下におかれているだけでなく，ますます増大するモスクワからの強固な統制のもとに従属している。（略）

　ヨーロッパを横切っておろされた鉄のカーテンのこちら側には別の心配がある。

１　国際関係

——ロシア国境から遠く離れた世界中の多くの諸国において，共産主義者の第五列が
結成され，固く統一しながら，共産主義者の中枢部からの指揮に絶対的に服従して活
動しているのである。共産主義が未熟な状態にある英連邦と合衆国を除いて，共産党
あるいはその第五列は，キリスト教文明に対する挑戦を強化し，キリスト教文明を大
いなる危険にさらしているのである。（以下略）

　　［注］　第五列：本来味方であるはずの集団の中で敵方に味方する人々。
　　［出典］　The Sinews of Peace（'Iron Curtain Speech'）（The International Churchill Society Website）.

【050】トルーマン・ドクトリン（米上下院合同会議におけるトルーマン大統領演説，1947年
　　　　3月12日）

　（略）今般，私が議会の審議と決定をお願いしたいと考えている現在の情勢の1つ
の局面は，ギリシャとトルコの問題です。

　米国政府は，ギリシャ政府から，財政および経済支援を求める緊急要請を受けまし
た。現在ギリシャに滞在するアメリカ経済使節団からの予備報告書と，駐ギリシャ米
国大使からの報告書は，ギリシャが自由陣営の国として生き残るためには支援が不可
欠であるという，ギリシャ政府の申し立てを裏付けています。（略）

　ギリシャ政府はまた，ギリシャに対する財政支援その他の援助が，安定した自立経
済の構築と行政の改善に有効に使われるようにするために，経験を積んだアメリカ人
の行政官，経済学者，技術者の協力を求めています。（略）

　米国こそ，その支援を送らなければなりません。ギリシャに対してはすでにある程
度の救援や経済援助を行っていますが，まだ不十分です。

　民主主義国家であるギリシャが頼れる国は，ほかにないのです。

　ギリシャの民主主義政府が必要とする支援を行う意思と能力を持つ国は，ほかにあ
りません。

　英国政府はギリシャへの援助を続けてきましたが，3月31日以降は，もはや財政援
助も経済援助も行うことができません。英国はギリシャを含む世界数カ国への支援
を，削減もしくは清算する必要に迫られているのです。

　この危機的状況において，国連が何らかの支援を行えるかどうかを，我々は検討し
てみました。しかし，状況は切迫しており，迅速な行動を要します。国連やその関連
組織は，今必要とされているこうした援助を行う立場にありません。（略）

　ギリシャの隣国であるトルコにもまた，注目する必要があります。（略）

　英国政府は，自国の困難に直面しているため，もはやトルコへの財政的ないし経済
的な支援を続けることができないと，我々に通告してきました。

　ギリシャと同じく，もしトルコが必要な支援を受けるとするならば，それを提供す

67

Ⅱ　現代国際社会の歴史編

るのは米国です。この支援を行える国は，わが国以外にはありません。

　米国の外交政策の主な目的の１つは，わが国と諸外国が強圧から解放された生活を送ることができるような条件を作ることにあります。（略）

　世界の歴史における今このとき，ほぼすべての国家が，２つに１つの生き方を選ばなければなりません。しかし，その選択を自由に行えない場合が，余りにも多いのです。

　１つの生き方は，多数派の意志に基づくものであり，自由な制度，代議政治，自由選挙，個人的自由の保障，言論と宗教の自由，そして政治的抑圧からの自由を特徴とします。

　もう１つの生き方は，少数派の意思を多数派に押し付けるものです。それはテロと弾圧，出版とラジオの統制，仕組まれた選挙，そして個人の自由の抑圧——などに依存するものです。

　少数派の武装勢力や外部圧力による隷属化の試みに抵抗する自由な諸国の国民を支援することが，米国の政策でなければならないと私は信じています。（略）

　［出典］「トルーマン主義」（米国大使館・領事館ウェブサイト）。

【051】マーシャル・プラン（ハーヴァード大学におけるマーシャル国務長官の記念講演演説，1947年６月５日）

　（略）ヨーロッパの復興に何が必要であるかを考える場合に，生命の損失，都市・工業・鉱山・鉄道の目に見える破壊は正確に推定されたが，これらの目に見える破壊に比べて，ヨーロッパ経済の構造全体の混乱の方が一層重大であることが，最近数カ月の間に明らかとなった。（略）

　熱狂的な戦争準備，さらに熱狂的な戦争遂行の努力に，国民経済は全面的に巻き込まれてしまった。（略）恣意的で破壊的なナチスの支配下では，あらゆる企業は事実上ドイツの戦争組織の一環とされた。古くから存在した通商上の紐帯，私的な組織，銀行，保健会社，商船会社は，資本の消失，国有化による吸収，あるいは文字通りの破壊によって消失した。（略）

　この問題の核心は次の点にある。即ちヨーロッパは今後３〜４年の間に，食料その他の緊要な物資を，外国——特にアメリカ——から得なければならないが，その必要額は今日ヨーロッパの持つ支払能力をはるかに上回り，従って多額の援助の付加が必要で，若しそれがないと，ヨーロッパは極めて重大な経済的，社会的，政治的退化に直面せざるをえないことである。（略）

　ヨーロッパの人々が自暴自棄に陥ったならば，世界全体を沈滞させることとなり，混乱が起る可能性があるが，それを別としても，アメリカ合衆国の経済に悪影響を及ぼすことは明らかであろう。従って世界に正常で健全な経済を回復するのを助けるた

68

めに，アメリカ合衆国がその為しうることを尽くすのは当然である。(略)

わが国の政策は，何れかの国とか教義とかに対抗するためにあるのではなく，飢餓，貧窮，自暴自棄，混沌たる状態に対抗するためにある。その目的は，世界経済の運行を再生させ，自由な経済組織が存在し得るような政治的，社会的条件が出現できるようにすることである。(略)

この経済復興の任務に賛助しようとする政府に対しては，アメリカ合衆国政府としても，完全な協力をするものと私は信じる。他国の復興を妨害するような策動をする政府は，わが国政府の援助を期待することができない。さらに人々の惨苦を永からしめ，それによって政治的その他の利益を得ようとする政府や，政党その他の政治団体に対してアメリカ合衆国は反対するものである。(略)

　[出典]　'The "Marshall Plan" speech at Harvard University, 5 June 1947' (OECD Website).

Ⅱ　現代国際社会の歴史編

【052】冷戦初期のヨーロッパ

───　1947年の国境

▓▓　ソ連が獲得した領土

▓▓　ソ連軍に占領された共産主義国

▓▓　ソ連軍に占領されなかった共産主義国

━━　オーデル・ナイセ線

ドイツ分割

▓▓　アメリカ、イギリス、フランスが占領した地帯。1949年にドイツ連邦共和国になる。

▓▓　ソ連が占領した地帯。1949年にドイツ民主共和国になる。

■　ベルリン分割

［出典］　イブ・ラコスト（猪口孝日本語版監修，大塚宏子訳）『ヴィジュアル版　ラルース　新版地図で見る国際関係』原書房，2017年，44頁。

1 国際関係

【053】 朝鮮戦争（1950年6月～1953年7月休戦）

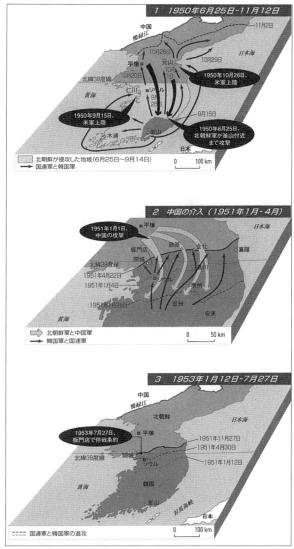

［出典］ イブ・ラコスト（猪口孝日本語版監修，大塚宏子訳）『ヴィジュアル版 ラルース 新版地図で見る国際関係』原書房，2017年，47頁。

Ⅱ　現代国際社会の歴史編

【054】キューバ危機（1962年10月）

(1)　キューバに関するケネディ大統領の全米放送演説（1962年10月22日）

　合衆国政府は，キューバ島におけるソ連の軍事的増強に対する厳重な監視を続けてきた。過去1週間以内に，動かしがたい証拠によって，一連の攻撃用ミサイル基地が，現在，あの孤立した島に準備されつつあるという事実が確認された。これらの基地の目的は，西半球に対する核攻撃力を確保する以外の何ものでもない。（略）これらのミサイルは，どれも首都ワシントン，ケープ・カナヴェラル，パナマ運河，メキシコシティーないしアメリカ南東部，中米あるいはカリブ海地域における他のいかなる都市をも攻撃できる能力を持っている。（略）

　瞬間的な大量破壊能力をもつこれらの大型で，長距離の，かつ明らかに攻撃的な兵器の存在は──全米州諸国の平和および安全に対する明白な脅威である。（略）

　私は，憲法が私に与え，また議会の決議によって確認された権限に基づいて，次の初動措置が直ちにとられるよう指令した。

　第一に，この攻撃力の増強を阻止するため，キューバに向けて輸送中のすべての攻撃用軍事装備に対する厳重な隔離封鎖が開始されつつある。キューバ向けの積荷を持つすべての船舶は，国籍，出発港を問わず，攻撃武器を積んでいると判明した場合には，引き返させる。

　第二に，（略）これらの攻撃的な軍事準備が続けられ，それによって西半球に対する脅威がさらに高まるようならば，私は，アメリカ軍に対し，いかなる不測の事態に対しても準備しうるよう指令した。（略）

　第三に，アメリカは，西半球のいかなる国に対するキューバからのミサイルの発射をも，ソ連によるアメリカへの攻撃であり，かつソ連に対するアメリカの全面的報復措置を必要とみなす政策をとる。（略）

　第六に，われわれは，国連憲章に基づき，国連安全保障理事会に対し，（略）国連監視員の監視のもとに，キューバにあるいっさいの攻撃兵器を直ちに解体し，かつこれを撤去するよう要求し，それが実施されない限り，隔離封鎖を解除しない旨を明らかにした決議案を提出する予定である。

　第七そして最後に，私は，フルシチョフ首相に対し，世界平和および安定した両国間関係に対する秘密裏に進行する無謀かつ挑発的な脅威を中止し，これを排除するよう要請する。（略）彼は今や，（略）キューバからこれらの兵器を撤去し，現在の危機を拡大させ，深化させるいかなる措置をも控えることにより，（略）世界を破滅の深淵から救いだす絶好の機会を与えられている。（以下略）

　　［出典］ 'Radio and television report to the American people on the Soviet arms build-up in Cuba, 22 October 1962' (John F. Kennedy Presidential Library and Museum Website).

72

1　国際関係

(2) ミサイルの脅威

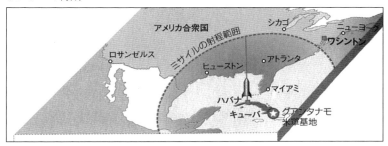

［出典］ イブ・ラコスト（猪口孝日本語版監修，大塚宏子訳）『ヴィジュアル版　ラルース　新版地図で見る国際関係』原書房，2017年，52頁．

【055】ベトナム戦争（1965年2月～1973年1月）

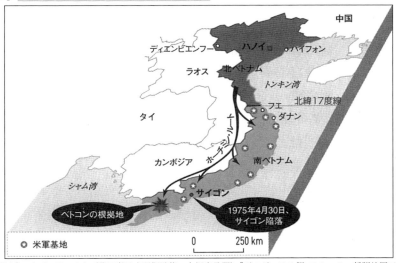

［出典］ イブ・ラコスト（猪口孝日本語版監修，大塚宏子訳）『ヴィジュアル版　ラルース　新版地図で見る国際関係』原書房，2017年，52頁．

73

Ⅱ 現代国際社会の歴史編

【056】ドイツ統一（1990年10月）
(1) 東から西への流出

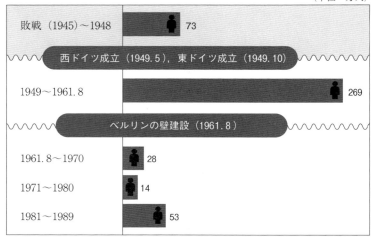

[出典]『新詳世界史図説〔2012年改訂版〕』浜島書店，2012年，227頁の資料を修整して収録。

(2) ドイツ統一条約（1990年8月31日調印）

〔前文〕ドイツ連邦共和国（西ドイツ）とドイツ民主共和国（東ドイツ）は双方が民族共同体の構成員として同等の権利を有し，自決権を行使し，ドイツ統一を完成することを決意し，ドイツ統一により，国境で分断されず欧州のすべての民族が信頼し合って共存できる欧州の平和秩序の構築に貢献するよう努力し，国境の不可侵性，欧州のすべての国家の領土的不可侵性，国境内における主権が平和のための基本的条件であることを確認した。

・西独基本法23条に基づく東独の西独編入によって，ブランデンブルクなど5州とベルリンの一部（東ベルリン）はドイツ連邦共和国の州となる。
・ドイツ（統一ドイツ）の首都はベルリンとする。

[注] 本条約では，1990年10月3日（ドイツ統一の日）に東独が西独に編入することが定められた。
[出典]『世界史総合図録』山川出版社，2005年，195頁。

1 国際関係

【057】ソ連解体（1991年12月）

(1) 独立国家共同体創設宣言（1991年12月21日）

・加盟国は主権，平等，民族自決，内政不干渉，武力不行使，紛争の平和解決，少数民族の権利などの基本的人権尊重や国際法の順守といった原則の上に互いの民主的法治国家の建設をめざす。
・領土保全と国境不可侵の原則を尊重。
・加盟国は平等の立場で，国家でもなく国家の上に立つものでもない加盟国間の合意で定められた調整機関を通じて相互に活動する。
・国際戦略的安定性と安全を確保するため戦略抑止（軍および核兵器に対する管理を統一し，統一司令官を保持する。加盟国は非核国家もしくは中立国家となることを尊重する。）
・統一経済空間の形成と発展に協力しあう。
・独立国家共同体の形成とともにソ連はその存在を停止する。
・加盟各国は旧ソ連が結んだ国際条約・協定をそれぞれの憲法に応じて順守する。

[出典]『世界史総合図録』山川出版社，2005年，195頁。

(2) ソ連解体後のロシア

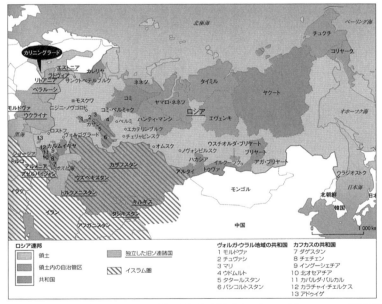

[出典] イブ・ラコスト（猪口孝日本語版監修，大塚宏子訳）『ヴィジュアル版 ラルース 新版地図で見る国際関係』原書房，2017年，171頁。

Ⅱ 現代国際社会の歴史編

【058】中東戦争

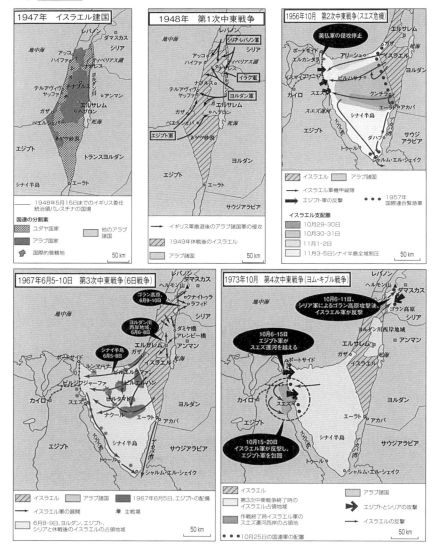

[出典] イブ・ラコスト（猪口孝日本語版監修，大塚宏子訳）『ヴィジュアル版 ラルース新版 地図で見る国際関係』原書房，2017年，363頁。

1 国際関係

2　冷　戦　後

解　題　冷戦終結後，2つの大きな事件が国際社会の大きな問題として持ち上がった。1つは1990年8月イラクのクウェート侵攻に端を発する湾岸戦争【060】，もう1つは複雑な民族構成を抱えていたユーゴスラヴィアが解体し，民族紛争が噴出したことである【061】。前者はその後の2003年に米国との戦争となり，フセイン政権は瓦解した。米国はここで「予防戦争」を行うことになり，国際的な議論を生んでいく。後者は特にボスニア・ヘルツェゴヴィナで「民族浄化」という名の大量虐殺に伴い，NATO軍等の介入をもたらすことになる。湾岸戦争，ボスニア・ヘルツェゴヴィナ紛争は，冷戦終結によって平和な時代が訪れ，新しい世界秩序形成に向かおうとした国際社会に冷水を浴びせることとなった。この他，民族紛争はアフリカのソマリアやルワンダなどでも発生しており，冷戦終結後の国際社会が極めて不安定であることを示すこととなった。ソマリアは無政府状態となって，いわゆる「破たん国家」となり，その沿岸では海賊が横行することになった。海賊は日本も参加した国際的な対処が行われ，被害は次第に減少している（詳細は「海賊対処レポート」（内閣官房ウェブサイト）を参照されたい）が，国家秩序が回復されたわけではない。

今世紀に入って，国際情勢はますます混迷の度を深めている。冷戦終結直後は，米国が超大国として国際社会をリードする一極構造になるかとも思われたが，イラク戦争【060】をはじめ度重なる中東地域への軍事行動などもあって，その国力に衰えを見せ始めている。代わって台頭したのが中国であり，ロシアもプーチン大統領の下で復活し，両国とも地域大国を目指す行動を展開している。ここでは特にロシアのプーチン大統領によるクリミア編入に関する演説と中国の習近平国家主席による「一帯一路」構想に関する演説を掲載した。

前者は米国や西欧がセルビアからのコソボの分離を合法と認める一方で，クリミアのウクライナからロシアへの復帰を認めないことに対するプーチンによる異議申し立てである【062】。また後者は2013年9月・10月に習近平が中央アジアと東南アジアを歴訪した際に打ち出した「シルクロード経済ベルト」と「21世紀海上シルクロード」の共同建設推進をもとにしたアジア，ヨーロッパ，アフリカ大陸にまたがる経済圏構想である【063】。

こうした既存の国際秩序に修正を迫る試みは，第二次世界大戦の要因ともなったため注目する必要がある。ロシアや中国が，今後どのような外交行動をとっていくかは不明だが，米国の国力が弱まる中で，ロシアや中国が地域大国として安定勢力となるか，秩序破壊勢力となるかで国際社会の安定は大きく左右されることは間違いないだろう。

この他，2018年に激動した北朝鮮と韓国・米国の外交に関する資料も収録した【064】【065】。

Ⅱ　現代国際社会の歴史編

【059】 冷戦後（1992－2018）関連年表

1992年	3国連カンボジア暫定統治機構（UNTAC）発足　4ボスニア・ヘルツェゴビナ紛争開始【061】　4アフガニスタン，ナジブラ（Najibullah）共産政権崩壊（→内戦状態へ）　4セルビア・モンテネグロ，ユーゴスラヴィア連邦共和国（FRY）建国【061】　6日本，政府開発援助（ODA）大綱を閣議決定【204】　8日本，国際平和協力法（PKO法）施行【200】【203】　中韓国交樹立　9PKO法に基づき自衛隊をUNTACに派遣　10中国共産党，第14回党大会で「社会主義市場経済」を宣言　12米国主導の統合機動部隊（UNITAF）による希望回復作戦の開始（ソマリアへの人道的介入）
1993年	1クリントン（Bill Clinton：民主），米国大統領就任　2金泳三（Kim Young-sam），韓国大統領就任（32年ぶりの文民政権）　3北朝鮮，核兵器不拡散条約（NPT）【208】脱退宣言　3江沢民（Jiang Zemin），中国国家主席就任　3中国憲法改正（「社会主義市場経済」を盛り込む）　4金正日（Kim Jong-il），朝鮮民主主義人民共和国国防委員会委員長就任　6北朝鮮，NPT脱退発効中断表明　8河野談話【187】　8細川護熙（熊本県出身）内閣成立（非自民連立内閣→55年体制崩壊）　8暫定自治政府原則の宣言署名（オスロ合意：イスラエル・パレスチナ自治政府相互承認・5年間の自治政府による自治を認める）　9カンボジア，新憲法発布（UNTAC成功）　10東京宣言【085】
1994年	3COCOM解散（ワッセナー・アレンジメント【205】に継承）　4羽田孜（長野県出身）内閣成立　6仏主導の多国籍軍がトルコ石作戦を開始（ルワンダへの人道的介入）　6村山富市（大分県出身）内閣成立（自民党政権復帰）　7金日成死去　9中央アジア部分に関する中ロシア国境協定締結（西部国境画定）　10米朝枠組み合意締結（北朝鮮核開発凍結・米朝関係正常化に向けて行動）　12露軍，チェチェンに軍事侵攻
1995年	1阪神・淡路大震災起こる　3朝鮮半島エネルギー開発機構（KEDO）設立（軽水炉プロジェクト開始）　6日米自動車交渉決着（クリントン，「数値目標」撤回）　7スレブレニツァ（Srebrenica）の虐殺（セルビア人勢力，ボシュニャク人を大量虐殺）【061】　8米・ベトナム国交正常化　8村山談話（戦後50年談話）発表（日本の過去の植民地支配と侵略を日本政府が公式に認め，反省とお詫びを表明）　9沖縄で米兵による少女暴行事件起こる　11クロアチア紛争終結（クロアチア勝利→SFRYから分離独立）【061】　11日本，防衛計画の大綱（07大綱）を閣議決定　12デイトン（Dayton）合意署名（ボスニア・ヘルツェゴビナ紛争終結→SFRYから分離独立）【061】
1996年	1橋本龍太郎（岡山県出身）内閣成立（自民党政権復活）　3中華民国初の総統直接選挙，李登輝（Lee Teng-hui）総統圧勝　4日米安全保障共同宣言【080】　9ソ朝友好協力相互援助条約失効　9包括的核実験禁止条約（CTBT）採択【205】　9タリバン（Taliban），アフガニスタン首都カブール制圧　12沖縄に関する特別行動委員会（SACO）最終合意　12在ペルー日本大使公邸占拠事件（〜97.4）【185】
1997年	6日露，クラスノヤルスク（Krasnoyarsk）合意【085】　7英，香港を中国に返還（50年間資本主義的経済体制を認める：「1国2制度」論　7タイ，変動相場制に移行（通貨下落→アジア通貨危機始まる）　9日米防衛協力のための指針（97「指針」【079】）合意　10金正日，朝鮮労働党総書記就任
1998年	2金大中（Kim Tae-jung），韓国大統領就任　コソヴォ紛争開始【061】　5インド，核実験　5スハルト，インドネシア大統領辞任　5パキスタン，核実験　6日本，PKO法改正【203】　7小渕恵三（群馬県出身）内閣成立　8米国，アフガニスタンとスーダンを攻撃（在ケニア及びタンザニア米国大使館爆破事件の報復）　8北朝鮮，日本列島越しに「テポドン」を実験発射　12米英軍，イラク空爆（国連特別委員会（UNSCOM）による査察への非協力に対する懲罰）

|1| 国際関係

1999年	3能登半島沖不審船事件（日本，北朝鮮の不審船に対し初の海上警備行動発令）3NATO，コソヴォ空爆（国連安保理決議のないまま攻撃）【061】9「指針」関連法（周辺事態法・改正日米物品役務相互提供協定（周辺事態で必要な物品・役務を自衛隊と米軍が相互提供）など）成立・施行 6コソヴォ紛争終結（FRY軍撤退）7李登輝，中台関係を「特殊な国と国との関係」と表現（「1国2政府」論）12ポルトガル，マカオ（Macau）を中国に返還
2000年	2露朝友好善隣協力条約調印（00.7発効：軍事同盟条項なし）4森喜朗（石川県出身）内閣成立 5プーチン（Vladimir Putin），ロシア連邦大統領就任［任期4年：2期8年可］陳水扁（Chen Shui-bian），中華民国総統就任 6南北朝鮮首脳会談（史上初）9パレスチナ，第2次インティファーダ（和平交渉決裂）
2001年	1G.W.ブッシュ（George W. Bush：共和），米国大統領就任 マケドニア紛争開始【061】2米英軍，イラク空爆 4小泉純一郎（神奈川県出身）内閣成立 8オフリド（Ohrid）合意（マケドニア紛争終結：アルバニア人の民族的権利向上）【061】9米国同時多発テロ事件（＝対テロ戦争勃発）10アフガニスタン紛争勃発 11旧テロ対策特別措置法施行【199】12アフガニスタン，暫定政権成立 12日本，PKO法改正【203】12日本，九州南西海域工作船事件（北朝鮮の不審船追跡事件）
2002年	1小泉首相，シンガポール演説（「共に歩み共に進むコミュニティ」（ASEAN＋3［日中韓］，豪州，NZの経済連携構想）を提唱）1ブッシュ，「悪の枢軸」発言（北朝鮮，イラン，イラクを名指し批判）3イスラエル，「防衛の盾」作戦開始→4パレスチナ自治区再占領 5米露，戦略攻撃力削減条約（SORT）調印【207】6アフガニスタン，移行政権成立 9日朝平壌宣言調印【074】（→国交正常化交渉は拉致問題で中断）11胡錦濤（Hu Jintao），中国共産党総書記就任
2003年	1北朝鮮，NPT脱退（発効中断解除）を宣言（米朝枠組み合意破棄）2FRY，セルビア・モンテネグロに国名変更【061】盧武鉉（Roh Moo-hyun），韓国大統領就任 3イラク戦争開始【060】→5ブッシュ，大規模戦闘終結宣言（連合国暫定当局（CPA）発足）5胡錦濤，中国国家主席就任 6日本，有事法制関連法（武力攻撃事態法制定，自衛隊法・安全保障会議設置法改正）施行 7イラク統治評議会（CPAの下部組織）発足 8日本，ODA大綱改正 8日本，イラク復興支援特別措置法【199】施行 12アフガニスタン，新憲法採択
2004年	6イラク統治評議会，暫定政権に権限委譲 9日本，国民保護法施行 9胡錦濤，中国共産党中央軍事委員会主席就任 10中露東部国境補足協定締結（タラバーロフ［銀龍］島は中国領，大ウスリー［黒瞎子］島・ボリショイ［阿巴該図］島は中露両国で二等分に）11漢級原子力潜水艦領海侵犯事件（日本，海上警備行動発令）11アジア海賊対策地域協力協定（ReCAAP）採択（06.9発効）12日本，防衛計画の大綱（16大綱）を閣議決定
2005年	2北朝鮮，核保有宣言 3胡錦濤，中国中央軍事委員会主席就任 7英国同時多発テロ事件 8小泉談話（戦後60年談話）発表（村山談話を踏襲）10日米安全保障協議委員会（2＋2）共同発表（日米同盟：未来のための変革と再編）【081】12第1回東アジア首脳会議（EAS）開催（クアラルンプール宣言採択）【104】
2006年	5イラク新政府発足 KEDO理事会，軽水炉プロジェクトの終了決定 6モンテネグロ独立→セルビア独立【061】9安倍晋三（山口県出身）内閣成立 10北朝鮮，核実験（事実上の核保有国に）
2007年	1日本，防衛庁を防衛省に移行 9福田康夫（群馬県出身）内閣成立 10第2回南北朝鮮首脳会談（→10.4宣言：朝鮮戦争の終結を目指す）11旧テロ対策特別措置法，失効【199】
2008年	1日本，新テロ対策特別措置法が衆院再可決により成立・施行【199】2コソヴォ，セルビアから独立宣言【061】【062】2ラウル・カストロ（Raúl Castro），キューバ国家評議会議長就任 2李明博（Lee Myung-bak），韓国大統領就任 5メドヴェージェフ（Dmitrii Medvedev），ロシア連邦大統領就任 5馬英九（Ma Ying-jeou），中華民族総統就任 7中露東部国境画定に関する議定書締結（08.10発効：全国境確定）8南オセチア紛争（ロシア・ジョージア戦争）勃発（露の勝利）9米国投資会社・リーマン・ブラザーズ経営破綻（→世界規模の経済危機）

Ⅱ　現代国際社会の歴史編

2009年	9麻生太郎（福岡県出身）内閣成立　11第1回G20サミット（20カ国・地域首脳会合，米で開催）1オバマ（Barack Obama：民主），米国大統領就任　4オバマ，プラハ演説（米国が先頭に立ち核兵器のない世界の平和と安全を追求する決意を明言）　5北朝鮮，核実験　7日本，海賊対処法施行【201】7イラク復興支援特別措置法，失効【199】9鳩山由紀夫（北海道出身）内閣成立（政権交代）
2010年	1新テロ特別措置法，失効【199】4米露，新START調印【207】6菅直人（東京都出身）内閣成立　8オバマ，イラク戦争「戦闘終結宣言」【060】10独，第一次世界大戦賠償支払完了　11メドヴェージェフ，国後島上陸【085】12日本，防衛計画の大綱（22大綱）を閣議決定　12チュニジア，ジャスミン革命（「アラブの春」開始）
2011年	1チュニジア，ベン＝アリー（Ben Ali）政権崩壊　2エジプト，ムバラク（Hosni Mubarak）政権崩壊　3商船三井「グアナバラ号」海賊襲撃事件（拘束された海賊を引き取って日本に護送し，日本の国内法に基づき刑事手続をとった初めての事例）　3東日本大震災　3シリア内戦勃発　7南スーダン，独立　8リビア，カダフィ（Muammar Gaddafi）政権崩壊　9野田佳彦（千葉県出身）内閣成立　12米軍，イラクから完全撤収（イラク戦争終結）12金正日死去→金正恩（Kim Jong-un），朝鮮人民軍最高司令官就任
2012年	4金正恩，朝鮮民主主義人民共和国国防第一委員長および朝鮮労働党第一書記・中央軍事委員会委員長就任　5プーチン，ロシア連邦大統領就任［任期6年：2期12年可］8李明博，歴代大統領として竹島に初上陸【086】9日本，尖閣諸島の3島（魚釣島，北小島，南小島）国有化【087】11習近平（Xi Jinping），中国共産党総書記・中央軍事委員会主席就任　12安倍晋三内閣成立（政権交代）
2013年	1在アルジェリア日本人拘束事件　1安倍首相，ジャカルタで安倍ドクトリン（対ASEAN外交5原則）発出【075】2北朝鮮，核実験　2朴槿恵（Park Geun-hye），韓国大統領就任　3習近平，中国国家主席・中央軍事委員会主席就任　4ボストンマラソン爆弾テロ事件　9習近平，カザフスタンのナザルバエフ大学で「シルクロード経済ベルト」を提唱【063】10習近平，インドネシア議会で「21世紀海上シルクロード」を提唱【063】11日本，船舶警備特別措置法施行【202】12日本，国家安全保障戦略【033】・防衛計画の大綱（25大綱）を閣議決定
2014年	3露，クリミア・セヴァストポリ編入【062】4日本，防衛装備移転3原則策定【082】5安倍首相，シンガポールで海における法の支配・3つの原則（海における法の支配の3原則）発出【076】6過激派組織「イスラム国（IS）」国家樹立を宣言（国際社会，認めず）7日本，集団的自衛権の限定行使の容認を閣議決定【083】7米国・キューバ国交回復　12オバマ，アフガニスタン戦闘任務完了宣言（アフガニスタン紛争終結）
2015年	2日本，開発協力大綱を閣議決定【204】4日米防衛協力のための指針（新「指針」【079】）合意　8安倍談話（戦後70年談話）発表（「謝罪外交」に終止符を打つ意思を表明）9日本，平和安全法制整備法・国際平和支援法成立（16.3施行）【084】【199】【203】11パリ同時多発テロ事件　12日韓合意（慰安婦問題の最終かつ不可逆的な解決を確認：日本政府10億円拠出）【188】
2016年	1北朝鮮，核実験　5金正恩，朝鮮労働党初代委員長就任　5蔡英文（Tsai Ing-wen），中華民国総統就任　6金正恩，朝鮮民主主義人民共和国初代国務委員長就任　9北朝鮮，核実験
2017年	1トランプ（Donald Trump：共和），米国大統領就任　3朴槿恵，弾劾裁判により罷免　5文在寅（Moon Jae-in），韓国大統領就任　9北朝鮮，核実験　10ISの「首都」ラッカ解放される　10中国共産党，第19回党大会で「一帯一路」を党規約に盛り込む【063】
2018年	3中国全国人民代表大会，国家主席の任期撤廃　4北朝鮮，ミサイル発射と核実験中止を表明　4第3回南北首脳会談（板門店宣言【064】）5第4回南北首脳会談　6米朝首脳会談（共同声明【065】）7米中貿易戦争開始（追加関税措置発動）9第5回南北首脳会談（平壌宣言）12日本，防衛計画の大綱（30大綱）を閣議決定

［出典］　各種資料をもとに筆者作成。

１　国際関係

【060】 湾岸戦争（1991年）・イラク戦争（2003年）

(1)　湾岸戦争から停戦まで（安保理決議678，687）

　1990年８月２日のイラク軍のクウェート侵攻を受け，同日，国連安保理は，イラクのクウェート侵攻を非難し，イラク軍の即時無条件撤退を要求する安保理決議660を採択した。続けて安保理は，８月６日の対イラクの経済制裁を決定する安保理決議661をはじめとして，イラク軍の撤退を求め，クウェートの主権を回復するため，累次にわたり決議を採択した。

　イラクが累次の安保理決議に従うことを拒否し続けたため，1990年11月29日には安保理決議678が採択され，イラクが1991年１月15日以前に関連諸決議を完全に実施しない限り，クウェート政府に協力している加盟国は，安保理決議660及び全ての累次の関連諸決議を堅持かつ実施し，同地域における国際の平和と安全を回復するために，あらゆる必要な手段をとる権限が付与された。これを受け，1991年１月17日，米国をはじめとするいわゆる湾岸「多国籍軍」は，イラクに対する武力行使に踏み切った。

　1991年４月３日に採択された安保理決議687によって，イラクは，化学兵器，生物兵器，射程150km以上の弾道ミサイルといった大量破壊兵器の廃棄を国際的監視の下で無条件に受け入れることを義務付けられ，そのための実地査察に合意することとされた。また，同決議においては，イラクによる同決議の諸規定の受諾により，湾岸戦争の停戦が発効する旨も定められており，イラクが同月６日付の安保理議長宛書簡により右受諾を行ったため，停戦が発効した。

(2)　イラク戦争

　ブッシュ米大統領は，2003年１月28日の一般教書演説でイラクが自ら大量破壊兵器の廃棄を行わなければならないと述べ，２月５日に開催された安保理会合では，パウエル米国務長官が安保理メンバー国に対してイラクの査察活動に対する非協力，大量破壊兵器の隠蔽工作等を示す情報を提示し，これ以上イラクに時間を与えるべきではなく，安保理が判断を下すべきであると述べた。

　２月24日の安保理非公式協議では，米国，英国及びスペインにより，イラクが依然として関連安保理決議を履行しておらず，安保理決議1441により与えられた最後の機会を活かすことができなかったことを内容とする決議案を共同で提出した。

　３月17日に米英国連大使は，提案していた安保理決議案の採択断念を発表し，ブッシュ米大統領は演説で，今決議の最後の日が来た，サダム・フセインとその息子達は48時間以内にイラクを去らなければならないと発言した。

　３月20日に『イラクの自由作戦』が開始。４月９日には首都バグダッドが事実上陥落。５月１日にブッシュ米大統領は，イラクでの主要戦闘終了を宣言した。

　［出典］「イラクを巡る情勢の経緯（2003年５月１日まで）」（外務省ウェブサイト）をもとに筆者作成。

81

Ⅱ 現代国際社会の歴史編

【061】ユーゴスラヴィア解体（1991年〜）
(1) 解体後のユーゴスラヴィア

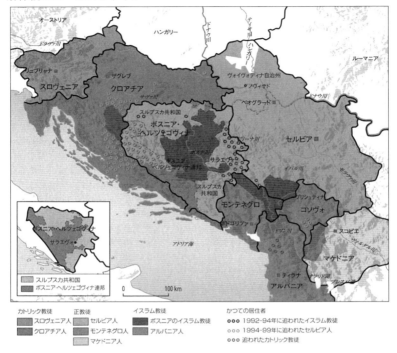

［出典］イブ・ラコスト（猪口孝日本語版監修，大塚宏子訳）『ヴィジュアル版 ラルース 新版地図で見る国際関係』原書房，2017年，309頁。

(2) ボスニア・ヘルツェゴヴィナ和平一般枠組み合意（デイトン合意, 1995年12月14日）
- 新国家ボスニア・ヘルツェゴヴィナはボシュニャク人（ムスリム人）とクロアチア人の支配するボスニア・ヘルツェゴヴィナ連邦とスルプスカ共和国（セルビア人共和国）という2つの構成体から構成
- 憲法にボスニア・ヘルツェゴヴィナの構成民族として，ボシュニャク人，セルビア人，クロアチア人を明記
- 大統領評議会：3名（構成民族各1名）
- 上院（民族院）：15名（構成民族各5名）：議会で行われた決定に対して当該民族議員団の過半数の賛成により民族の「死活的利益」を害すると宣言可能。
- 立法は全て上院・下院（代議員42名）の承認を必要とし，いずれかの構成体の議員

1　国際関係

の2/3が反対票を投じている場合には可決できない。

［注］　2009年12月に欧州人権裁判所が，ボスニアに居住するロマとユダヤ人がポストを3つの構成民族に限っている大統領評議会や上院に関する憲法規定は欧州人権規約違反であるという訴えを認める判決を出したが，憲法修正の展望は依然として開けていない。
［出典］　久保慶一「ボスニア・ヘルツェゴヴィナ」（月村太郎編著『解体後のユーゴスラヴィア』晃洋書房，2017年所収），74-75頁をもとに筆者作成。

【062】ロシアのクリミア編入（2014年3月）

(1)

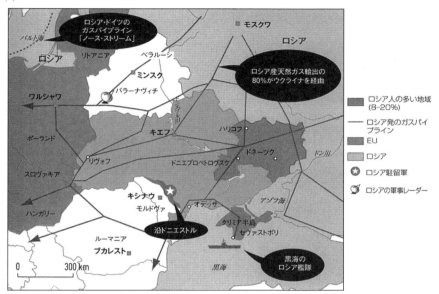

［出典］　イブ・ラコスト（猪口孝日本語版監修，大塚宏子訳）『ヴィジュアル版 ラルース　新版地図で見る国際関係』原書房，2017年，179頁。

(2)　ロシア議会上下院，地方首長，市民団体の代表に向けたV.V.プーチン大統領の演説（クリミアの復帰に関して，2014年3月18日，クレムリン）

（略）尊敬する友人たち，今日私たちは，私たち全員にとって極めて重要な意味を持ち，歴史的意味を持つ問題でここに集まりました。3月16日，クリミアで住民投票が行われました。住民投票は民主的手続きと国際法の規定に完全に合致したものでした。

有権者の82％以上が投票に行きました。96％以上がロシアへの復帰に賛成票を投じました。この数字は極めて説得力のあるものです。（略）

（略）人々の心の中，意識の中では，クリミアは常にロシアの不可分の一部でした。

83

Ⅱ　現代国際社会の歴史編

真実と正義に基づいたこの確信はゆるぎないものであり，世代から世代へと受け継がれてきたものです。この確信の前には時間も情勢も無力であり，私たちが体験してきた，20世紀を通して私たちの国が体験してきた劇的な変革でさえもすべてが無力です。（略）

どうしてウクライナの人々が変革を望んだのか，よく理解できます。「独立」し，自立してからのこの年月，いわば人々は政権に「うんざり」したのであり，あきあきしたのです。大統領，首相，議会の議員は変わっても，彼らの自国と自国民に対する考え方は変わりませんでした。彼らは権限や資産，資金の流れを巡ってお互いに争いながら，ウクライナを「搾り取って」いったのです。政権等は一般市民が何をもってどんな暮らしをしているのか，どうして数百万人のウクライナ国民が自国では自分の将来に展望を見いだせず，日雇い労働のために外国へ出て行かなくてはならないのかにはほとんど興味がありませんでした。指摘しておきますが，シリコンバレーへの就職ではなく，日雇いの出稼ぎです。昨年のロシアだけでも，そういった人々が300万人も働いていました。2013年に彼らがロシアで稼いだ金額は200億ドル以上であるという試算もあり，これはウクライナのGDPの12％にあたります。

（略）ウクライナには正統な政権がいまだになく，話をする相手がいないこともまた明白です。国家機関の多くは身元詐称者が占拠しており，彼らは国を全くコントロールしておらず，むしろ彼ら自身が，──これは強調しておきたいのですが──，彼ら自身が往々にして過激派の支配下に置かれているのです。現政権の大臣の中には，マイダン広場の武装勢力の許可を得なければ面会さえできない大臣もいるのです。冗談ではなく，これが今日の現実なのです。

クーデターに抵抗した者にはすぐに弾圧と懲罰をちらつかせた脅しが始まりました。その先頭にいたのは当然クリミアです。ロシア語圏のクリミアです。そのため，クリミアとセバストポリ市の住民はロシアに対し権利と生命の保護を求めました。またキエフで，そしてドネツク市やハリコフ市やその他のウクライナの町で起こっていることを波及させないよう求めたのです。

当然，私たちはこの要請を拒否することはできませんでした。クリミアとその住民を見捨てることはできませんでした。そんなことをすれば，ただの裏切りです。

まず最初に，平和で自由な意思表示ができる環境を整備し，クリミアの住民が史上初めて自らの運命を自分で決定できるよう支援する必要がありました。しかし，今日，私たちは西欧や北米の同僚からいったい何と言われているでしょう？　私たちは国際法の規定に違反していると言われているのです。第一に，彼らが国際法の存在を思い出しただけまだましです。思い出さないよりは遅くなってしまってもいいのですから，それだけでも御の字です。

84

第二に，これが最も重要ですが，私たちがいったい何に違反しているというのでしょうか？　確かに，ロシア連邦大統領は軍をウクライナで使用する権利を議会上院から取り付けました。しかし，厳正に言えば，その権利はまだ行使されてもいないのです。ロシア軍はクリミアに進軍してはいません。彼らは国際条約に基づき，元々そこにいたのです。確かに，私たちは兵力を強化しました。しかし，——ここは強調したいところで，皆さんに良く聞いてもらいたいのですが——，私たちはクリミア駐留軍の兵力定数を超えて増強したりはしていません。定数は2万5000人ですが，今までそこまでの必要がなかっただけのことです。

さらに言いましょう。クリミア最高議会は独立を宣言し住民投票を発表するにあたり，民族自決権を謳った国連憲章を根拠としました。思い出していただきたいのですが，当のウクライナもソビエト連邦脱退を宣言するにあたり，同じこと，ほぼ文字通りに同じことをしたのです。ウクライナではこの権利を行使したのに，クリミアには拒否しています。なぜでしょうか？

また，クリミア政府は有名なコソボの先例にも立脚しました。その先例は西側のパートナーたちが自ら，いわば自らの手で作り出したものであり，クリミアと全く同じ状況で，セルビアからのコソボ分離を合法と認め，一方的な独立宣言には中央政府の許可は一切必要ないことを皆に知らしめたのです。国際司法裁判所は国連憲章第1条第2項に基づきこれに同意し，2010年7月22日付の決定に次のように記しました。「安全保障理事会の慣例からは一方的独立宣言に対するいかなる一般的禁止も推論されない。」そして，さらに「一般国際法は独立宣言について適用可能な禁止事項を含まない。」すべてきわめて明瞭です。

（略）当のアメリカやヨーロッパはまたしてもコソボは特殊なケースなのだというようなことを言っています。私たちの同僚はいったい何が特殊だと考えているのでしょうか？　それが，コソボ紛争で多くの人的被害が出たことが特殊だというのです。これが法的な論拠だとでもいうのでしょうか？　国際司法裁判所の決定にはそんなことは何も書かれていません。これはもうダブルスタンダードでさえありません。驚くほどに稚拙で無遠慮な皮肉か何かです。このように乱暴に何もかもを自分の利益に合うように整え，同じひとつのものを今日は白と呼び，明日は黒と呼ぶようなことはあってなりません。つまるところ，すべての紛争は人的被害が出るところまで持って行かなくてはならないということでしょうか？

（略）尊敬する同僚たち！　ウクライナを巡る情勢には，現在世界で起こっていること，さらにはこの数十年にわたって世界で起こってきたことが鏡のように映し出されています。二極体制の消失後，世界から安定が消えました。主要な国際機関は強化されるどころか，残念ながら往々にして退化しています。アメリカ合衆国を筆頭とす

Ⅱ　現代国際社会の歴史編

る西側のパートナーたちは政治の実践において国際法ではなく，力による支配に従うことを好んでいます。彼らは自分が選ばれし特別な存在であると信じ切っており，世界の運命を決めるのは自分であり，常に自分だけが正しいのだと信じ切っています。彼らは思いつくままに行動しています。あちこちで主権国家に対して武力を行使し，「ついてこない者は敵である」の原則に従って同盟を築いているのです。侵略を合法的に見せるため，国際機関から必要な決議を「引き出し」，何らかの理由でそれがうまくいかない場合は，国連安全保障理事会も国連そのものをも全く無視するのです。(略)

　尊敬するクリミアとセバストポリ市の住民の皆さん！　ロシア全土があなたたちの大胆さと威厳と勇気に感動しました。あなたたちがクリミアの運命を決めたのです。この数日間，私たちはこれまでにないほど身近になり，お互いを支え合いました。あれは真の連帯の気持ちでした。あのような決定的な歴史的瞬間にこそ，民族の成熟度と精神力が試されるのです。ロシア国民はすばらしい成熟度とすばらしい力を発揮し，団結して同胞を支えました。

　ロシアの外交における強気は数百万人の人々の意思，民族全体の団結，主要な政治・社会勢力からの支持に立脚していました。皆さんのその愛国心に感謝します。例外なくすべての人に感謝します。しかし，ロシアの前に立ちはだかる課題を解決するため，今後もこの団結力を維持することが私たちには重要です。

　私たちは明らかに外国の反発に遭遇することになります。しかし，私たちは自分のために決めなくてはなりません。首尾一貫して国益を守り続ける用意があるのか，それとも，永遠に国益を諦め続け，どこまでも後ろに下がり続けるのか。西側の政治家の中には，制裁だけではなく，国内問題の先鋭化の可能性を語って私たちを怖がらせている人もいます。彼らが何のことを言っているのか知りたいものです。第５列員なるもの——様々な国家反逆者——の活動のことでしょうか，あるいはロシアの社会経済情勢を悪化させることで人々の不満を誘発することができると考えているのでしょうか。このような発言は無責任で明らかに攻撃的なものであると見なし，しかるべき方法で対処していきます。しかし，私たち自身は東側でも西側でも，決してパートナーとの対立を目指すことはせず，現代世界の決まり通り，先進的な善隣関係を築くために全力を尽くしていきます。

　　[注]　国際連合憲章第1条第2項：(国際連合の目的は) 人民の同権及び自決の原則の尊重に基礎をおく諸国
　　　　　間の友好関係を発展させること並びに世界平和を強化するために他の適当な措置をとること。
　　[出典]　在日ロシア連邦大使館ウェブサイト (2015年2月10日アクセス)。

[1] 国際関係

【063】中国の「一帯一路」構想（2013年〜）

(1) シルクロード経済ベルトと21世紀海上シルクロードの共同建設推進のビジョンと
行動（国家発展改革委員会 外交部 商務部，国務院の権限を受けて発布，2015年3月）（抜粋）

三 枠組構想

「一帯一路」は共同発展を促進し，共同繁栄を実現する協力・ウィンウィンの道であり，理解と信頼を増進し，全方向的な交流を強化する平和と友好の道である。中国政府は，「平和・協力，開放・包容，相互学習・相互参照，互恵・ウィンウィン」の理念を掲げ，実務協力を全方位的に推進し，政治の相互信頼，経済の融合，文化の包摂という利益共同体，運命共同体，責任共同体を築くこと提唱している。

「一帯一路」はアフロユーラシア大陸を貫き，その一端は発展目覚ましい東アジア経済圏，もう一端は発達したヨーロッパ経済圏である。その間には広がる内陸国家には極めて大きな経済発展の潜在力がある。「シルクロード経済ベルト」は，中国から中央アジア，ロシアを経てヨーロッパ（バルト海）に至るルート，中国から中央アジア，西アジアを経てペルシャ湾，地中海に至るルート，中国から東南アジア，南アジア，インド洋に至るルートを重点的に開通させるものである。「21世紀海上シルクロード」は，中国沿岸の港湾から南シナ海を通ってインド洋に至り，ヨーロッパまで延びるルートと，同じく南シナ海を通って南太平洋に至るのルートを重点としている。

「一帯一路」の方向に基づき，陸上は国際大ルートを基幹に，沿線の中心都市を支柱とし，重点経済貿易工業団地を協力プラットフォームとして，新ユーラシア・ランドブリッジ，中国・モンゴル・ロシア，中国・中央アジア・西アジア，中国・インドシナ半島などの国際経済協力回廊を共同で構築する。海上は重点港湾を中継点として，安全かつ高効率な輸送大航路を共同建設し開通させる。中国・パキスタン，バングラデシュ・中国・インド・ミャンマーの2つの経済回廊と「一帯一路」の建設推進との関係を密にし，協力をさらに推し進めて，大きな前進させなければならない。

「一帯一路」建設は，沿線各国の開放と協力の広大な経済ビジョンであり，各国が手を携えて努力し，相互利益と共同安全保障という目標に向かって歩み寄る必要がある。地域インフラのさらなる整備，安全で高効率な陸海空ルートのネットワークの基本形成，相互接続のレベルアップを実現するべく努力しなければならない。また，貿易と投資の円滑化水準をさらに引き上げ，高基準の自由貿易圏ネットワークをほぼ構築し，経済連携をさらに緊密化し，政治の相互信頼をさらに深める。人文交流をより幅広く進め，異なる文明の相互学習と共同繁栄を実現し，各国人民の相互理解と平和友好を促進する。

［出典］ 王義桅（川村明美訳）『「一帯一路」詳説』日本僑報社，2017年，265-266頁。

Ⅱ　現代国際社会の歴史編

(2)　「一帯一路」構想関連地図

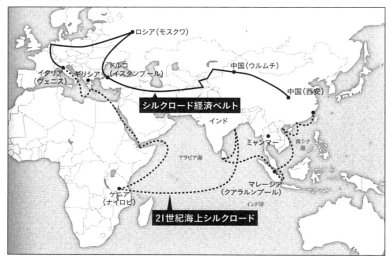

［出典］　秋元千明『戦略の地政学』ウェッジ，2017年，160頁。

【064】板門店宣言（韓半島の平和と繁栄，統一に向けた板門店宣言，2018年4月27日）

　大韓民国の文在寅大統領と朝鮮民主主義人民共和国の金正恩国務委員長は，平和と繁栄，統一を念願とする全同胞の一致した志向を込めて，韓半島の歴史的な転換が起こっている重要な時期に，2018年4月27日に板門店の「平和の家」で，南北首脳会談を行った。

　両首脳は，韓半島ではもはや戦争は起きず，新たな平和の時代が開かれたことを8千万の我が同胞と全世界に厳粛に闡明した。

　両首脳は，冷戦の産物である長い分断と対決を一日も早く終息させ，民族の和解と平和繁栄の新たな時代を果敢に作り出しながら，南北関係をより積極的に改善し発展させていかなければならないという確固たる意志を込めて，歴史の地である板門店で次のように宣言した。

１．南と北は，南北関係の全面的で，画期的な改善と発展を成し遂げることにより，分断された民族の血脈を繋ぎ，共同繁栄と自主統一の未来を早めていく。南北関係を改善し発展させることは，我が民族の一様な望みであり，これ以上，先送りできない時代の差し迫った要求である。（以下略）

２．南北は，韓半島で尖鋭な軍事的緊張状態を緩和し，戦争の危険を実質的に解消するために共同で努力していくものである。

1　国際関係

　韓半島の軍事的緊張状況を緩和し，戦争の危機を解消することは民族の運命に関わるとても重要な問題で，我が民族の平和で安定した生活を保証するために要となる問題である。

　①　南と北は，地上と海上，空中を始めとするすべての領域で軍事的緊張と対立の基となる相手に対する一切の敵対行為を全面停止することにした。

　　当面，5月1日から軍事境界線一帯で拡声器放送とビラ散布を始めとするすべての敵対行為を停止し，その手段を撤廃し，今後の非武装地帯を実質的な平和地帯にしていくことにした。

　②　南と北は西海の北方限界線一帯を平和水域とし，偶発的な軍事的衝突を防止し，安全な漁労活動を確保するための実際的な対策を立てていくことにした。

　③　南と北は，相互協力と交流，往来と接触が活性化されることによる様々な軍事的保障対策を取ることにした。（以下略）

3．南と北は，韓半島の恒久的で強固な平和体制の構築のために積極的に協力していく。　韓半島で非正常な停戦状態を終息させ，確固たる平和体制を樹立することは，これ以上先送りできない歴史的な課題である。

　①　南と北は，いかなる形態の武力も互いに使用しないことについての不可侵合意を再確認し，遵守していくことにした。

　②　南と北は，軍事的緊張が解消され，互いの軍事的信頼が実質的に構築されるのに従って，段階的に軍縮を実現していくことにした。

　③　南と北は，停戦協定締結65年になる今年，終戦を宣言し，停戦協定を平和協定に転換し，恒久的で強固な平和体制構築のための南・北・米3者または南・北・米・中4者会談の開催を積極的に推進していく。

　④　南と北は，完全な非核化を通じて核のない韓半島を実現するという共通の目標を確認した。（以下略）

　南と北は，北側が取っている主動的な措置が韓半島の非核化のために非常に意義があり，大きい措置だという認識を共にして，今後それぞれ，自己の責任と役割を果たすことにした。

　南と北は，韓半島の非核化のための国際社会の支持と協力を得るために積極的に努力することにした。

　両首脳は，定期的な協議と直通電話を通じて，民族の重大事を頻繁かつ真剣に議論して信頼を強固にし，南北関係の持続的な発展と韓半島の平和と繁栄，統一に向けた良い流れをさらに拡大していくため共に努力することにした。

　当面して文在寅大統領は，今年の秋に平壌を訪問することにした。

　　［出典］「韓半島の平和と繁栄，統一に向けた板門店宣言」（KOREA.net）。

89

Ⅱ　現代国際社会の歴史編

【065】米朝首脳会談共同声明（シンガポール，2018年6月12日）

　ドナルド・J・トランプ米国大統領と金正恩・朝鮮民主主義人民共和国（北朝鮮）国務委員長は，（略）新たな米朝関係の樹立および朝鮮半島における持続的かつ堅固な平和体制の構築に関する諸問題について，包括的で綿密かつ誠実な意見交換を行なった。トランプ大統領は，北朝鮮に対して安全の保証を提供することを約束し，金正恩委員長は，朝鮮半島の完全な非核化に向けた揺るぎない，確固たる決意を再確認した。

　トランプ大統領と金正恩委員長は，新たな米朝関係の樹立が朝鮮半島ならびに世界の平和と繁栄に貢献することを確信し，かつ相互信頼の醸成が朝鮮半島の非核化の促進を可能にすることを認識し，以下を表明する。

1．米国と北朝鮮は，両国民の平和および繁栄への願いに応じ，新たな米朝関係の樹立を約束する。
2．米国と北朝鮮は，朝鮮半島に持続的かつ安定した平和体制を築くため共に取り組む。
3．北朝鮮は，2018年4月27日の板門店宣言を再確認し，朝鮮半島の完全な非核化に向け取り組むことを約束する。
4．米国と北朝鮮は，すでに身元が特定された遺骨の迅速な送還を含む，戦争捕虜および行方不明兵の遺骨の収容を約束する。（以下略）

　史上初となった米朝首脳会談は，長年にわたる米朝間の緊張および敵対状態を乗り越え，新たな未来を切り開く上で，非常に意義のある，画期的な出来事となったことを認識した上で，トランプ大統領と金正恩委員長は，本共同声明に定める条項を完全かつ迅速に履行することを約束する。（以下略）

　米国のドナルド・J・トランプ大統領と朝鮮民主主義人民共和国の金正恩国務委員長は，新たな米朝関係の発展，および朝鮮半島ならびに世界の平和，繁栄，安全の促進に向け，協力すること約束した。

　［注］　北朝鮮の核問題に関して詳細は，「北朝鮮による核・弾道ミサイル開発について」（防衛省ウェブサイト）
　　　　を参照されたい。
　［出典］　「シンガポールで開催された首脳会談における米国のドナルド・J・トランプ大統領と朝鮮民主主義
　　　　人民共和国の金正恩委員長の共同声明」（在日米国大使館・領事館ウェブサイト）。

② 戦後日本外交

1　主要国との関係

解題　日本は第二次世界大戦でポツダム宣言を受諾して降伏した【015】。同宣言は第二次世界大戦の歴史的評価を含んでおり，それが極東国際軍事裁判（東京裁判）で示された日本の戦争責任問題へとつながっていく【180】。しかも戦争責任問題は極東国際軍事裁判で終わったわけではなく，現在でも，特に中国や韓国との間でしばしば外交問題となっている。

サンフランシスコ平和条約で日本は独立し，国際社会に復帰した【066】。これは西側陣営を中心とした講和で，ソ連を中心とした東側諸国や，韓国などアジア諸国との国交回復は次の課題として残されていた。いずれにしろ国際社会に復帰し，ソ連とも国交を回復した日本は国連加盟も認められた【068】。こうして独立した日本の外交の基本方針が，「日本外交の三本柱」であった【069】。

さて，日本は最初，中華民国（台湾国民政府）と日華平和条約を締結して国交を結んだ【067】。しかし，中国の内戦の結果，大陸は中華人民共和国（北京政府）が支配することとなり，日本も1972年に同国と国交正常化を行った【071】。同国とはさらに日中平和友好条約を締結した【073】。その一方で，台湾国民政府とは断交し，民間中心の交流となった。

かつて植民地支配を行い，戦後は南北に分断された朝鮮半島とは，南部に成立した大韓民国と11年に及ぶ交渉を経て日韓基本条約を締結した【070】。しかし冷戦構造下にあって北朝鮮（朝鮮民主主義人民共和国）との交渉は進捗せず，一方で同国による日本人拉致問題などもあり，小泉純一郎首相と金正日総書記との間で日朝平壌宣言が成立したものの【074】，現在でも国交は結ばれていない。

東南アジア諸国とは，戦後賠償問題に始まり，その後は経済協力などを通じて関係が結ばれた。60年代の日本の高度成長の時期には，日本の有力な輸出市場となり日本企業の進出も積極的に行われたが，東南アジア諸国の間では，それが日本による経済的「侵略」と受け止められ，70年代に入ると日本に対する反感も大きくなっていた。それを象徴するのが74年の田中角栄首相が東南アジアを歴訪したときに起こった反日暴動である。こうした状況を踏まえて，東南アジア諸国との新たな関係の構築を目指したのが福田ドクトリンであった【072】。そして，21世紀に入り，アジア太平洋地域の戦略環境が変化するために発出されたのが対ASEAN外交5原則ともいわれる安倍ドクトリンと海における法の支配の3原則である【075】【076】。

さて，冒頭で述べた戦争責任・歴史問題も，いまだに重要な外交問題として存在しているが，この問題に関しては，本書【186】【187】【188】および姉妹編の『資料で学ぶ日本政治外交史』の「11　歴史認識問題」で詳しく取り上げられているので参照されたい。

Ⅱ　現代国際社会の歴史編

【066】サンフランシスコ平和条約（日本国との平和条約，1951年9月8日調印，1952年4月28日発効）

第1章　平和

第1条（a）日本国と各連合国との間の戦争状態は，第23条の定めるところによりこの条約が日本国と当該連合国との間に効力を生ずる日に終了する。

（b）連合国は，日本国及びその領水に対する日本国民の完全な主権を承認する。

第2章　領域

第2条（a）日本国は，朝鮮の独立を承認して，済州島，巨文島及び欝陵島を含む朝鮮に対するすべての権利，権原及び請求権を放棄する。

（b）日本国は，台湾及び澎湖諸島に対するすべての権利，権原及び請求権を放棄する。

（c）日本国は，千島列島並びに日本国が1905年9月5日のポーツマス条約の結果として主権を獲得した樺太の一部及びこれに近接する諸島に対するすべての権利，権原及び請求権を放棄する。（以下略）

第3条　日本国は，北緯29度以南の南西諸島（琉球諸島及び大東諸島を含む。）孀婦岩の南の南方諸島（小笠原群島，西之島及び火山列島を含む。）並びに沖の鳥島及び南鳥島を合衆国を唯一の施政権者とする信託統治制度の下におくこととする国際連合に対する合衆国のいかなる提案にも同意する。このような提案が行われ且つ可決されるまで，合衆国は，領水を含むこれらの諸島の領域及び住民に対して，行政，立法及び司法上の権力の全部及び一部を行使する権利を有するものとする。（略）

第3章　安全

第6条（a）連合国のすべての占領軍は，この条約の効力発生の後なるべくすみやかに，且つ，いかなる場合にもその後90日以内に，日本国から撤退しなければならない。但し，この規定は，1又は2以上の連合国を一方とし，日本国を他方として双方の間に締結された若しくは締結される二国間若しくは多数国間の協定に基く，又はその結果としての外国軍隊の日本国の領域における駐屯又は駐留を妨げるものではない。（略）

第4章　政治及び経済条項

第11条　日本国は，極東国際軍事裁判所並びに日本国内及び国外の他の連合国戦争犯罪法廷の裁判を受諾し，且つ，日本国で拘禁されている日本国民にこれらの法廷が課した刑を執行するものとする。これらの拘禁されている者を赦免し，減刑し，及び仮出獄させる権限は，各事件について刑を課した一又は二以上の政府の決定及び日本国の勧告に基くの外，行使することができない。極東国際軍事裁判所が刑を宣告した者については，この権限は，裁判所に代表者を出した政府の過半数の決定及

② 戦後日本外交

び日本国の勧告に基く場合の外，行使することができない。

第5章　請求権及び財産

第14条（a）（略）

（b）この条約に別段の定がある場合を除き，連合国は，連合国のすべての賠償請
求権，戦争の遂行中に日本国及びその国民がとつた行動から生じた連合国及びそ
の国民の他の請求権並びに占領の直接軍事費に関する連合国の請求権を放棄す
る。

［注］　第23条では本条約の発効要件（日米英など12か国のうちの過半数の寄託）が規定されている。
［出典］　鹿島平和研究所編『日本外交主要文書・年表　第1巻』原書房，1983年，419-440頁。

【067】　日華平和条約（日本国と中華民国との平和条約，1952年4月28日調印，1952年8月5
日発効，1972年9月29日失効）

第1条　日本国と中華民国との間の戦争状態は，この条約が効力を生ずる日に終了する。

第2条　日本国は，1951年9月8日にアメリカ合衆国のサンフランシスコ市で署名さ
れた日本国との平和条約第2条に基き，台湾及び澎湖諸島並びに新南群島及び西沙
群島に対するすべての権利，権原及び請求権を放棄したことが承認される。

第4条　1941年12月9日前に日本国と中華民国との間で締結されたすべての条約，協
約及び協定は，戦争の結果として無効となつた事が承認される。

［出典］　中野文庫ウェブサイト。

【068】　日ソ共同宣言（日本国とソヴィエト社会主義共和国連邦との共同宣言，1956年10月19
日調印，同年12月12日発効）

1　日本国とソヴィエト社会主義共和国連邦との間の戦争状態は，この宣言が効力を
生ずる日に終了し，両国の間に平和及び友好善隣関係が回復される。

3　（略）日本国及びソヴィエト社会主義共和国連邦は，それぞれ他方の国が国際連
合憲章第51条に掲げる個別的又は集団的自衛の固有の権利を有することを確認す
る。

日本国及びソヴィエト社会主義共和国連邦は，経済的，政治的又は思想的のいか
なる理由であるとを問わず，直接間接に一方の国が他方の国の国内事項に干渉しな
いことを，相互に，約束する。

4　ソヴィエト社会主義共和国連邦は，国際連合への加入に関する日本国の申請を支
持するものとする。

5　ソヴィエト社会主義共和国連邦において有罪の判決を受けたすべての日本人
は，この共同宣言の効力発生とともに釈放され，日本国へ送還されるものとする。

93

Ⅱ　現代国際社会の歴史編

（略）

6　ソヴィエト社会主義共和国連邦は，日本国に対し一切の賠償請求権を放棄する。（略）

9　日本国及びソヴィエト社会主義共和国連邦は，両国間に正常な外交関係が回復された後，平和条約の締結に関する交渉を継続することに同意する。

　　ソヴィエト社会主義共和国連邦は，日本国の要望にこたえかつ日本国の利益を考慮して，歯舞群島及び色丹島を日本国に引き渡すことに同意する。ただし，これらの諸島は，日本国とソヴィエト社会主義共和国連邦との間の平和条約が締結された後に現実に引き渡されるものとする。

10　この共同宣言は，批准されなければならない。この共同宣言は，批准書の交換の日に効力を生ずる。（略）

［出典］「日本国とソヴィエト社会主義共和国連邦との共同宣言」（内閣府北方対策本部ウェブサイト）。

【069】 外交活動の三原則

　わが国の国是が自由と正義に基く平和の確立と維持にあり，これがまたわが国外交の根本目標であることは今さら言うをまたない。

　この根本目標にしたがい，今や世界の列国に伍するわが国は，その新らたな発言権をもつて，世界平和確保のため積極的な努力を傾けようとするものであるが，このような外交活動の基調をなすものは，「国際連合中心」，「自由主義諸国との協調」および「アジアの一員としての立場の堅持」の三大原則である。（略）

［出典］『外交青書』（1957年9月）7 - 8頁。

【070】 日韓基本条約（日本国と大韓民国との間の基本関係に関する条約，1965年6月22日調印，同年12月18日発効）

第1条　両締約国間に外交および領事関係が開設される。（略）

第2条　1910年8月22日以前に大日本帝国と大韓帝国との間で締結されたすべての条約および協定は，もはや無効であることが確認される。

第3条　大韓民国政府は，国際連合総会決議第195号（Ⅲ）に明らかに示されているとおり朝鮮にある唯一の合法的な政府であることが確認される。

第5条　両締約国は，その貿易，海運その他の通商の関係を安定した，かつ友好的な基礎の上に置くために，条約または協定を締結するための交渉を実行可能なかぎりすみやかに開始するものとする。（略）

［注］　国連総会決議195（Ⅲ）：国連朝鮮委員会の報告に基づき，北緯38度線以南の朝鮮に大韓民国政府が樹立されたことを宣言した。

［出典］　外務省ウェブサイト。

［2］　戦後日本外交

【071】　日中共同声明（日本国政府と中華人民共和国政府との共同声明，1972年9月29日調印）

1．日本国と中華人民共和国との間のこれまでの不正常な状態は，この共同声明が発表される日に終了する。

2．日本国政府は，中華人民共和国が中国の唯一の合法政府であることを承認する。

3．中華人民共和国政府は，台湾が中華人民共和国の領土の不可分の一部であることを重ねて表明する。日本国政府は，この中華人民共和国政府の立場を十分理解し，尊重し，ポツダム宣言第8項に基づく立場を堅持する。

4．日本国政府および中華人民共和国政府は，1972年9月29日から外交関係を樹立することを決定した。

5．中華人民共和国政府は，中日両国国民の友好のために，日本国に対する戦争賠償の請求を放棄することを宣言する。

7．日中両国間の国交正常化は，第三国に対するものではない。両国はいずれも，アジア・太平洋地域において覇権を求めるべきではなく，このような覇権を確立しようとするいかなる国あるいは国の集団による試みにも反対する。

8．日本国政府および中華人民共和国政府は，両国間の平和友好関係を強固にし，発展させるため，平和友好条約の締結を目的として，交渉を行うことに合意した。

　［出典］『外交青書』（1973年8月）506-508頁。

【072】　福田ドクトリン（福田赳夫内閣総理大臣のマニラにおけるスピーチ，1977年8月18日）

　私は，今回のASEAN諸国およびビルマの政府首脳との実り多い会談において，以上のような東南アジアに対するわが国の姿勢を明らかにして参りました。このわが国の姿勢が，各国首脳の十分な理解と賛同をえたことは，今回の歴訪の大きな収穫でありました。その要点は，次のとおりであります。

　第1に，わが国は，平和に徹し軍事大国にはならないことを決意しており，そのような立場から，東南アジアひいては世界の平和と繁栄に貢献する。

　第2に，わが国は，東南アジアの国々との間に，政治，経済のみならず社会，文化等，広範な分野において，真の友人として心と心のふれ合う相互信頼関係を築きあげる。

　第3に，わが国は，「対等な協力者」の立場に立つて，ASEANおよびその加盟国の連帯と強靱性強化の自主的努力に対し，志を同じくする他の域外諸国とともに積極的に協力し，また，インドシナ諸国との間には相互理解に基づく関係の醸成をはかり，もつて東南アジア全域にわたる平和と繁栄の構築に寄与する。

　私は，今後以上の3項目を，東南アジアに対するわが国の政策の柱に据え，これを力強く実行してゆく所存であります。そして，東南アジア全域に相互理解と信頼に基づく新しい協力の枠組が定着するよう努め，この地域の諸国とともに平和と繁栄を頒ち合い

95

Ⅱ　現代国際社会の歴史編

ながら，相携えて，世界人類の幸福に貢献して行きたいと念願するものであります。

　　［出典］『外交青書』（1978年8月），326-330頁。

【073】日中平和友好条約（日本国と中華人民共和国との間の平和友好条約，1978年8月12日調印，同年10月23日発効）

第1条　1　両締約国は，主権および領土保全の相互尊重，相互不可侵，内政に対する相互不干渉，平等および互恵ならびに平和共存の諸原則の基礎の上に，両国間の恒久的な平和友好関係を発展させる。

　　　　2　両締約国は，前記の諸原則および国際連合憲章の原則の基礎に基づき，相互の関係において，すべての紛争を平和的手段により解決し，武力または武力による威嚇に訴えないことを確認する。

第2条　両締約国は，そのいずれも，アジア・太平洋地域においても，または他のいずれの地域においても覇権を求めるべきではなく，またこのような覇権を確立しようとする他のいかなる国または国の集団による試みにも反対することを表明する。

第3条　両締約国は，善隣友好の精神に基づき，かつ平等・互恵ならびに内政に対する相互不干渉の原則に従い，両国間の経済関係および文化関係の一層の発展ならびに両国民の交流の促進のために努力する。

第4条　この条約は，第三国との関係に関する各締約国の立場に影響を及ぼさない。

第5条　1　この条約は，──10年間効力を有するものとし，その後は，2）の規定に定めるところによって終了するまで効力を存続する。

　　　　2　いずれの一方の締約国も，1年前に他方の締約国に対して文書による予告を与えることにより，最初の10年の期間の満了の際またはその後いつでもこの条約を終了させることができる。

　　［出典］外務省ウェブサイト。

【074】日朝平壌宣言（2002年9月17日調印）

　両首脳は，日朝間の不幸な過去を清算し，懸案事項を解決し，実りある政治，経済，文化的関係を樹立することが，双方の基本利益に合致するとともに，地域の平和と安定に大きく寄与するものとなるとの共通の認識を確認した。

1．双方は，この宣言に示された精神及び基本原則に従い，国交正常化を早期に実現させるため，あらゆる努力を傾注することとし，そのために2002年10月中に日朝国交正常化交渉を再開することとした。（略）

2．日本側は，過去の植民地支配によって，朝鮮の人々に多大の損害と苦痛を与えたという歴史の事実を謙虚に受け止め，痛切な反省と心からのお詫びの気持ちを表明

96

２　戦後日本外交

した。

　双方は，日本側が朝鮮民主主義人民共和国側に対して，国交正常化の後，双方が適切と考える期間にわたり，無償資金協力，低金利の長期借款供与及び国際機関を通じた人道主義的支援等の経済協力を実施し，また，民間経済活動を支援する見地から国際協力銀行等による融資，信用供与等が実施されることが，この宣言の精神に合致するとの基本認識の下，国交正常化交渉において，経済協力の具体的な規模と内容を誠実に協議することとした。

　双方は，国交正常化を実現するにあたっては，1945年８月15日以前に生じた事由に基づく両国及びその国民のすべての財産及び請求権を相互に放棄するとの基本原則に従い，国交正常化交渉においてこれを具体的に協議することとした。

　双方は，在日朝鮮人の地位に関する問題及び文化財の問題については，国交正常化交渉において誠実に協議することとした。

３．双方は，国際法を遵守し，互いの安全を脅かす行動をとらないことを確認した。また，日本国民の生命と安全にかかわる懸案問題については，朝鮮民主主義人民共和国側は，日朝が不正常な関係にある中で生じたこのような遺憾な問題が今後再び生じることがないよう適切な措置をとることを確認した。

４．双方は，北東アジア地域の平和と安定を維持，強化するため，互いに協力していくことを確認した。（略）

　双方は，朝鮮半島の核問題の包括的な解決のため，関連するすべての国際的合意を遵守することを確認した。また，双方は，核問題及びミサイル問題を含む安全保障上の諸問題に関し，関係諸国間の対話を促進し，問題解決を図ることの必要性を確認した。

　朝鮮民主主義人民共和国側は，この宣言の精神に従い，ミサイル発射のモラトリアムを2003年以降も更に延長していく意向を表明した。

　双方は，安全保障にかかわる問題について協議を行っていくこととした。

　［出典］外務省ウェブサイト。

【075】安倍ドクトリン（安倍晋三総理大臣のジャカルタにおけるスピーチ，2013年１月18日）

（略）ASEANは，域内の連結を強めながら，互いの開きを埋めるとともに，それぞれの国に，豊かな中産階級を育てていくに違いありません。

　そのとき世界は，ある見事な達成を，すなわち繁栄と，体制の進化をふたつながら成し遂げた，美しい達成を，見ることになります。

　そしてわたくしは，ASEANがかかる意味において人類史の範となることを信じるがゆえに，日本外交の地平をいかに拡大していくか，新しい決意を，この地で述べた

Ⅱ　現代国際社会の歴史編

いと思いました。

　それは，次の５つを原則とするものです。

　第一に，２つの海が結び合うこの地において，思想，表現，言論の自由——人類が獲得した普遍的価値は，十全に幸（さき）わわねばなりません。

　第二に，わたくしたちにとって最も大切なコモンズである海は，力によってでなく，法と，ルールの支配するところでなくてはなりません。

　わたくしは，いま，これらを進めるうえで，アジアと太平洋に重心を移しつつある米国を，大いに歓迎したいと思います。

　第三に，日本外交は，自由でオープンな，互いに結び合った経済を求めなければなりません。交易と投資，ひとや，ものの流れにおいて，わたくしたちの経済はよりよくつながり合うことによって，ネットワークの力を獲得していく必要があります。

　メコンにおける南部経済回廊の建設など，アジアにおける連結性を高めんとして日本が続けてきた努力と貢献は，いまや，そのみのりを得る時期を迎えています。

　まことに海のアジアとは，古来文物の交わる場所でありました。みなさんがたインドネシアがそのよい例でありますように，宗教や文化のあいだに，対立ではなく共存をもたらしたのが，海洋アジアの，すずやかにも開かれた性質であります。それは，多くの日本人を魅了しつづけるのです。だからこそわが国には，例えば人類の至宝，アンコール・ワットの修復に，孜々（しし）としておもむく専門家たちがいるのです。

　それゆえ第四に，わたくしは，日本とみなさんのあいだに，文化のつながりがいっそうの充実をみるよう努めてまいります。

　そして第五が，未来をになう世代の交流を促すことです。（以下略）

　　［注］　このスピーチは，安倍総理がアルジェリアでの邦人拘束事件について直接指揮をとるため，予定を早めて帰国することとなったことにより，行われなかった。

　　［出典］　外務省ウェブサイト。

【076】 海における法の支配・３つの原則 （第13回アジア安全保障会議（シャングリラ・ダイアローグ）安倍内閣総理大臣の基調講演，2014年５月30日）

　海における法の支配とは，具体的には何を意味するのか。長い歳月をかけ，われわれが国際法に宿した基本精神を３つの原則に置き直すと，実に常識的な話になります。

　原則その１は，国家はなにごとか主張をなすとき，法にもとづいてなすべし，です。

　原則その２は，主張を通したいからといって，力や，威圧を用いないこと。

　そして原則その３が，紛争解決には，平和的収拾を徹底すべしということです。

　繰り返しますと，国際法に照らして正しい主張をし，力や威圧に頼らず，紛争は，すべからく平和的解決を図れ，ということです。（以下略）

　　［出典］　外務省ウェブサイト。

2　安全保障関係

　　解題　戦後日本の安全保障政策の基軸となるのは，言うまでもなく日米安保条約である【077】。同条約は戦後日本が経済活動に力を注ぎ経済大国となる環境を提供してきた。しかし，「基地と兵隊の交換」を基本的性格とする同条約において，日本は米国に基地を提供する義務を負っている。そして在日米軍基地・軍人の地位を規定したのが日米地位協定である【078】。旧安保下の行政協定が，安保条約改定とともに地位協定に改定され，これも50年を超える。

　　日米安保体制は冷戦時代にソ連を仮想敵として成立した。冷戦が終了し，ソ連が崩壊してロシアとなったあと，日米安保の役割の再検討が行われた。ちょうどその時期に生じたのが北朝鮮の核開発問題であった。台湾と中国との関係も悪化するなど，東アジアで国際的緊張が高まるとともに日米安保条約も日本本土防衛から極東の安全への寄与を掲げた6条に中心が移動し，それを反映して日米安保共同宣言【080】が発表された。続いて冷戦期の78年に日米防衛協力のあり方を決めた日米ガイドラインも改定され，日本は「周辺事態」が生起した場合の対米支援が取り決められることになった【079】。

　　こうして日米安保体制のもと，日米の防衛協力は一層深化することになったが，2001年9月11日に起きた同時多発テロとその後のテロとの戦いの中で，さらに深まることになる。日本は対テロ特措法を制定し，アフガニスタンに対する攻撃をインド洋から後方支援し，イラクとの戦争にあたっては，戦闘終了後の復興支援に自衛隊が派遣された。いまだに武装勢力が活発に活動している地域に自衛隊が派遣されたのはこれが最初である。米国が世界的に行っている米軍再編は日本にも及び，在日米軍基地の整理・再編が行われるとともに，日米防衛協力のあり方についても具体的に取り決めが行われた【081】。

　　その後も継続するグローバルなパワーバランスの変化，技術革新の急速な進展，大量破壊兵器や弾道ミサイルの開発及び拡散，国際テロなどの脅威に加え，海洋，宇宙空間，サイバー空間に対する自由なアクセスおよびその活用を妨げるリスクが拡大・深刻化したことを背景に，安倍晋三内閣は2013年12月に国家安全保障戦略【033】，2014年7月には集団的自衛権【195】の限定的行使を閣議決定した【083】。そしてこの閣議決定に基づき2015年4月に日米防衛協力のための指針を改定し【079】，2016年9月に平和安全法制を成立させている【084】。

　　日米協力だけでなく，国連の平和活動に対しても日本は1992年から参加しており【199】，また平和主義と唯一の被爆国という立場から，非核三原則（核兵器を持たず，作らず，持ち込ませず）や武器輸出三原則【082】など独自の方針もとっているが，特に後者に関しては「国家安全保障戦略」の策定に伴い修正が行われている。

II　現代国際社会の歴史編

【077】日米安全保障条約

(1)　日本国とアメリカ合衆国との間の相互協力及び安全保障条約（1960年1月19日調印，同年6月23日発効）

第1条　締約国は，国際連合憲章に定めるところに従い，それぞれが関係することのある国際紛争を平和的手段によつて国際の平和及び安全並びに正義を危うくしないように解決し，並びにそれぞれの国際関係において，武力による威嚇又は武力の行使を，いかなる国の領土保全又は政治的独立に対するものも，また，国際連合の目的と両立しない他のいかなる方法によるものも慎むことを約束する。

　　締約国は，他の平和愛好国と協同して，国際の平和及び安全を維持する国際連合の任務が一層効果的に遂行されるように国際連合を強化することに努力する。

第2条　締約国は，その自由な諸制度を強化することにより，これらの制度の基礎をなす原則の理解を促進することにより，並びに安定及び福祉の条件を助長することによつて，平和的かつ友好的な国際関係の一層の発展に貢献する。締約国は，その国際経済政策におけるくい違いを除くことに努め，また，両国の間の経済的協力を促進する。

第3条　締約国は，個別的に及び相互に協力して，継続的かつ効果的な自助及び相互援助により，武力攻撃に抵抗するそれぞれの能力を，憲法上の規定に従うことを条件として，維持し発展させる。

第4条　締約国は，この条約の実施に関して随時協議し，また，日本国の安全又は極東における国際の平和及び安全に対する脅威が生じたときはいつでも，いずれか一方の締約国の要請により協議する。

第5条　各締約国は，日本国の施政の下にある領域における，いずれか一方に対する武力攻撃が，自国の平和及び安全を危うくするものであることを認め，自国の憲法上の規定及び手続に従つて共通の危険に対処するように行動することを宣言する。

　　前記の武力攻撃及びその結果として執つたすべての措置は，国際連合憲章第51条の規定に従つて直ちに国際連合安全保障理事会に報告しなければならない。その措置は，安全保障理事会が国際の平和及び安全を回復し及び維持するために必要な措置を執つたときは，終止しなければならない。

第6条　日本国の安全に寄与し，並びに極東における国際の平和及び安全の維持に寄与するため，アメリカ合衆国は，その陸軍，空軍及び海軍が日本国において施設及び区域を使用することを許される。

　　前記の施設及び区域の使用並びに日本国における合衆国軍隊の地位は，1952年2月28日に東京で署名された日本国とアメリカ合衆国との間の安全保障条約第3条に基く行政協定（改正を含む。）に代わる別個の協定及び合意される他の取極により規

律される。

第7条　この条約は，国際連合憲章に基づく締約国の権利及び義務又は国際の平和及び安全を維持する国際連合の責任に対しては，どのような影響も及ぼすものではなく，また，及ぼすものと解釈してはならない。

第8条　この条約は，日本国及びアメリカ合衆国により各自の憲法上の手続に従つて批准されなければならない。この条約は，両国が東京で批准書を交換した日に効力を生ずる。

第9条　1951年9月8日にサン・フランシスコ市で署名された日本国とアメリカ合衆国との間の安全保障条約は，この条約の効力発生の時に効力を失う。

第10条　この条約は，日本区域における国際の平和及び安全の維持のため十分な定めをする国際連合の措置が効力を生じたと日本国政府及びアメリカ合衆国政府が認める時まで効力を有する。

　　　　もつとも，この条約が10年間効力を存続した後は，いずれの締約国も，他方の締約国に対しこの条約を終了させる意思を通告することができ，その場合には，この条約は，そのような通告が行なわれた後1年で終了する。

［出典］「日本国とアメリカ合衆国との間の相互協力及び安全保障条約」（外務省ウェブサイト）。

(2)　日本国とアメリカ合衆国との間の安全保障条約（1951年9月8日サン・フランシスコ条約と同時に調印，1952年4月28日発効，1960年6月23日失効）

　日本国は，本日連合国との平和条約に署名した。日本国は，武装を解除されているので，平和条約の効力発生の時において固有の自衛権を行使する有効な手段をもたない。

　無責任な軍国主義がまだ世界から駆逐されていないので，前記の状態にある日本国には危険がある。よつて，日本国は平和条約が日本国とアメリカ合衆国の間に効力を生ずるのと同時に効力を生ずべきアメリカ合衆国との安全保障条約を希望する。（略）

第1条　平和条約及びこの条約の効力発生と同時に，アメリカ合衆国の陸軍，空軍及び海軍を日本国内及びその附近に配備する権利を，日本国は，許与し，アメリカ合衆国は，これを受諾する。この軍隊は，極東における国際の平和と安全の維持に寄与し，並びに，1又は2以上の外部の国による教唆又は干渉によつて引き起された日本国における大規模の内乱及び騒じようを鎮圧するため日本国政府の明示の要請に応じて与えられる援助を含めて，外部からの武力攻撃に対する日本国の安全に寄与するために使用することができる。

第2条　第1条に掲げる権利が行使される間は，日本国は，アメリカ合衆国の事前の同意なくして，基地，基地における若しくは基地に関する権利，権力若しくは権能，駐兵若しくは演習の権利又は陸軍，空軍若しくは海軍の通過の権利を第三国に許与しない。

Ⅱ　現代国際社会の歴史編

第3条　アメリカ合衆国の軍隊の日本国内及びその附近における配備を規律する条件
　　は，両政府間の行政協定で決定する。

第4条　この条約は，国際連合又はその他による日本区域における国際の平和と安全
　　の維持のため充分な定をする国際連合の措置又はこれに代る個別的若しくは集団的
　　の安全保障措置が効力を生じたと日本国及びアメリカ合衆国の政府が認めた時はい
　　つでも効力を失うものとする。

第5条　この条約は，日本国及びアメリカ合衆国によつて批准されなければならない。
　　　　この条約は，批准書が両国によつてワシントンで交換された時に効力を生ず
　　る。（略）

　　[出典]　鹿島平和研究所編『日本外交主要文書・年表 第1巻』原書房，1983年，444頁。

【078】 日米地位協定（日本国とアメリカ合衆国との間の相互協力及び安全保障条約第6条に基づく施設及び区域並びに日本国における合衆国軍隊の地位に関する協定，1960年1月19日調印，同年6月23日発効）

第2条

1（a）合衆国は，相互協力及び安全保障条約第6条の規定に基づき，日本国内の施設及
　　び区域の使用を許される。（略）

2　　日本国政府及び合衆国政府は，いずれか一方の要請があるときは，前記の取極を
　　再検討しなければならず，また，前記の施設及び区域を日本国に返還すべきこと又
　　は新たに施設及び区域を提供することを合意することができる。（以下略）

第17条

3　裁判権を行使する権利が競合する場合には，次の規定が適用される。

　（a）合衆国の軍当局は，次の罪については，合衆国軍隊の構成員又は軍属に対して裁
　　判権を行使する第一次の権利を有する。

　　（ii）　公務執行中の作為又は不作為から生ずる罪

　（b）その他の罪については，日本国の当局が，裁判権を行使する第一次の権利を有する。

5　（c）日本国が裁判権を行使すべき合衆国軍隊の構成員又は軍属たる被疑者の拘禁
　　は，その者の身柄が合衆国の手中にあるときは，日本国により公訴が提起されるま
　　での間，合衆国が引き続き行なうものとする。

　　[注]　在日米軍施設・区域の状況に関する詳細は「在日米軍に関する諸施策」（防衛省ウェブサイト）を参照
　　　されたい。
　　[出典]　「日米地位協定」（外務省ウェブサイト）。

②　戦後日本外交

【079】　日米防衛協力のための指針（ガイドライン）

(1)　「指針」の変遷

	78「指針」	97「指針」	新「指針」
背景となる国際環境	東西冷戦	北朝鮮の核開発, 台湾海峡危機（中国による脅迫的な演習）	中国の軍事的拡大・海洋進出, 米国の相対的な国力低下, 北朝鮮の核保有, 国際テロ
脅威の対象	ソ連	北朝鮮, 中国	中国, 北朝鮮, 国際テロ
主な内容	・日本有事における日米の役割分担	・日米の役割を①平時, ②日本有事, ③周辺事態の3つに分類して, 協力事項を具体化 ・周辺事態では米軍に対して後方支援を実施	・自衛隊と米軍の調整のための, 平時から利用可能な同盟調整メカニズムを設置 ・平時, 日本有事, 周辺事態の3つの分類を変更し, グレーゾーンを含む平時から有事まで切れ目なく対応 ・集団的自衛権の限定行使を認めた閣議決定を反映
構　成	Ⅰ　侵略を未然に防止するための態勢 Ⅱ　日本に対する武力攻撃に際しての対処行動等 Ⅲ　日本以外の極東における事態で日本の安全に重要な影響を与える場合の日米間の協力	Ⅰ　指針の目的 Ⅱ　基本的な前提及び考え方 Ⅲ　平素から行う協力 Ⅳ　日本に対する武力攻撃に際しての対処行動等 Ⅴ　日本周辺地域における事態で日本の平和と安全に重要な影響を与える場合（周辺事態）の協力 Ⅵ　指針の下で行われる効果的な防衛協力のための日米共同の取組み Ⅶ　指針の適時かつ適切な見直し	Ⅰ　防衛協力と指針の目的 Ⅱ　基本的な前提及び考え方 Ⅲ　強化された同盟内の調整 Ⅳ　日本の平和及び安全の切れ目のない確保 　A．平時からの協力措置 　B．日本の平和及び安全に対して発生する脅威への対処 　C．日本に対する武力攻撃への対処行動 　D．日本以外の国に対する武力攻撃への対処行動 　E．日本における大規模災害への対処における協力 Ⅴ　地域の及びグローバルな平和と安全のための協力 Ⅵ　宇宙及びサイバー空間に関する協力 Ⅶ　日米共同の取組 Ⅷ　見直しのための手順

〔出典〕　浅井一男・等雄一郎「新たな日米防衛協力のための指針—その経緯と概要, 論点」（『調査と情報』No. 874, 2015年）4頁の表に筆者が一部加筆。

103

Ⅱ　現代国際社会の歴史編

(2)　新「指針」の概要

項　目	主な内容
Ⅰ　防衛協力と指針の目的	・二国間の協力の実効性向上のため，両国の役割や協力等のあり方についての一般的な大枠及び政策的な方向性を示す ・両国の安全保障及び防衛協力として，次の事項を強調 　切れ目のない，力強い，柔軟かつ実効的な日米共同の対応 　日米両政府の国家安全保障政策間の相乗効果 　政府一体となっての同盟としての取組 　地域の及び他のパートナー並びに国際機関との協力 　日米同盟のグローバルな性質 ・同盟の維持強化，防衛態勢の維持，米国による拡大抑止の提供に言及
Ⅱ　基本的な前提及び考え方	A．安保条約及び関連取極に基づく権利義務に変更なし B．活動は国際法に合致 C．日本の活動は，国内法や専守防衛・非核三原則等の日本の基本的な方針に従う D．指針は立法や予算上等の措置を義務付けない
Ⅲ　強化された同盟内の調整	A．同盟調整メカニズムの設置：平時から利用可能な同盟調整メカニズムを設置し，運用面の調整を強化 B．強化された運用面の調整：情報共有・調整・国際的な活動の支援のための要員の交換 C．共同計画の策定：平時において，共同計画策定メカニズムを通じて共同計画を策定・更新
Ⅳ　日本の平和及び安全の切れ目のない確保	(3)を参照。
Ⅴ　地域の及びグローバルな平和と安全のための協力	A．国際的な活動における協力：平和維持活動（PKO），国際的な人道支援・災害救援，海洋安全保障，パートナーの能力構築支援，非戦闘員を退避させるための活動，情報収集，警戒監視及び偵察，訓練・演習，後方支援 B．三か国及び多国間協力：三か国及び多国間協力推進，地域及び国際機関を強化するため協力
Ⅵ　宇宙及びサイバー空間に関する協力	宇宙：システムの抗堪性確保，情報共有，宇宙関係の装備・技術の協力 サイバー空間：情報共有，訓練・教育，インフラ・サービスの防護
Ⅶ　日米共同の取組	A．防衛装備・技術協力 B．情報協力・情報保全 C．教育・研究交流
Ⅷ　見直しの手順	指針が，変化する情況に照らして適切なものであるか否かを定期的に評価し，必要な場合，指針を更新

　［注］　下線部分は改定で変更または追加された主な項目。
　［出典］　浅井一男・等雄一郎「新たな日米防衛協力のための指針―その経緯と概要，論点」（『調査と情報』No. 874，2015年）4頁。

（3）　新「指針」（Ⅳ　日本の平和及び安全の切れ目のない確保）と97「指針」の比較

新「指針」	97「指針」
全　般 ・平時から緊急事態のいかなる段階において も，切れ目のない形で，日本の平和及び安 全を確保するための措置をとる ・日米両政府は，状況の評価，情報の共有， 柔軟に選択される抑止措置及び事態の緩和 を目的とした行動等のため，同盟調整メカ ニズムを活用。戦略的な情報発信を調整	全　般 ・「平素」，「日本に対する武力攻撃」，「周辺事 態」の３つの分類 ・緊急事態において関係機関の関与を得て運 用される日米間の調整メカニズムを平素か ら構築
A．平時からの協力措置 1　情報収集，警戒監視及び偵察 2　防空及びミサイル防衛 3　海洋安全保障（海洋監視，プレゼンスの 維持等） 4　アセット（装備品等）の防護 5　訓練・演習 6　後方支援 7　施設の使用（民間の空港，港湾等）	Ⅲ　平素から行う協力 1　情報交換及び政策協議 2　安全保障面での種々の協力（地域におけ る安全保障対話・防衛交流及び国際的な軍 備管理・軍縮等，PKOまたは人道的な国際 救援活動，緊急援助活動） 3　日米共同の取組み（武力攻撃に際しての 共同作戦計画及び周辺事態に際しての相互 協力計画についての検討，共同演習・訓練， 日米間の調整メカニズムを構築）
B．日本の平和及び安全に対して発生する脅 威への対処 ・当該事態は地理的に定めることはできない ・日米両政府の措置（これらに限られないと される） 　1　非戦闘員を退避させるための活動（邦 人救出） 　2　海洋安全保障（船舶検査等） 　3　避難民への対応のための措置 　4　捜索・救難（戦闘捜索・救難） 　5　施設・区域の警護 　6　後方支援 　7　施設の使用	Ⅴ　日本周辺地域における事態で日本の平和と 安全に重要な影響を与える場合（周辺事態） の協力 周辺事態は日本の平和と安全に重要な影響を 与える事態 周辺事態の概念は地理的なものではなく事態 の性質に着目したもの （1）日米両政府が各々主体的に行う活動に おける協力 　(イ)救援活動及び避難民への対応のための措 置 　(ロ)捜索・救難 　(ハ)非戦闘員を退避させるための活動 　(ニ)国際の平和と安定の維持を目的とする経 済制裁の実効性を確保するための活動（船 舶検査等） （2）米軍の活動に対する日本の支援 　(イ)施設の使用 　(ロ)後方地域支援 （3）運用面における日米協力（警戒監視，機 雷除去，海・空域調整）

Ⅱ　現代国際社会の歴史編

新「指針」	97「指針」
C．日本に対する武力攻撃への対処行動 1　日本に対する武力攻撃が予測される場合：必要な準備を行いつつ，武力攻撃を抑止し，事態を緩和させるための措置をとる 2　日本に対する武力攻撃が発生した場合：早期にこれを排除し，更なる攻撃を抑止するため共同対処行動を実施，自衛隊は防勢作戦を主体的に実施，米軍は自衛隊を支援・補完 ・作戦構想 　ⅰ　空域を防衛するための作戦 　ⅱ　弾道ミサイル攻撃に対処するための作戦 　ⅲ　海域を防衛するための作戦 　ⅳ　陸上攻撃に対処するための作戦（<u>島嶼防衛</u>） 　ⅴ　<u>領域横断的な作戦（宇宙・サイバー空間）</u> ・作戦支援活動 　ⅰ　通信電子活動 　ⅱ　捜索・救難（<u>戦闘捜索・救難</u>） 　ⅲ　後方支援 　ⅳ　施設の使用 　ⅴ　<u>CBRN（化学・生物・放射線・核）防護</u>	Ⅳ　日本に対する武力攻撃に際しての対処行動等 1　日本に対する武力攻撃が差し迫っている場合 2　日本に対する武力攻撃がなされた場合 　(1)　整合のとれた共同対処行動のための基本的な考え方 　(2)　作戦構想 　　(イ)日本に対する航空侵攻に対処するための作戦 　　(ロ)日本周辺海域の防衛及び海上交通の保護のための作戦 　　(ハ)日本に対する着上陸侵攻に対処するための作戦 　　(ニ)その他の脅威への対処（ゲリラ，弾道ミサイル等） 　(3)　作戦に係る諸活動及びそれに必要な事項 　　(イ)指揮及び調整 　　(ロ)日米間の調整メカニズム 　　(ハ)通信電子活動 　　(ニ)情報活動 　　(ホ)後方支援活動（補給，輸送，整備，施設，衛生）
D．日本以外の国に対する武力攻撃への対処行動 ・<u>限定的な集団的自衛権行使</u> ・<u>協力して行う作戦の例：アセット防護，捜索・救難，海上作戦（機雷掃海，艦船防護，船舶検査），弾道ミサイル攻撃に対処するための作戦，後方支援</u>	該当項目なし
E．<u>日本における大規模災害への対処における協力</u>	該当項目なし

［注］　下線部分は改定で変更または追加された主な項目。
［出典］　浅井一男・等雄一郎「新たな日米防衛協力のための指針─その経緯と概要，論点」（『調査と情報』No. 874，2015年）6頁。

　　　　　　　　　　　　　　　　　　　　　　　　　　　　　②　戦後日本外交

【080】 日米安全保障共同宣言 （1996年4月17日）

　（略）冷戦の終結以来，世界的な規模の武力紛争が生起する可能性は遠のいている。
──しかしこの地域（アジア・太平洋地域）には依然として不安定性と不確実性が存在
する。

　日米安全保障条約を基盤とする両国間の安全保障面の関係が──21世紀に向けてア
ジア・太平洋地域において安定的で繁栄した情勢を維持するための基礎であり続ける
ことを再確認した。

　日本の防衛のための最も効果的な枠組みは，日米両国間の緊密な防衛協力である。

　米国が引き続き軍事的プレゼンスを維持することは，アジア・太平洋地域地域の平
和と安定の維持するためにも不可欠。米国は，日本におけるほぼ現在の水準を含め，
この地域に10万人の前方展開要員からなる現在の兵力構成を維持する。

　両国は1978年の「日米防衛協力のための指針」【079】の見直しを開始する。

　米軍の施設および区域が高度に集中している沖縄について，日米安保条約の目的と
の調和をはかりつつ，米軍の施設および区域を整理し，統合し，縮小するために必要
な方策を実施する。（略）

　［出典］　外務省ウェブサイト。

【081】 日米同盟：未来のための変革と再編 （2005年10月29日）（骨子）

Ⅰ．概　観

○日米同盟は，日本の安全とアジア太平洋地域の平和と安定のために不可欠な基
　礎。同盟に基づいた緊密かつ協力的な関係は，世界における課題に対処する上で重
　要な役割を果たす。

○閣僚は，役割・任務・能力に関する検討内容及び勧告，並びに再編に関する勧告を
　承認。これらは，新たな脅威や多様な事態に対応するための同盟の能力を向上さ
　せ，地元の負担を軽減し，もって安全保障を強化。

Ⅱ．役割・任務・能力

○テロとの闘い，拡散に対する安全保障構想（PSI），イラクへの支援，インド洋にお
　ける津波等の災害支援をはじめとする国際的活動における二国間協力

○防衛計画の大綱，弾道ミサイル防衛（BMD）における協力進展，日本の有事法制，
　自衛隊の統合運用体制への移行計画，米軍の変革と世界的な態勢の見直し

1　重点分野

　以下の二つの分野に重点を置いて，今日の安全保障環境における多様な課題に対応
するための二国間，特に自衛隊と米軍の間の役割・任務・能力を検討した。

○日本の防衛及び周辺事態への対応（新たな脅威や多様な事態への対応を含む）

107

Ⅱ　現代国際社会の歴史編

○国際的な安全保障環境の改善のための取組

2　役割・任務・能力の基本的考え方

○日本の防衛及び周辺事態への対応

(a)　二国間の防衛協力は，日本の安全と地域の平和と安定にとって死活的に重要。

(b)　日本は，弾道ミサイル攻撃やゲリラ・特殊部隊による攻撃，島嶼部への侵略といった，新たな脅威や多様な事態への対処を含めて，日本を防衛し，周辺事態に対応する。このため，防衛計画の大綱に従って防衛態勢を強化。

(c)　米国は，日本の防衛及び周辺事態の抑止・対応のために，前方展開兵力を維持し，必要に応じて増強。日本の防衛のために必要なあらゆる支援を提供。

(d)　周辺事態が日本に対する武力攻撃に波及する可能性のある場合，又は，両者が同時に生起する場合に適切に対応し得るよう，日本防衛及び周辺事態への対応に際して日米の活動は整合を図る。

(e)　日本は施設・区域提供を含む接受国支援を引き続き提供。有事法制に基づく支援を含め，米軍の活動に対して，事態の進展に応じて切れ目のない支援を提供するための適切な措置。日米は，在日米軍のプレゼンス及び活動に対する安定的支持確保のため地元と協力。

(f)　米国の打撃力及び核抑止力は，日本の防衛を確保する上で日本の防衛力を補完する不可欠のものであり，地域の平和と安全に寄与。

○国際的な安全保障環境の改善のための取組

(a)　国際的な安全保障環境を改善する上での二国間協力は同盟の重要な要素。それぞれの能力に基づいて適切な貢献を行い，実効的な態勢確立のために必要な措置をとる。

(b)　迅速かつ実効的な対応のためには柔軟な能力が必要。緊密な日米間の協力及び政策調整が有益。定期的な演習によりこのような能力を向上可能。

(c)　国際的な活動に寄与するため他国との協力を強化。新たな脅威や多様な事態に対処し，国際的な安全保障環境を改善することの重要性が増していることにより，防衛能力を向上し，技術革新の成果を最大限に活用。(略)

　[出典]　外務省ウェブサイト。

【082】武器輸出政策

(1)　防衛装備移転三原則（2014年4月1日策定）の概要

1　移転を禁止する場合の明確化

　①当該移転が我が国の締結した条約その他の国際約束に基づく義務に違反する場合，②当該移転が国連安保理の決議に基づく義務に違反する場合，又は③紛争当事国

（武力攻撃が発生し，国際の平和及び安全を維持し又は回復するため，国連安保理がとっている措置の対象国をいう。）への移転となる場合は，防衛装備の海外移転を認めないこととする。

2　移転を認め得る場合の限定並びに厳格審査及び情報公開

上記1以外の場合は，移転を認め得る場合を，①平和貢献・国際協力の積極的な推進に資する場合，又は②我が国の安全保障に資する場合等に限定し，透明性を確保しつつ，厳格審査を行うこととする。

また，我が国の安全保障の観点から，特に慎重な検討を要する重要な案件については，国家安全保障会議において審議するものとする。国家安全保障会議で審議された案件については，行政機関の保有する情報の公開に関する法律を踏まえ，政府として情報の公開を図ることとする。

3　目的外使用及び第三国移転に係る適正管理の確保

上記2を満たす防衛装備の海外移転に際しては，適正管理が確保される場合に限定する。具体的には，原則として目的外使用及び第三国移転について我が国の事前同意を相手国政府に義務付けることとする。

　[出典]「防衛装備移転三原則について」（防衛省ウェブサイト）をもとに筆者作成。

(2)　武器輸出三原則等

1　武器輸出三原則（佐藤総理（当時）が衆院決算委〔1967年4月21日〕における答弁で表明）

武器輸出三原則とは，次の三つの場合には武器輸出を認めないという政策をいう。

①共産圏諸国向けの場合

②国連決議により武器等の輸出が禁止されている国向けの場合

③国際紛争の当事国又はそのおそれのある国向けの場合

2　武器輸出に関する政府統一見解（三木総理（当時）が衆院予算委〔1976年2月27日〕における答弁で表明）

「武器」の輸出については，平和国家としての我が国の立場から，それによって国際紛争等を助長することを回避するため，政府としては，従来から慎重に対処しており，今後とも，次の方針により処理するものとし，その輸出を促進することはしない。

①三原則対象地域については「武器」の輸出を認めない。

②三原則対象地域以外の地域については，憲法及び外国為替及び外国貿易管理法の精神にのっとり，「武器」の輸出を慎むものとする。

③武器製造関連設備の輸出については，「武器」に準じて取り扱うものとする。

　[注]　わが国の武器輸出政策として引用する場合，通常，「武器輸出三原則」と「武器輸出に関する政府統一見解」を総称して「武器輸出三原則等」と呼んでいた。

　[出典]「武器輸出三原則等」（外務省ウェブサイト）。

Ⅱ　現代国際社会の歴史編

【083】国の存立を全うし，国民を守るための切れ目のない安全保障法制の整備について（2014年7月1日閣議決定）

(1)　概　要

1　武力攻撃に至らない侵害への対処

○警察や海上保安庁等の関係機関が任務と権限に応じ緊密に協力し対応するとの基本方針の下，対応能力向上や連携強化など各般の分野における必要な取組を一層強化する。近傍に警察力が存在しない場合や警察機関が直ちに対応できない場合の早期の下令や手続の迅速化の方策を検討する。

○自衛隊と連携して我が国の防衛に資する活動（共同訓練を含む）に現に従事している米軍部隊の武器等の防護について，米国の要請又は同意を前提に，自衛隊法第95条（武器等防護）によるものと同様の極めて受動的かつ限定的な必要最小限の「武器の使用」を行えるよう法整備をする。

2　国際社会の平和と安定への一層の貢献

① 　いわゆる後方支援と「武力の行使との一体化」

　他国が「現に戦闘行為を行っている現場」ではない場所での支援活動は「一体化」するものではないとの認識を基本とした以下の考え方に立って，我が国の安全の確保や国際社会の平和と安定のために活動する他国軍隊に対して必要な支援活動を実施できるよう法整備を進める。

○支援対象となる他国軍隊が「現に戦闘行為を行っている現場」では，支援活動は実施しない。

○状況変化により支援活動を実施している場所が「現に戦闘行為を行っている現場」となる場合，直ちにそこでの支援活動を休止・中断する。

② 　国際的な平和協力活動に伴う武器使用

　以下の考え方を基本として，PKO等での「駆け付け警護」・「任務遂行のための武器使用」，領域国の同意に基づく邦人救出等の「武力の行使」を伴わない警察的な活動ができるよう法整備を進める。

○PKO等では，PKO参加5原則の枠組みの下，受入れ同意をしている紛争当事者以外の「国家に準ずる組織」が敵対するものとして登場することは基本的にない。また，領域国政府の同意に基づき邦人救出等の「武力の行使」を伴わない警察的な活動を行う場合，当該同意が及ぶ範囲（権力が維持されている範囲）においては「国家に準ずる組織」は存在しない。

○受入れ同意が安定的に維持されているかや領域国政府の同意が及ぶ範囲等については，国家安全保障会議での審議等に基づき，内閣として判断する。

3　憲法第9条の下で許容される自衛の措置

110

○我が国に対する武力攻撃が発生した場合のみならず，我が国と密接な関係にある他国に対する武力攻撃が発生し，これにより我が国の存立が脅かされ，国民の生命，自由及び幸福追求の権利が根底から覆される明白な危険がある場合において，これを排除し，我が国の存立を全うし，国民を守るために他に適当な手段がないときに，必要最小限度の実力を行使することは，従来の政府見解の基本的な論理に基づく自衛のための措置として，憲法上許容される。（→「自衛の措置としての武力の行使の新三要件」）

○上記の「武力の行使」は，国際法上は集団的自衛権が根拠となる場合がある。憲法上はあくまでも我が国の存立を全うし，国民を守るため，すなわち我が国を防衛するためのやむを得ない自衛の措置として初めて許容されるものである。

○原則として事前に国会の承認を求めることを法案に明記する。

4　今後の国内法整備の進め方

○自衛隊によるこれらの活動の実施は，国家安全保障会議での審議等に基づき内閣として決定を行う。

○実際の自衛隊による活動実施には根拠となる国内法が必要となる。法案の作成作業を開始し，準備ができ次第，国会に提出する。

　　　[出典]　中内康夫・横山絢子・小檜山智之「平和安全法制整備法案と国際平和支援法案—国会に提出された安全保障関連2法案の概要」（『立法と調査』No. 366，2015年）5頁。

(2)　「武力の行使」が認められる要件に関する新旧の政府見解の比較

自衛権発動の三要件 （従来の政府見解）		自衛の措置としての武力の行使の新三要件 （平成26年7月1日の閣議決定によるもの）	
①	我が国に対する急迫不正の侵害があること	①	我が国に対する武力行使が発生したこと，又は我が国と密接な関係にある他国に対する武力攻撃が発生し，これにより我が国の存立が脅かされ，国民の生命，自由及び幸福追求の権利が根底から覆される明白な危険があること
②	これを排除するために他の適当な手段がないこと	②	これを排除し，我が国の存立を全うし，国民を守るために他の適当な手段がないこと
③	必要最小限度の実力行使にとどまるべきこと	③	必要最小限度の実力行使にとどまるべきこと

　　　[出典]　中内康夫・横山絢子・小檜山智之「平和安全法制整備法案と国際平和支援法案—国会に提出された安全保障関連2法案の概要」（『立法と調査』No. 366，2015年）6頁。

Ⅱ　現代国際社会の歴史編

【084】平和安全法制（2015年9月19日成立，2016年3月29日施行）

（1）構成と主な内容

【構成】（国会提出法案は2法案）

○平和安全法制整備法案（一部改正を束ねたもの，以下の法律を一括改正）

　①自衛隊法，②国際平和協力法（PKO協力法），③周辺事態安全確保法（→重要影響事態安全確保法に変更），④船舶検査活動法，⑤事態対処法，⑥米軍行動関連措置法（→米軍等行動関連措置法に変更），⑦特定公共施設利用法，⑧海上輸送規制法，⑨捕虜取扱い法，⑩国家安全保障会議設置法

　※その他，技術的な改正を行う法律が10本（改正法附則による処理）

○国際平和支援法案（新規制定）

　国際社会の平和と安全のために活動する他国軍隊への支援活動

【主な内容】

○憲法第9条の下で許容される自衛の措置

・「武力行使の新三要件」による集団的自衛権の限定行使（存立危機事態への対処）

　→自衛隊法，事態対処法，米軍行動関連措置法，海上輸送規制法，捕虜取扱い法及び特定公共施設利用法の改正（事態対処法制のうち国民保護法は実質的な内容の変更を含む改正なし。国際人道法違反処罰法は改正なし。）

○他国軍隊への支援活動等

・我が国の平和と安全に資する活動を行う他国軍隊への支援活動（重要影響事態への対処）

　→周辺事態安全確保法の改正（→重要影響事態安全確保法に変更）

・国際社会の平和と安全のために活動する他国軍隊への支援活動（国際平和共同対処事態への対処）

　→新たな恒久法（一般法）の制定（国際平和支援法）

・重要影響事態及び国際平和共同対処事態における船舶検査活動

　→船舶検査活動法の改正

○国際的な平和協力活動の実施

・国連PKO等において実施できる業務の拡大（安全確保業務，駆け付け警護等）及び業務の実施に必要な武器使用権限の見直し

・国連統括外の人道復興支援活動や安全確保活動等の国際的な平和協力活動への参加

　→国際平和協力法（PKO協力法）の改正

○武力攻撃に至らない侵害への対処（グレーゾーン事態対処）

・我が国の防衛に資する活動を行う米軍等の部隊の武器等防護

　→自衛隊法の改正

112

② 戦後日本外交

※離島周辺などでの不法行為への対処等については，自衛隊の治安出動や海上警備行動の発令手続の迅速化のため，電話による閣議決定を導入（法改正なし）

○その他の法改正事項

・在外邦人等の保護措置（警護・救出等）
　　→自衛隊法の改正

・情報収集活動時など平時における米軍に対する物品・役務の提供の拡大
　　→自衛隊法の改正

・上官命令反抗・部隊不法指揮等に係る罰則について国外犯処罰規定を整備
　　→自衛隊法の改正

・存立危機事態，重要影響事態等への対処を国家安全保障会議の審議事項に追加
　　→国家安全保障会議設置法の改正

［出典］　中内康夫・横山絢子・小檜山智之「平和安全法制整備法案と国際平和支援法案―国会に提出された安全保障関連2法案の概要」（『立法と調査』No. 366, 2015年）9頁。

Ⅱ　現代国際社会の歴史編

3　領土問題関係

解題　近年，日本の領土問題に対して国民の注目が集まりつつある。
このうちまず，北方領土（ロシア名：南クリル）問題とは，択捉島，国後島，
歯舞群島，色丹島の帰属をめぐる日ロ間の領土紛争である。冷戦期は，1956
年の日ソ共同宣言により平和条約締結後に歯舞群島と色丹島が返還されるこ
とになったが，米ソ対立を背景に，その後は進展が見られなかった。しか
し，冷戦終結後には，両国に歩み寄りが見られ，問題解決の期待が高まった
が，その後の両国内の政治状況の変化により，今なお解決には至っていない
【085】。なお，北方四島のうち歯舞群島は北海道根室市に属す。
　　次に，竹島（韓国名：独島）問題は，日本の隠岐諸島と韓国の鬱陵島との間
にある島嶼の帰属をめぐる日韓間の領土紛争である。日本政府は「歴史的事
実に照らしても，かつ国際法上も明らかに我が国固有の領土」であると主張
しているが，1953年以降，韓国が実効支配を続けている。2005年の島根県に
よる「竹島の日」制定の背景には「見て見ぬふり」の日本政府に対する批判
もあった。近年は以前よりも注目が高まっているが，日韓両国ともに互いの
主張を一方的に述べるだけで解決の道筋すら見られないのが現状である
【086】。なお，竹島は現在，島根県隠岐の島町に属す。
　　最後に，尖閣諸島（中国名：釣魚島及其部附属島嶼，台湾名：釣魚台列嶼）問題
とは，東シナ海の南西部にある島嶼をめぐる日本と中国および台湾との領土
紛争である。尖閣諸島は日本が実効支配していることから，「領有権の問題は
そもそも存在しない」と主張しているが，1970年代から中国および台湾が領
有権を主張し，2012年9月の日本政府による尖閣諸島の国有化以後は中国公
船の尖閣諸島周辺の接続水域内入域および領海侵入，そして中国機に対する
緊急発進（スクランブル）が頻発している【087】。なお，尖閣諸島は沖縄県石
垣市に属している。
　　上記の領土問題と関連して，近年は海の境界問題も顕在化しつつある。例
えば，領土問題を背景に設定された日韓暫定水域や日中共同水域および暫定
措置水域には日本の漁船が入らなくなったばかりか韓国や中国漁船の乱獲に
より，資源の枯渇が懸念される。また，2013年に日台民間漁業取決めが締結
されたが，漁法の違いにより，地元の漁業者の不満が高まっている。また，
北方四島海域に関しても日ロ間でいくつかの漁業協定が締結されているが，
世界一高い入漁料を課せられている【085】【087】。なお，海洋の法的区分お
よびそれらに対する日本の主張は【128】【129】で確認されたい。

114

[2] 戦後日本外交

【085】北方領土
(1) 日ロ国境の変遷

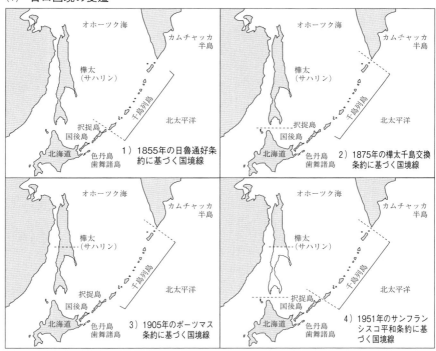

(2) ソ連軍の侵攻図

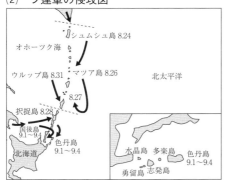

［注］ ロシア政府は，第二次世界大戦の結果，南樺太，北方四島を含む千島列島はロシアの領土の一部になったとし，国後島と色丹島の占領は，1945年9月1日（日本政府が降伏文書に調印した1945年9月2日の前日）に終了したと主張している。

［出典］「われらの北方領土 2013年版 資料編」（外務省ウェブサイト）。

Ⅱ　現代国際社会の歴史編

(3)　問題の経緯（略年表）

1855年	日魯通好条約締結（当時自然に成立していた択捉島とウルップ島の間の国境をそのまま確認）
1875年	樺太・千島交換（サンクトペテルブルク）条約締結（千島列島をロシアから譲り受けるかわりに，ロシアに対して樺太全島を放棄することに決定）
1905年	ポーツマス条約締結（樺太の北緯50度より南の部分をロシアから譲受）
1941年	日ソ中立条約締結（期間満了の1年前に破棄を通告しなければ5年間は自動延長されることを規定するも，ソ連は1945年4月に同条約を延長しない旨を通告）
1943年	カイロ宣言【013】
1945年	ヤルタ協定締結【014】　ポツダム宣言【015】 ソ連，参戦〔8月9日〕後，北方四島占領
1951年	サンフランシスコ平和条約調印【066】（翌年発効：ソ連，未署名）
1956年	日ソ共同宣言締結【068】
1960年	ソ連，対日覚書発出（日ソ共同宣言で合意された歯舞群島および色丹島の引き渡しについて日本領土からの全外国軍隊の撤退という新たな条件を一方的に課す）
1963年	日ソ間昆布採取協定締結（民間協定：1977年中断）
1973年	日ソ共同声明（明記された「第2次大戦の時からの未解決の諸問題」に北方四島の問題が含まれることをブレジネフ書記長が口頭で確認するが，後に否定）
1981年	「北方領土の日（2月7日）」閣議了解　新日ソ間コンブ採取協定締結
1982年	北方領土問題等の解決の促進のための特別措置に関する法律(北特法)制定
1984年	日ソ地先沖合漁業協定締結
1989年	北方領土入域問題に関する閣議了解（日本政府，国民に問題の解決までの間，北方四島への入域を行わないよう要請）
1991年	日ソ共同声明（四島の名前を具体的に書き，領土画定の存在を初めて文書で認める［国後島・択捉島も交渉対象に］）
1992年	クナーゼ（コズイレフ秘密）提案（①日ロ平和条約を締結して歯舞群島，色丹島を日本に返還し，②国後島，択捉島は平和条約締結後も協議の継続を非公式に提案）　北方領土入域問題に関する閣議了解（ビザなし訪問及び墓参を除き，引き続き国民に訪問の自粛を要請）
1993年	東京宣言（(イ)領土問題を，北方四島の帰属に関する問題であると位置付け，(ロ)領土問題を，①歴史的・法的事実に立脚し，②両国の間で合意の上作成された諸文書及び③法と正義の原則を基礎として解決するとの明確な交渉指針を示し，(ハ)日本とソ連との間の全ての条約その他の国際約束は日本とロシアとの間で引き続き適用されることを確認：エリツィン大統領は記者会見で日ロ間の有効な国際約束に1956年の日ソ共同宣言も含まれると発言）
1997年	クラスノヤルスク合意（東京宣言に基づき，2000年までに平和条約を締結するよう全力を尽くすことになったが，平和条約締結は実現せず）

[2] 戦後日本外交

1998年	橋本首相，川奈提案（北方領土が日本の領土であることを確認し，その一方で日ロ政府が合意するまで四島返還を求めず，現状を変えずにロシアの施政を合法と認めることを非公式に提案） 北方四島周辺海域における安全操業枠組み協定締結（政府間協定）
2001年	イルクーツク声明（1956年の日ソ共同宣言が平和条約締結に関する交渉プロセスの出発点を設定した基本的な法的文書であることを確認し，その上で，1993年の東京宣言に基づき，四島の帰属に関する問題を解決することにより平和条約を締結すべきことを再確認し，平和条約締結に向けた具体的方向性をあり得べき最も早い時点で決定することに合意するが，具体的進展なし）
2009年	北特法改正（北方領土を「わが国固有の領土」と明記→ロシア，強く反発）
2010年	メドベージェフ大統領，ソ連・ロシアの指導者として国後島を初訪問
2016年	プレス向け声明（四島において共同経済活動を行うための特別な制度に関する協議の開始に合意）
2018年	日ロ首脳会談（シンガポール）で「1956年宣言」を基礎として平和条約交渉を加速させることに合意

[出典] 本田良一『日ロ現場史』北海道新聞社，2013年をはじめ各種資料をもとに筆者作成。

(4) 冷戦後の日本政府の北方領土問題解決に対する基本的立場
1. 北方領土の日本への帰属が確認されるのであれば，実際の返還の時期及び態様については，柔軟に対応する。
2. 北方領土に現在居住しているロシア人住民については，その人権，利益及び希望は，北方領土返還後も十分尊重していく。

[出典] 「北方領土問題とは？」（外務省ウェブサイト）。

(5) 北方領土をめぐる海域

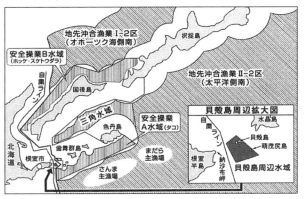

[注] 「自粛ライン」は「中間ライン」とも言われる。
[原図作成] 根室市
[出典] 本田良一「日ロ関係と安全操業」岩下明裕編『日ロ関係の新しいアプローチを求めて』北海道大学スラブ研究センター，2006年所収，129頁。

Ⅱ 現代国際社会の歴史編

【086】竹　島
(1) 位　置

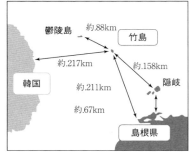 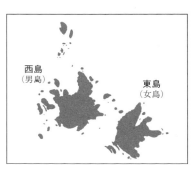

［出典］「竹島」(外務省ウェブサイト)。

(2) 問題の経緯（略年表）

1625年	鳥取藩領米子町人大谷・村川両家，「竹島渡海免許」を得る（毎年1回竹島［鬱陵島］に渡海し，アワビ・アシカおよび木材等を収穫）
1696年	江戸幕府，日本人の竹島（鬱陵島）渡海禁止を命じる（元禄竹島渡海禁令）
1849年	捕鯨船リアンクール号（仏）が現在の竹島を発見（「リアンクール岩」と命名）
1887年	日本政府，太政官指令（「日本海内竹島外一島は本邦関係これ無き義と心得べし」）
1900年	大韓帝国勅令41号（鬱陵島を鬱島と改称［島監に代わり郡守を設置］し，鬱島郡の管轄区域を「鬱陵全島と竹島石島」と規定）
1904年	日韓議定書締結（日本による韓国施政忠告権，韓国の独立を保障）
	第一次日韓協約締結（韓国は日本の推薦者を財政・外交顧問とする）
1905年	日本政府，日本海にある無人島（竹島）を日本領に編入する閣議決定および内務大臣の訓示（→島根県告示第40号）
	第二次日韓協約締結（大日本帝国による大韓帝国の保護国化）
1907年	第三次日韓協約締結（韓国統監［日本］による韓国内政権の掌握）
1910年	日韓併合条約締結
1946年	連合軍最高司令部訓令（SCAPIN）677号・1033号（竹島周囲12海里以内の地域を日本の操業区域から除外）
1951年	サンフランシスコ平和条約調印【066】（翌年発効）
1952年	李承晩（イ・スンマン），海洋主権宣言（=「李承晩ライン」）
1953年	独島義勇守備隊が占拠（翌年，韓国沿岸警備隊に引き継がれる）
1954年	日本政府，竹島問題を国際司法裁判所に提訴すべく韓国政府に提案（その後，1962年および2012年にも提案するも韓国政府拒否）
1965年	日韓基本条約【070】および日韓漁業協定締結（「李承晩ライン」撤回）
1999年	新日韓漁業協定（新協定）発効

② 戦後日本外交

2005年	島根県，「竹島の日（2月22日）制定　慶尚北道，「独島の月（10月）」制定
2012年	李明博（イ・ミョンバク），韓国大統領として竹島に初上陸
2014年	新協定中断
2015年	新協定再開
2016年	新協定中断（再開の目途立たず）

［注］　新日韓漁業協定に基づく水域図は「日韓漁業協定水域図」（鳥取県ウェブサイト）を参照されたい。
［出典］　各種資料をもとに筆者作成。

(3) 連合軍最高司令部訓令（SCAPIN）677号（1946年1月29日）

1　日本国外の総ての地域に対し，又その地域にある政府役人，雇傭員その他総ての者に対して，政治上又は行政上の権力を行使すること，及，行使しようと企てることは総て停止するよう日本帝国政府に指令する。

2　（略）

3　この指令の目的から日本と言ふ場合は次の定義による。

日本の範囲に含まれる地域として

日本の四主要島嶼（北海道，本州，四国，九州）と，対馬諸島，北緯30度以北の琉球（南西）諸島（口之島を除く）を含む約1千の隣接小島嶼

日本の範囲から除かれる地域として

(a)欝陵島，竹島，済州島。(b)北緯30度以南の琉球（南西）列島（口之島を含む），伊豆，南方，小笠原，硫黄群島，及び大東群島，沖ノ鳥島，南鳥島，中ノ鳥島を含むその他の外廓太平洋全諸島。(c)千島列島，歯舞群島（水晶，勇留，秋勇留，志発，多楽島を含む），色丹島。

4　更に，日本帝国政府の政治上行政上の管轄権から特に除外せられる地域は次の通りである。

(a)1914年の世界大戦以来，日本が委任統治その他の方法で，奪取又は占領した全太平洋諸島。(b)満洲，台湾，澎湖列島。(c)朝鮮及び(d)樺太。

5　この指令にある日本の定義は，特に指定する場合以外，今後当司令部から発せられるすべての指令，覚書又は命令に適用せられる。

6　この指令中の条項は何れも，ポツダム宣言の第8条にある小島嶼の最終的決定に関する連合国側の政策を示すものと解釈してはならない。

7　日本帝国政府は，日本国内の政府機関にして，この指令の定義による日本国外の地域に関する機能を有する総てのものの報告を調整して当指令部に提出することを要する。この報告は関係各機関の機能，組織及び職員の状態を含まなくてはならない。

8　右第7項に述べられた機関に関する報告は，総てこれを保持し何時でも当司令部の検閲を受けられるようにしておくことを要する。

［出典］　独立行政法人北方領土問題対策協会ウェブサイト。

Ⅱ　現代国際社会の歴史編

(4) 李承晩ライン

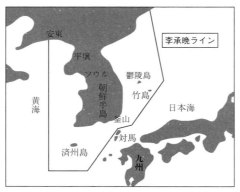

［出典］「竹島問題10のポイント」（外務省ウェブサイト）。

(5) 日韓両政府の主な対立点

	日　本	韓　国
于山島（前近代）	歴史的文献に現れる于山島がすべて竹島を指すとする主張は実証的に成り立たない。	韓国前近代の文献資料や古地図中にしばしばあらわれる「于山島」が「独島」に該当する。
出雲松江藩士・斎藤豊宣の『隠州視聴合記』(1667)	「然則日本之乾地 以此州為限也」の「此州」は鬱陵島を指すので、竹島は日本領とみなされていた。	「然則日本之乾地 以此州為限也」の「此州」は隠岐国を指すので、独島は日本領とみなされていなかった。
江戸幕府の元禄竹島渡海禁止令(1696.1)	日本人の渡海を禁止したのは竹島（鬱陵島）であり、松島（竹島）は含まれていない。	竹島（鬱陵島）・松島（竹島）両島いずれもが「鳥取藩領外」であることが確認されている。
安龍福事件(1696.5)	当時の朝鮮が安龍福の行動を関知しておらず、その行動は朝鮮を代表するものではないと認識していたことが確認できる。また、安龍福の供述そのものについても、事実と合致しない描写が数多くあり、信憑性に欠ける。	安龍福が鬱陵島で遭遇した日本の漁民に対し、「松島は子山島（独島）であり、我が国の領土である」と述べたことや、日本に渡って我が国の領土である鬱陵島や獨島に対する日本の領土侵犯に抗議したと陳述した事実が記録されている。

2 戦後日本外交

	日　本	韓　国
島根県地籍編纂方伺に対する太政官返答（1877）	中央においては竹島，松島ともに鬱陵島のことであるとの認識が行われた可能性もある。	太政官が指令した「日本海内竹島外一島の件は本邦関係これ無き義と心得べし」の「竹島（鬱陵島）外一島」の「一島」が独島であることは明白である。
大韓帝国勅令41号（1900）	この勅令に言う「石島」が独島に一致することは直接的に証明されていない。	この勅令に言う「石島」が独島に該当する。
島根県告示第40号（1905）	正式に公示され，新聞報道も行われていたので国際法上有効である。	この告示は秘密裏に行われ，韓国政府に通告されなかったので国際法上無効である。
連合軍最高司令部訓令（SCAPIN）677号・1033号（1946）	これらの訓令は占領下の暫定措置であって領土の最終的確定とは関係がない。	これらの訓令により，独島は日本の範囲から除かれた。
サンフランシスコ平和条約（1951）【066】	韓国は同条約起草時に米国へ竹島の領有権を求める書簡（ラスク書簡）を提出したが，その主張を米国は明確に否定しているので，同条約で日本が放棄した島々には含まれない。	カイロ宣言【013】やSCAPIN-677などに示された連合国の意思を勘案すると，同条約に基づいて日本から分離される韓国の領土には独島が当然含まれる。

［出典］　池内敏『竹島問題とは何か』名古屋大学出版会，2012年をはじめ各種資料をもとに筆者作成。

【087】 尖閣諸島
(1) 位　置

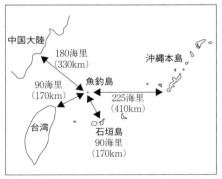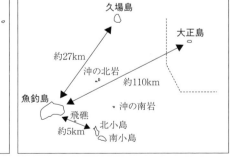

［出典］「尖閣諸島」（外務省ウェブサイト）。

121

II　現代国際社会の歴史編

(2)　問題の経緯（略年表）

1871年	宮古島島民台湾遭難事件（乗組員54人が台湾原住民に殺害される）
1872年	日本政府，琉球藩を設置（琉球国王の尚泰を藩王に）
1874年	台湾出兵（日本政府，清から琉球人が日本人であるという言質を引き出す）
1879年	日本政府，尚泰に東京居住を命じ，沖縄県を設置
1880年	「分島・改約」案（日清修好条規に日本商人の中国内部での欧米諸国並みの通商権を追加する代わりに先島諸島［八重山列島・宮古列島］の割譲を提案するも，清国は拒否）
1894年	日清戦争
1895年	日本政府，尖閣諸島の沖縄県編入を閣議決定 下関条約締結（日本，台湾および澎湖諸島領有）
1940年	尖閣諸島で中心に行われていた鰹節製造の採算がとれなくなり工場を閉鎖（その後，無人島に）
1951年	サンフランシスコ平和条約調印【066】（翌年発効：中国・台湾［中華民国］招請されず・尖閣諸島，米軍施政下に）
1952年	日華平和条約締結【067】（台湾と国交回復し，サンフランシスコ平和条約【066】を確認）
1955年	日中民間漁業協定締結（北緯29度以南水域を除外）
1958年	民間協定中断
1963年	民間協定再締結（北緯27度以南水域を除外）
1969年	国連アジア極東経済委員会，尖閣諸島周辺に石油資源の可能性を公表
1971年	台湾（6月）・中国（12月）が尖閣諸島の領有権を主張
1972年	沖縄県（尖閣諸島を含む），日本復帰　　日中共同声明調印【071】
1975年	日中漁業協定締結（北緯27度以南水域を除外）
1979年	日中平和友好条約締結【073】
1992年	「中華人民共和国領海および接続水域法（領海法）」制定（尖閣諸島を中国の領土と規定）
1996年	中国，日本，国連海洋法条約【127】を批准
1997年	新日中漁業協定締結（2000年発効：往復書簡で北緯27度以南での日中双方の自由操業を認める）
2010年	尖閣諸島中国漁船衝突事件　　石垣市，「尖閣諸島開拓の日（1月14日）制定
2012年	日本政府，尖閣諸島の一部（魚釣島，北小島，南小島）を購入（国有化）
2013年	日台民間漁業取決め締結

［注］　新日中漁業協定に基づく水域図は「日中漁業協定水域図」（水産庁ウェブサイト）を参照されたい。
［出典］　各種資料をもとに筆者作成。

[2] 戦後日本外交

(3) 日台民間漁業取決め水域図

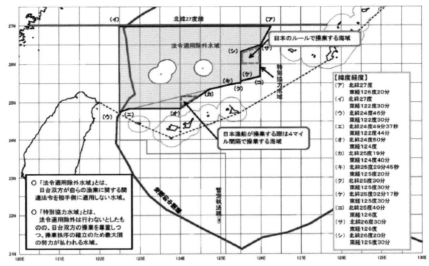

[注] 特別協力水域：北緯26度以北は日本漁船の操業方法で操業し、北緯26度以南は台湾漁船の操業方法で操業。
八重山北方三角水域：日本の操業期間は、4マイルの船間で操業。
[出典] 「最近の日台関係と台湾情勢」（外務省ウェブサイト）。

(4) 尖閣諸島周辺海空域における中国の動向と日本の対処（2009-2017）

年　度	2009	2010	2011	2012	2013	2014	2015	2016	2017
領海侵入隻数（延隻数）	0	0	3	117	164	92	92	126	167
接続水域内入域隻数（延隻数）	0	50	13	598	820	710	663	764	670
中国機に対する緊急発進回数[注]	38	96	156	306	415	464	571	851	500
中国機による領空侵犯の公表件数	0	0	0	1	0	0	0	0	1

[注] 尖閣諸島周辺空域以外の回数も含む。
なお、緊急発進（スクランブル）は領空侵犯のおそれのある航空機が防空識別圏（ADIZ）に進入する姿勢を見せた時点で行われることが多い。日本のADIZに関する詳細は「周辺海空域における安全確保」（『防衛白書』防衛省ウェブサイト）を参照されたい。
[出典] 「尖閣諸島周辺海域における中国公船等の動向と我が国の対処」（海上保安庁ウェブサイト），『防衛白書』などをもとに筆者作成。

Ⅲ

現代国際社会の
法と政治編

① 国 際 機 構

1 国際連盟・国際連合

解題　国家間の紛争を防止し，国際社会に平和をもたらす方策については，古くから思想や構想が存在したが，初めて具体化されたのが第一次世界大戦後に設立された国際連盟，その後第二次世界大戦を経て，設立されたのが国際連合（国連）である【088】。

国際連盟は，「勢力均衡」外交が第一次世界大戦を招いた反省から，1918年にウィルソン米国大統領が提唱した「平和原則14カ条」【008】に沿って，1919年のヴェルサイユ条約に基づき，1920年に設立された。国際連盟は総会，理事会，事務局，常設国際司法裁判所および国際労働機関などにより構成された【089】。

国際連盟は第一次世界大戦後の国際協調に大きく貢献したが，米国の不参加，全会一致制，制裁が非軍事的措置のみであったことなどにより，その限界を露呈した。しかし，その教訓は，1941年の大西洋憲章【012】，1943年のモスクワ会議，1944年のダンバートン＝オークス会議を経て，1945年6月のサンフランシスコ会議で国連憲章が採択されたことで，国連に引き継がれた【090】。

国連は，主要機関である総会，安全保障理事会（安保理），経済社会理事会【091】【092】，信託統治理事会，国際司法裁判所，事務局の他，総会の補助機関である国連児童基金（UNICEF）および国連難民高等弁務官事務所（UNHCR）や，専門機関である国連食糧農業機関（FAO），国連教育科学文化機関（UNESCO），世界保健機関（WHO），世界知的所有権機関（WIPO）などで構成されている（詳細は「国際連合機構図」（国連広報センターウェブサイト）を参照されたい）。

現在，国連とそれをめぐる環境は，発足当時とは大きく変化した。例えば，加盟国は発足当初の51カ国から193カ国（2018年現在）まで増大し，国連事務局の中には日本人が長である組織もある【093】。

このように，国連の影響力がますます無視できなくなっている一方，安保理の拒否権をはじめ，その機能や効果に多くの疑問が投げかけられるようにもなった。こうした背景から，近年，国連改革論が提起され，安保理改革を中心に議論されているが，加盟国の思惑が交錯し，実現の見通しは立っていない（詳細は「国連改革・安保理改革」（外務省ウェブサイト）を参照されたい）。

このような状況下で，加盟国中第2位の資金負担国でありながら，それに見合う職員を輩出していない日本の国連政策のあり方も問われている【095】。

Ⅲ　現代国際社会の法と政治編

【088】 国際連盟・国際連合の歴史 （略年表）

1919年	**4**パリ講和会議で国際連盟規約採択
1920年	**1**国際連盟成立（常任理事国：英・仏・伊・日）・エリック・ドラモンド（英），初代国際連盟事務総長就任　**11**国際連盟第1回総会開催
1921年	**9**常設国際司法裁判所規程発効
1926年	**9**独，常任理事国として国際連盟加盟
1933年	**2**リットン報告書採択→**3**日本，国際連盟を脱退　**6**ジョセフ・アヴノール（仏），第2代国際連盟事務総長に就任　**10**独，国際連盟を脱退
1934年	**9**ソ連，常任理事国として国際連盟に加盟
1935年	**10**対伊制裁を決定
1936年	**7**総会，対伊制裁打ち切り決定
1937年	**12**伊，国際連盟脱退
1939年	**12**国際連盟，ソ連を除名
1940年	**8**ショーン・レスター（アイルランド），国際連盟事務総長代行に就任
1941年	**4**仏（ヴィシー政府），連盟脱退を通告
1944年	**8**ダンバートン・オークス会議（米英ソ中，国際連合憲章草案を討議）
1945年	**4**サンフランシスコ会議（国際連合憲章起草を討議）　**10**国際連合（国連）成立（安全保障理事会常任理事国：米，英，仏，ソ連，中華民国）
1946年	**1**国連第1回総会，ロンドンにて開催（51カ国参加）　**2**トリグブ・リー（ノルウェー），初代国連事務総長に就任　**4**国際連盟最終総会（ショーン・レスター第3代国際連盟事務総長に就任，国際連盟の総資産を国連へ移譲決定後，辞任）→国際連盟解散
1953年	**4**ダグ・ハマーショルド（スウェーデン），第2代国連事務総長に就任
1956年	**12**日本，国連に加盟
1961年	**11**ウ・タント（ビルマ），第3代国連事務総長に就任
1971年	**10**国連総会，アルバニア決議（中華人民共和国承認・中華民国追放）採択
1972年	**1**クルト・ワルトハイム（オーストリア），第4代国連事務総長に就任　**8**中華人民共和国，常任理事国に
1982年	**1**ハビエル・デクエヤル（ペルー），第5代国連事務総長に就任
1991年	**12**ロシア，常任理事国に（ソ連から継承）
1992年	**1**ブトロス・ガリ（エジプト），第6代国連事務総長に就任
1997年	**1**コフィ・アナン（ガーナ），第7代国連事務総長に就任
2007年	**1**パン・ギムン（韓国），第8代国連事務総長に就任
2017年	**1**アントニオ・グテーレス（ポルトガル），第9代国連事務総長に就任

【089】 国際連盟機構図

［出典］ 篠原初枝『国際連盟』中央公論新社，2010年，278頁。

【090】 国際連盟と国際連合の比較

	国際連盟	国際連合
設立根拠	国際連盟規約（1920年1月20日発効）	国際連合憲章（1945年10月24日発効）
本　部	ジュネーブ（スイス）	ニューヨーク（米国）
加盟国	原加盟国45カ国（第1次世界大戦の戦勝32カ国と中立国13カ国）→1934年60カ国（最大）	原加盟国51カ国→2018年現在193カ国
主要機関	総会，理事会，事務局，外郭機関として常設国際司法裁判所と国際労働機関	総会・安全保障理事会・経済社会理事会・信託統治理事会・国際司法裁判所・事務局
議決方法	総会・理事会ともに全会一致制を採用（規約第5条），一国一票制	総会は多数決制，安全保障理事会は常任理事国に全会一致制（拒否権），一国一票制
強制措置	経済制裁（規約第16条）	非軍事的措置（憲章第41条）・軍事的措置（同42条）【197】
問題点	全会一致の議決方法に協力得られず，米国の不参加，制裁措置が不十分	安全保障理事会の常任理事国の権限が大きい（5大国の拒否権）

Ⅲ　現代国際社会の法と政治編

【091】総会及び安全保障理事会に関する国連憲章の規定（一部抜粋）

第4章　総会

第10条〔総則〕

　総会は，この憲章の範囲内にある問題若しくは事項又はこの憲章に規定する機関の権限及び任務に関する問題若しくは事項を討議し，並びに，第12条に規定する場合を除く外，このような問題又は事項について国際連合加盟国若しくは安全保障理事会又はこの両者に対して勧告をすることができる。

第12条〔安全保障理事会との関係〕

1　安全保障理事会がこの憲章によって与えられた任務をいずれかの紛争又は事態について遂行している間は，総会は，安全保障理事会が要請しない限り，この紛争又は事態について，いかなる勧告もしてはならない。

2　略

第18条〔表決手続〕

1　総会の各構成国は，一個の投票権を有する。

2　重要問題に関する総会の決定は，出席し且つ投票する構成国の3分の2の多数によって行われる。重要問題には，国際の平和及び安全の維持に関する勧告，安全保障理事会の非常任理事国の選挙，経済社会理事会の理事国の選挙，第86条 1c による信託統治理事会の理事国の選挙，新加盟国の国際連合への加盟の承認，加盟国としての権利及び特権の停止，加盟国の除名，信託統治制度の運用に関する問題並びに予算問題が含まれる。

3　その他の問題に関する決定は，3分の2の多数によって決定されるべき問題の新たな部類の決定を含めて，出席し且つ投票する構成国の過半数によって行われる。

第5章　安全保障理事会

第25条〔決定の拘束力〕

　国際連合加盟国は，安全保障理事会の決定をこの憲章に従って受諾し且つ履行することに同意する。

第27条〔表決手続〕

1　安全保障理事会の各理事国は，1個の投票権を有する。

2　手続事項に関する安全保障理事会の決定は，9理事国の賛成投票によって行われる。

3　その他のすべての事項に関する安全保障理事会の決定は，常任理事国の同意投票を含む9理事国の賛成投票によって行われる。（以下略）

　［出典］「国連憲章テキスト」（国際連合広報センターウェブサイト）。

[1] 国際機構

【092】 総会・安全保障理事会・経済社会理事会の概要

	総　　会	安全保障理事会	経済社会理事会
構　　成	全加盟国	常任理事国5カ国（中国，フランス，ロシア，英国，米国）及び非常任理事国10カ国（任期2年）	理事国54カ国（任期3年）
主な任務	国連憲章の範囲内にある問題，又は国連憲章に規定する機関の権限及び任務に関する問題について討議し，安全保障理事会が憲章によって与えられた任務をいずれかの紛争または事態について遂行している間を除き，加盟国もしくは安全保障理事会又はこの両者に対して勧告すること	紛争当事者に対して，紛争を平和的手段によって解決するよう要請したり適当と認める解決条件を勧告すること，事態の悪化を防ぐため必要または望ましい暫定措置に従うよう当事者に要請すること，平和に対する脅威，平和の破壊または侵略行為の存在を決定し，平和と安全の維持と回復のために勧告を行うこと，経済制裁などの非軍事的強制措置及び軍事的強制措置を決定すること	経済，社会，文化，教育，保健，人権・人道等の分野について，各機関から報告を受け，これらの事項について，総会，加盟国及び関係専門機関（国際労働機関（ILO），国連食糧農業機関（FAO）等19機関）に勧告し，上記勧告を通じて専門機関の活動を調整すること
日本の位置づけ		非常任理事国11回（1958〜1959，1966〜1967，1971〜1972，1975〜1976，1981〜1982，1987〜1988，1992〜1993，1997〜1998，2005〜2006，2009〜2010，2016〜2017）	理事国19期（1960〜1965，1968〜1970，1972〜1980，1982〜）

［注］　上記の他，国際連合下の信託統治制度の監督にあたる信託統治理事会がある。信託統治制度【122】におかれた地域は当初11地域に及んでいたが，1994年に最後の信託統治地域であったパラオが独立したため，現在は事実上休眠状態になっている。

［出典］　「2016年版開発協力参考資料集」（外務省ウェブサイト）70-71頁をもとに筆者作成。

131

Ⅲ　現代国際社会の法と政治編

【093】国連事務局の主要幹部（2018年12月１日現在）

事務総長：アントニオ・グテーレス（ポルトガル）

副事務総長：アミーナ・J・モハメッド（ナイジェリア）

事務総長室 官房長：マリア・ルイザ・リベイロ・ヴィオッティ（ブラジル）

内部監査部 事務次長：ハイディ・メンドーサ（フィリピン）

法務部 事務次長／法律顧問：ミゲル・デ・セルバ・ソアレス（ポルトガル）

政務局 事務次長：ローズマリー・ディカルロ（米国）

平和維持活動局 事務次長：ジャン＝ピエール・ラクロワ（フランス）

フィールド支援局 事務次長：アトル・カーレ（インド）

人間問題調査部 事務次長／緊急援助調査官：マーク・ローコック（英国）

経済社会局 事務次長：劉振民（中国）

総会・会議管理局 事務次長：キャサリン・ポラード（ガイアナ）

広報局 事務次長：アリソン・スマイル（英国）

管理局 事務次長：ジャン・ビーグル（ニュージーランド）

安全保安局 事務次長：ピーター・トーマス・ドレナン（オーストラリア）

軍縮部 事務次長：中満泉（日本）

［出典］　*Senior management group*（United Nations Website）をもとに筆者作成。

【094】安保理における拒否権行使回数（1946-2018年）

期間（年）	中　国	フランス	イギリス	米　国	ソ連／ロシア	合　計
1946-65年	（1）＊	4	3	0	106	114＊
1966-85年	2	11	21	46	13	93
1986-05年	2	3	8	34	3	50
2006-18年	8	0	0	5	19	32
合　計	12	18	32	85	141	289＊

［注］　＊は，中華民国の拒否権を含む。全体のうち59回は加盟の承認，43回は事務総長の指名に関する拒否権である。

［出典］　*Changing Patterns in the Use of the Veto in the Security Council*（Global Policy Forum website），United Nations Security Council Meetings（United Nations website）をもとに筆者作成。

[1] 国際機構

【095】 国連主要国の通常予算分担率・分担金・職員数（2018年・2014年・2010年）

	2018				2014			2010		
	分担率 (%)	分担金 (100万米 ドル)	望ましい 職員数	職員 数	分担率 (%)	分担金 (100万米 ドル)	職員 数	分担率 (%)	分担金 (100万米 ドル)	職員 数
（上位15カ国：2018年）										
米　国	22.000	591.4	383-519	360	22.000	621.2	355	22.000	517.1	337
日　本	9.680	235.3	172-233	75	10.833	276.5	83	12.530	265.0	123
中　国	7.921	192.5	169-229	87	5.148	131.4	71	3.189	67.4	94
ドイツ	6.389	155.3	116-156	152	7.141	182.2	129	8.018	169.5	166
フランス	4.859	118.1	89-121	139	5.593	142.7	141	6.123	129.5	135
英　国	4.463	108.5	83-112	132	5.179	132.2	141	6.604	139.6	99
ブラジル	3.823	92.9	75-101	54	2.934	74.9	38	1.611	34.1	39
イタリア	3.748	91.1	71-96	136	4.448	113.5	129	4.999	105.7	122
ロシア	3.088	75.1	61-83	43	2.438	62.2	51	1.602	33.9	74
カナダ	2.921	71.0	56-76	104	2.984	76.2	89	3.207	67.8	74
スペイン	2.443	59.4	48-66	81	2.973	75.9	66	3.177	67.2	55
豪　州	2.337	56.8	46-62	52	2.074	52.9	52	1.933	40.9	53
韓　国	2.039	49.6	42-56	51	1.994	50.9	46	2.260	47.8	41
オランダ	1.482	36.0	32-43	44	1.654	42.2	37	1.855	39.2	40
メキシコ	1.435	34.9	33-45	57	1.842	47.0	54	2.356	49.8	49
（上記以外の主要国等）										
アルゼンチン	0.892	21.7	21-31	34	0.432	11.0	37	0.287	6.1	40
インド	0.737	17.9	46-62	61	0.666	17.0	52	0.534	11.3	49
インドネシア	0.504	12.3	19-29	13	0.346	8.8	13	0.238	5.0	17
南アフリカ	0.304	8.8	11-21	20	0.372	9.5	20	0.385	8.1	24
パキスタン	0.093	2.3	9 -19	17	0.085	2.2	13	0.082	1.7	12
その他	18.842	456.4		1362	18.864	481.3	1284	17.010	359.8	1246
合　計	100.000	2487.3		3074	100.000	2611.7	2901	100.000	2166.5	2889

［注］　本表中の「職員数」は，地理的配分の原則が適用されるポストに勤務する職員数であり，全体の職員
　　　　数ではない（総職員数の内の一部の職員）。
［出典］　国連文書（ST/ADM/SER.B/973・A/73/79ST/ADM/SER.B/889・A/69/292・ST/ADM/SER.B/789・
　　　　A/65/350）をもとに筆者作成。

Ⅲ　現代国際社会の法と政治編

2　欧　　州

　　解　題　欧州の主要な国際枠組み【096】は，冷戦終結により再編されたが，その中で特に注目すべき発展を遂げているのは欧州連合（EU），北大西洋条約機構（NATO）と欧州安全保障協力会議（OSCE）である【097】【099】。

　　これらのうち，EUに関しては，第二次世界大戦後に，欧州石炭鉄鋼共同体（ECSC）が設置されて以来，欧州共同体（EC）を経て，さまざまな曲折を経ながら拡大と深化を続けている【097】。それは1993年のマーストリヒト条約発効により現在のEUとなった後も続いており，最近では2009年にリスボン条約が発効したことにより，制度・基本原則・組織・政策などでさらなる進展が見られる【098】。また，通貨統合に関してもユーロ加盟国が増加し続け，司法・内務分野においてもシェンゲン協定がEU条約に統合されたことにより「自由・安全・司法」空間の創設に向け国境の壁がさらになくなりつつある。

　　このように東欧諸国もEUやNATOの加盟国となっている現代とは異なり，第二次世界大戦後のヨーロッパは東西冷戦の主要舞台で，西側（米国・西欧）の軍事同盟であるNATOと東側（ソ連・東欧）の軍事同盟であるワルシャワ条約機構が対立していた。特に東西両ドイツの国境は世界でもっとも軍事力が密集し，対峙し合っていた地域であった。冷戦終結後，東方拡大と戦略再考を迫られたNATOは，旧東欧諸国の加盟を実現させると同時に，1999年の新戦略概念により「欧州・大西洋地域」の平和と安定に対しより大きな役割を果たす意志を明らかにした。そのような中，2001年の9.11米国同時多発テロ事件を契機に，初めて北大西洋条約5条が適用された【100】。なお，本書には2010年に採択された新戦略概念を収録した。

　　東西対立の中で当事者間の討議を経て採択された1975年のヘルシンキ最終文書に基づく欧州安全保障協力会議（CSCE）の設置，その後の欧州安全保障協力機構（OSCE）への発展は，ヘルシンキ・プロセスとして知られる。これは，元来東西対立という枠組みの中で，経済・科学分野や人権分野での国際協力と並んで，安全保障の分野での信頼醸成措置の醸成（例：軍事的透明性の強化）を通じて，欧州の平和と安全保障を構築しようという試みで，冷戦終結後も続いている【101】。

　　このように，EU，NATO，OSCEは，さらなる拡大もしくは深化を図っているが，それに伴う役割分担の変化にも注目していくべきであろう。

1 国際機構

【096】欧州の主要な枠組み（2018年12月現在）

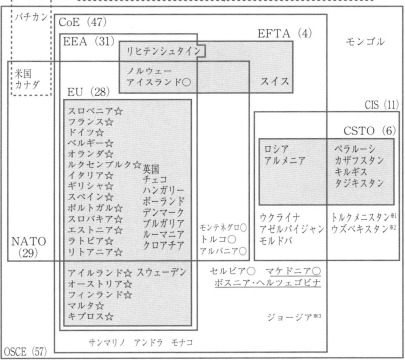

〈凡例〉
○：EU加盟国候補国（5）
☆：ユーロ参加国（19）
＿：NATO加盟のための行動計画（MAP）参加国（2）。

〈略語解説〉
CoE（Council of Europe）：欧州評議会
CIS（Commonwealth of Independent States）：独立国家共同体
CSTO（Collective Security Treaty Organization）：集団安全保障条約機構
EEA（European Economic Area）：欧州経済領域
EFTA（European Free Trade Association）：欧州自由貿易連合
※1　トルクメニスタンは2005年からCIS準加盟国。
※2　ウズベキスタンは2012年にCSTOへの参加資格を停止。
※3　ジョージアは，2008年8月18日にCISからの脱退を表明。2009年8月18日に正式に脱退。
※4　日本は，NATOの世界におけるパートナー。
［出典］『外交青書2018』。

Ⅲ　現代国際社会の法と政治編

【097】 EU関連年表

1950年	**5**シューマン・仏外相，仏と西独の石炭・鉄鋼産業の共同管理を提唱（シューマン宣言）
1951年	**4**欧州石炭鉄鋼共同体（ECSC）設立条約調印
1952年	**5**欧州防衛共同体条約調印（未発効）　**7**ECSC発効（西独・仏・伊・ベルギー・オランダ・ルクセンブルグ6カ国）
1954年	**10**パリ協定により西欧同盟（WEU）成立（目的：集団的防衛）
1957年	**3**欧州経済共同体（EEC），欧州原子力共同体（EURATOM）設立（ローマ）条約調印
1958年	**1**EEC，EURATOM発効
1960年	**5**欧州自由貿易連合（EFTA）設立（ストックホルム）条約調印（英・デンマーク・スウェーデン・ノルウェー・スイス・オーストリア・ポルトガル）
1965年	**4**ECSC，EEC，EURATOM合併（ブリュッセル）条約署名
1967年	**7**合併条約発効→欧州共同体（EC）成立
1970年	**1**アイスランド，EFTAに加盟
1973年	**1**英・アイルランド・デンマーク加盟（第1次拡大，9カ国）〔英・デンマーク，EFTA脱退〕
1981年	**1**ギリシャ加盟（第2次拡大，10カ国）
1985年	**6**シェンゲン協定調印
1986年	**1**スペイン・ポルトガル加盟（第3次拡大，12カ国）〔ポルトガル，EFTA脱退〕　**2**単一欧州議定書（SEA）調印（単一市場成立の目標期限を1992年に）
1987年	**7**SEA発効（加重特定多数決導入）
1990年	**7**EECにおける資本移動の完全自由化　**10**東独，西独に編入（統一ドイツに）
1991年	**1**リヒテンシュタイン，EFTA加盟
1992年	**2**EC首脳会議，マーストリヒト（EU）条約調印　**6**WEU，ペータースブルク任務（人道援助・救援，平和維持，危機管理）を目的に追加
1993年	**11**マーストリヒト条約発効→欧州連合（EU）誕生（経済・通貨統合（第1の柱）に加え，共通外交・安全保障政策（CFSP）（第2の柱），司法・内務協力（第3の柱）も新たな柱に）
1994年	**1**欧州通貨機関の創設（→後の欧州中央銀行）　**1**欧州経済領域（EEA）協定発効（EFTA加盟国がEUに加盟することなく単一市場参加可能に：スイスを除く）
1995年	**1**オーストリア・フィンランド・スウェーデン加盟（第4次拡大，15カ国）〔オーストリア・スウェーデン・フィンランド，EFTA脱退〕　**3**シェンゲン協定発効（加盟国間で国境検査なしで越境が可能に）
1997年	**10**アムステルダム条約調印
1999年	**1**ユーロ，決済通貨として流通開始　**5**アムステルダム条約発効（EU条約修正：ブリュッセル条約失効，CFSP上級代表の新設・ペータースベルク任務の取り込み，シェンゲン協定をEU条約に統合，第3の柱に警察・司法協力（PJCC）を追加）
2000年	**6**ケルン欧州理事会，欧州安全保障・防衛政策（ESDP）を創出
2001年	**2**ニース条約調印
2002年	**1**ユーロ紙幣・硬貨の流通開始　**7**ECSC失効
2003年	**2**ニース条約発効（EU条約修正：政治・安全保障委員会，EU軍事委員会，EU軍事幕僚部の設置）
2004年	**5**ポーランド・チェコ・ハンガリー・スロヴァキア・スロヴェニア・リトアニア・ラトヴィア・エストニア・キプロス・マルタ加盟（第5次拡大，25カ国）　**10**欧州憲法条約調印（未発効）
2007年	**1**ブルガリア・ルーマニア加盟（27カ国）　**12**リスボン条約調印
2009年	**12**リスボン条約発効（EU条約修正）【098】
2011年	**6**WEU廃止（集団的防衛条項がリスボン条約に引き継がれたため）
2013年	**7**クロアチア加盟（28カ国）
2016年	**6**英，国民投票でEU離脱を決定
2017年	**3**英，EUに離脱通知　**6**英，EU離脱交渉開始
2018年	**11**英EU離脱交渉妥結

136

1 国際機構

[注1] EUの現状（シェンゲン協定を含む）に関する詳細は「欧州連合（EU）概況」（外務省ウェブサイト）を参照されたい。
[注2] WEUには当初ECSC 6カ国と英が参加し、1990年にスペイン・ポルトガル、1995年にギリシャが加盟していた。
[注3] ユーロには当初、仏・独・伊・ベルギー・オランダ・ルクセンブルク・アイルランド・スペイン・ポルトガル・オーストリア・フィンランドが参加し、その後2001年にギリシャ、2007年にスロベニア、2008年にキプロス・マルタ、2009年にスロバキア、2011年にエストニア、2014年にラトビア、2015年にリトアニアが参加した。
[出典] 各種資料をもとに筆者作成。

【098】リスボン条約（2007年12月13日署名、2009年12月1日発効）の概要

(1) **制度面** EUに法人格を付与、ECの名称はすべてEUに、3本柱構造の消滅、脱退条項の挿入

(2) **機構面** 欧州理事会のEU機構化、常任欧州理事会議長職の創設（任期2年半・再任1回限り可・欧州理事会による特定多数決で選出・出身国における公職との兼任の禁止）、EU外務・安全保障政策上級代表の設置及び代表をサポートする欧州対外活動庁の創設、EU理事会採決における二重多数決方式（加盟国数の55％の賛成および賛成国の人口がEU総人口の65％に達することをもって可決）の導入（2014年）、EU理事会での特定多数決対象分野の拡大、加盟国議会のEU立法手続きへの関与（補完性原則の強化）、立法における欧州議会の権限強化（国際条約の承認、予算の決定も含む）、欧州委員会委員長の権限の強化（委員の罷免可）、市民発議権（100万人の署名により欧州市民は欧州委員会に対してEU立法提案を要請可）

(3) **政策面** 対外関係の強化、EU基本権憲章を政治宣言から法文化（ただし英国、ポーランド、チェコは適用除外）、基本権に関する自由・安全・司法の領域の構築（司法・警察協力の深化）、テロ対策・気候変動への対処を追加

[出典] 「リスボン条約の概要」（JETROウェブサイト）をもとに筆者作成。

【099】NATO・OSCE関連年表

1949年	**4** NATO、北大西洋条約【100】に基づき12カ国（米・加・仏・英・伊・蘭・ベルギー・ルクセンブルグ・デンマーク・ノルウェー・ポルトガル・アイスランド）を原加盟国として発足
1952年	**2** NATOにギリシャ・トルコが加盟（第1次拡大、12カ国）
1954年	**2** モロトフ・ソ連外相が米英仏ソ4カ国外相会議において、欧州の安全保障に関する国際会議の開催を初めて提唱
1955年	**5** 旧西独が加盟（第2次拡大、15カ国）→ワルシャワ条約機構発足（NATOに対抗）
1966年	**3** 仏、NATOの軍事機構から脱退
1968年	**5** アルバニア、ワルシャワ条約機構脱退
1975年	**7** 35カ国（アルバニアを除いた全ヨーロッパ諸国と米・加）による首脳会議→**8** ヘルシンキ最終文書【101】・欧州安全保障協力会議（CSCE）設立決定
1977年	**10** CSCE第1回再検討会議（-78.3：ベオグラード）
1980年	**11** CSCE第2回再検討会議（-83.9：マドリッド）
1982年	**5** NATOにスペインが加盟（第3次拡大、16カ国）

Ⅲ　現代国際社会の法と政治編

1986年	**9**欧州軍縮会議（CDE：ストックホルム），信頼・安全醸成措置（CSBM）合意　**11**CSCE第3回再検討会議（-89.1：ウィーン）
1990年	**10**CSCEに統一ドイツ参加（34カ国）　**11**CSCEパリ首脳会議，東西冷戦の終結を宣言，パリ憲章（定期協議の実施・常設事務局の設置など）採択，欧州通常戦力（CFE）条約調印
1991年	**7**ワルシャワ条約機構解散　**9**CSCEにアルバニア，バルト3国参加（38カ国）　**11**ローマ首脳会議，北大西洋協力理事会（NACC）設置（NATO加盟希望の旧東側諸国を含む38カ国が平和維持活動で協力）・「戦略概念」の採択（「領域外」任務重視の姿勢に）
1992年	**1**CSCEにロシア（ソ連を継承）およびCIS10カ国参加（48カ国）　**3**CSCEにクロアチア・スロベニア・グルジア参加（51カ国）・「ウィーン文書92」（軍事情報の年次交換，演習の通報・査察・制限など）採択　**4**CSCEにボスニア・ヘルツェゴビナ参加（52カ国）　**7**CSCEヘルシンキ首脳会議，①紛争予防，危機管理および紛争解決のための機能強化（特に平和維持活動の創設），②安全保障協力フォーラム（FSC）の設立等について合意　**11**CFE条約発効
1993年	**1**CSCEにチェコ，スロバキア分離独立して参加（53カ国）
1994年	**10**NATOブリュッセル首脳会議，平和のためのパートナーシップ（PFP）採択（NATOと非NATO欧州各国との間で各国の実情に合わせ軍事面も含めた各種協力（セミナーの実施，高官交流，PKOに関する演習等）を進める）　**12**CSCEブダペスト首脳会議，名称を欧州安全保障協力機構（OSCE）に変更決定・「ウィーン文書94」（通報・査察の対象となる軍事活動の範囲の拡大，各国の防衛計画などに関する透明性の向上など）採択
1995年	**1**CSCE，欧州安全保障協力機構（OSCE）に名称変更（常設事務局設置）　**10**OSCEにマケドニア参加（54カ国）
1996年	**12**OSCEリスボン首脳会議，CFE条約見直し（適合）交渉開始決定・アンドラ参加（55カ国）
1997年	**5**NATO＝ロシア基本文書（NATO加盟国が新規加盟国内に核兵器を配備しないことを再確認→ロシアにNATO拡大を事実上認めさせる）・NACCを欧州・大西洋パートナーシップ理事会（EAPC）に改称
1999年	**3**NATOにハンガリー・チェコ・ポーランド加盟（第4次拡大，19カ国）・国連安保理決議に基づく許可を得ないままユーゴスラヴィア空爆　**4**NATOワシントン首脳会議，「戦略概念」の採択（「非5条・危機対応活動」の採用）
2001年	**9**米国同時多発テロ事件を北大西洋条約第5条【100】の適用対象と宣言
2002年	**5**NATO・ロシア理事会（NRC）設立
2004年	**3**NATOにリトアニア・ラトヴィア・エストニア・スロヴァキア・スロヴェニア・ブルガリア・ルーマニア加盟（第5次拡大，26カ国）
2006年	**6**OSCEにモンテネグロが分離独立して参加（56カ国）
2007年	**12**ロシア，CFE条約の履行停止
2009年	**4**NATOにアルバニア・クロアチア加盟（第6次拡大，28カ国）・仏，NATOの軍事機構への完全復帰を宣言
2010年	**11**NATO，新「戦略概念」採択（集団的自衛・危機管理・協調的安全保障）　**12**OSCEアスタナ首脳会議，アスタナ宣言（活動に関わる原理事項を再確認）採択（「行動計画」は記述されず）
2012年	**11**OSCEにモンゴル参加（57カ国）
2017年	**6**NATOにモンテネグロ加盟（第7次拡大，29カ国）

［注］　NATOに関する詳細は「NATOの概要」（外務省ウェブサイト），OSCEに関する詳細は「欧州安全保障協力機構（OSCE）の概要」（外務省ウェブサイト）を参照されたい。
［出典］　各種資料をもとに筆者作成。

1 国際機構

【100】 北大西洋条約 （1949年4月4日作成，同年8月24日発効）第5条

第5条

　締約国は，ヨーロッパ又は北アメリカにおける一又は二以上の締約国に対する武力攻撃を全締約国に対する攻撃とみなすことに同意する。したがって，締約国は，そのような武力攻撃が行われたときは，各締約国が，国際連合憲章第51条の規定によって認められている個別的又は集団的自衛権を行使して，北大西洋地域の安全を回復し及び維持するためにその必要と認める行動（兵力の使用を含む。）を個別的に及び他の締約国と共同して直ちに執ることにより，その攻撃を受けた締約国を援助することに同意する。

　前記の武力攻撃及びその結果として執ったすべての措置は，直ちに安全保障理事会に報告しなければならない。その措置は，安全保障理事会が国際の平和及び安全を回復し及び維持するために必要な措置を執ったときは，終止しなければならない。

　　［出典］　データベース「世界と日本」（東京大学東洋文化研究所田中明彦研究室ウェブサイト）。

【101】 ヘルシンキ最終文書 （1975年8月1日採択）

(1)　欧州における安全保障に関する諸問題 （「第1バスケット」）

　　・加盟国の相互関係を律する諸問題（主権平等，武力行使または武力による威嚇の禁止，国境不可侵，領土保全，紛争の平和的解決，内政不干渉，人権並びに基本的自由の尊重，民族の平等及び自決，国家間の協力，国際法上の義務の誠実な履行）

　　・安全保障（軍事演習の事前通告及び軍事演習へのオブザーバー相互交換等の信頼醸成措置）

(2)　経済，科学技術及び環境の分野における協力 （「第2バスケット」）

(3)　人道及びその他の分野における協力 （「第3バスケット」）

　　・人的接触（離散家族の再会，異なる国の市民との結婚等）

　　・情報（新聞等の刊行物の配布，ジャーナリストのビザ取得等）

　　・文化協力と交流

［出典］　「欧州安全保障協力機構（OSCE）の概要」（外務省ウェブサイト）。

139

Ⅲ　現代国際社会の法と政治編

3　アジア太平洋

解題　アジア太平洋の国際関係は，ヨーロッパと比べると，現在もなお，宗教やイデオロギーなどにおける差異が大きいことから，国際的枠組みが深化しにくいと考えられている。しかしながら，この地域においても東南アジア諸国連合（ASEAN），アジア太平洋経済協力（APEC），アジア欧州首脳会合（ASEM），東アジア首脳会議（EAS）などを中心に，関係強化が図られてきている【102】【103】【104】。

1967年に発足したASEANは，EUとは異なる形で発展してきた。すなわち，「ASEAN Way」と呼ばれる伝統的な友好関係を前提に，協議やコンセンサスを重視しながら進める方法に基づいて関係が強化されてきた。その後，1999年のカンボジア加盟によるASEAN10の実現により，ASEANは1つの節目を迎えたと言えるが，ASEAN自由貿易地域（AFTA）構想や2008年のASEAN憲章の発効などで他のアジア太平洋地域をリードして統合が図られつつある。この点に関連して，EUと比べて域外国との関係を重視していることも特徴としてあげられよう。例えば，1978年に日・ASEAN外相会議が開催されて以降，ASEAN外相会議と並行して開催されているASEAN拡大外相会議（PMC）の結果，1994年以後毎年開催されているASEAN地域フォーラム（ARF）や1997年から開催されているASEAN＋3（日中韓）協力の進展はその成果と位置づけられる【103】【104】。

ASEAN以外の上記地域の国際的枠組みとしてAPEC会議がある。APECは，貿易・投資の自由化，貿易・投資の円滑化，経済・技術協力という3本柱で議論を進めている【105】。「開かれた地域主義」を前提にしている点は，ASEANの理念と相通じるでところであるし，参加国が限定されているとは言え，ASEMやEASにも言えることでもあろう。

アジア太平洋の国際関係は，その一員である日本にとって関係が深く，重要なテーマでもある。例えば，安全保障分野に関しては，ARFの発展を日米安全保障体制【077】【079】といかに結び付けていくかが課題となろう。また経済分野においても，APECと，世界貿易機関（WTO）協定【154】，経済連携協定（EPA），自由貿易協定（FTA）【162】，そして2010年より急展開しつつある環太平洋パートナーシップ（TPP）協定などとの整合性が問われている。

この他，2001年に中国・ロシア・カザフスタン・キルギスタン・タジキスタン・ウズベキスタンの6カ国で発足した上海協力機構をはじめとする中央アジア・コーカサス等の地域機構・枠組み【106】も収録した。

1　国際機構

【102】アジア太平洋における国際的枠組み

(1) ASEANを中心に

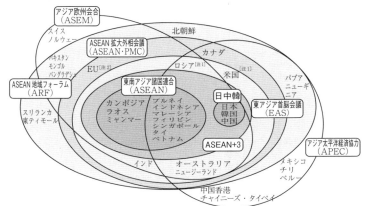

[注1] 2011年からEASに正式参加。
[注2] ASEMには、欧州連合とEU加盟国27カ国がそれぞれ参加。
[出典] 『外交青書2013』。

(2) 国際経済を中心に

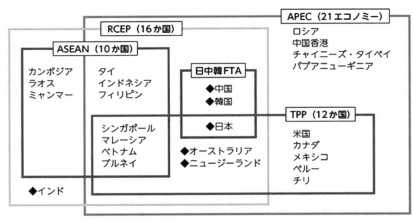

※◆印の国は、日・ASEAN、中・ASEANなどのいわゆるASEAN＋1のEPA/FTAを締結している。

[注] TPPに関しては、2017年1月の米国による離脱表明を受けて、米国以外の11カ国の間で協定の早期発効を目指して協議を行った結果、TPP11協定（環太平洋パートナーシップに関する包括的及び先進的な協定）が2018年3月に署名され、同年12月に発効した。
[出典] 『外交青書2017』。

Ⅲ　現代国際社会の法と政治編

【103】 ASEAN関連年表

1967年	**8**インドネシア・マレーシア・フィリピン・タイ・シンガポール5国外相会議，ASEAN 設立宣言（バンコク宣言）採択
1971年	**11**第4回外相会議（マレーシア／クアラルンプール），「東南アジアを平和・自由・中立地帯（ZOPFAN）宣言」採択
1976年	**2**第1回公式首脳会議（インドネシア／バリ），「ASEAN 協和宣言」「東南アジア友好協力条約（TAC）」「ASEAN事務局設立協定」採択
1977年	**8**第2回首脳会議（クアラルンプール），ASEAN設立10周年
1979年	**7**ASEAN 拡大外相会議【102】（ASEAN 閣僚会議後会談として）開催（以後，域外国招待慣行始まる）
1984年	**1**ブルネイ加盟
1987年	**12**第3回公式首脳会議（フィリピン／マニラ），「マニラ宣言（カンボジア問題の解決・ZOPFANの早期達成など）」「TAC修正議定書（域外諸国も加盟可能に）」採択
1992年	**1**第4回 ASEAN公式首脳会議（シンガポール），「シンガポール宣言（域外諸国のTAC加盟・ASEAN自由貿易地域（AFTA）の創設）など」採択
1995年	**7**第28回外相会議（ブルネイ／バンダルスリブガワン），ベトナム加盟（ASEAN 7カ国）　**12**第5回公式首脳会議（バンコク），東南アジア非核化条約（SEANWFZ）【206】調印（97.3 発効）
1996年	**11**第1回非公式首脳会議（インドネシア／ジャカルタ）
1997年	**7**第30回外相会議（クアラルンプール），ラオス・ミャンマー加盟　**12**第2回非公式首脳会議（クアラルンプール），「ASEANヴィジョン2020」採択（2020年までに「ASEAN共同体」を目指す）
1998年	**12**第6回公式首脳会議（ベトナム／ハノイ），「ハノイ行動計画」採択（1999～2004年の6カ年計画）
1999年	**4**第32回外相会議（シンガポール），カンボジア加盟（ASEAN10の達成）　**11**第3回非公式首脳会議（マニラ）
2000年	**11**第4回非公式首脳会議（シンガポール）
2001年	**11**第7回公式首脳会議（バンダルスリブガワン），「テロリズムに対抗するための共同行動に関する2001ASEAN 宣言」採択
2002年	**11**第8回公式首脳会議（カンボジア／プノンペン），テロ行為を非難する「テロに関する第8回ASEAN 首脳会議宣言」採択
2003年	**10**第9回公式首脳会議（バリ），「ASEAN第2協和宣言」採択（2020年までにASEAN安全保障共同体・ASEAN経済共同体・ASEAN社会・文化共同体を設立することで合意）
2004年	**11**第10回公式首脳会議（ラオス／ビエンチャン），「ビエンチャン行動計画（2005～11年の行動計画）」「ASEAN 安全保障共同体行動計画」「ASEAN 社会文化共同体行動計画」採択・統合優先分野枠組協定に署名
2005年	**12**第11回公式首脳会議（クアラルンプール），「ASEAN 憲章設立に関するクアラルンプール宣言」採択
2007年	**1**第12回公式首脳会議（セブ），「セブ宣言」採択（ASEAN共同体形成の目標年前倒し（2020年→2015年）に合意）　**11**第13回公式首脳会議（シンガポール），「ASEAN憲章」署名
2008年	**12**ASEAN憲章発効（ASEAN議長国制度の導入（従来の制度の改善）・首脳会議の意思決定機関としての位置付けの明確化・ASEAN調整理事会と共同体別閣僚理事会の新設・ジャカルタにおける常駐代表委員会の新設などが実現）
2009年	**2**第14回公式首脳会議（タイ／チャアム・ホアヒン），「ASEAN共同体のためのロードマップに関するチャアム・ホアヒン宣言（2009-2015）」採択（3つの共同体のブループリント提示）**10**第15回公式首脳会議（チャアム・ホアヒン）
2010年	**4**第16回公式首脳会議（ハノイ）　**10**第17回公式首脳会議（ハノイ）

　　　　　　　　　　　　　　　　　　　　　　　　　　　　　　　　　　　　　① 国際機構

2011年	5 第18回公式首脳会議（ジャカルタ）　11 第19回公式首脳会議（バリ）
2012年	4 第20回公式首脳会議（プノンペン）　11 第21回公式首脳会議（プノンペン）
2013年	4 第22回公式首脳会議（バンダルスリブガワン）　10 第23回公式首脳会議（バンダルスリブガワン）
2014年	5 第24回公式首脳会議（ミャンマー／ネーピードー）　11 第25回公式首脳会議（ネーピードー）
2015年	4 第26回公式首脳会議（マレーシア／ランカウイ）　11 第27回公式首脳会議（クアラルンプール），「2015年のASEAN共同体構築に関する宣言」「2025年のASEAN共同体のビジョンに関する宣言：共に着実に歩んでゆく」採択　12 ASEAN共同体発足（ASEAN経済共同体，ASEAN政治・安全保障共同体，ASEAN社会・文化共同体で構成）
2016年	9 第28回公式首脳会議および第29回公式首脳会議（ビエンチャン），「ASEAN連結性マスタープラン2025」採択
2017年	4 第30回公式首脳会議（マニラ）　11 第31回公式首脳会議（フィリピン／クラーク）
2018年	4 第32回公式首脳会議（シンガポール）　11 第33回公式首脳会議（シンガポール）

［出典］　各種資料をもとに筆者作成。

【104】ARF・ASEAN＋3・EAS・ASEM関連年表

1994年	7 ARF第1回閣僚会合（タイ／バンコク），アジア太平洋地域の17カ国及び EU の外相レベルが地域の安全保障環境に関して初めて意見交換　10 シンガポールのゴー首相がアジア欧州首脳間の直接対話構想を仏のバラデュール首相に提案
1995年	7 ARF第2回閣僚会合（ブルネイ／バンダルスリブガワン），カンボジア参加，中期的アプローチとして3段階（①信頼醸成の促進，②予防外交の促進，③紛争へのアプローチの充実）に沿って漸進的に進めること，当面は信頼醸成を重視することに合意
1996年	3 ASEM第1回首脳会合（バンコク），アジア側から10カ国，欧州側からEU加盟国15カ国と欧州委員会の計26首脳が出席　7 ARF第3回閣僚会合（インドネシア／ジャカルタ），インド・ミャンマー参加，新規参加国基準に合意
1997年	7 ARF第4回閣僚会合（マレーシア／クアラルンプール），予防外交（第2段階）につき政府レベルでの検討を開始することを確認　12 ASEAN＋3第1回首脳会議（クアラルンプール），通貨問題を中心とする地域の課題と将来に関する意見交換
1998年	4 ASEM第2回首脳会合（英／ロンドン）　7 ARF第5回閣僚会合（フィリピン／マニラ），モンゴル参加　12 ASEAN＋3第2回首脳会議（ハノイ），毎年開催合意
1999年	7 ARF第6回閣僚会合（シンガポール）　11 ASEAN＋3第3回首脳会議（マニラ），幅広い分野で地域協力の強化を謳う「東アジアにおける協力に関する共同声明」採択
2000年	7 ARF第7回閣僚会合（バンコク），北朝鮮参加　11 ASEAN＋3第4回首脳会議（シンガポール）　12 ASEM第3回首脳会合（韓国／ソウル），今後10年のASEMの方向性を示す「アジア欧州協力枠組み2000（AECF2000）」採択・「朝鮮半島の平和のためのソウル宣言」発出
2001年	7 ARF第8回閣僚会合（ベトナム／ハノイ），「予防外交の概念と原則」，「ARF議長の役割の強化」，「ARF専門家・著名人登録制度」の3ペーパーを採択　11 ASEAN＋3第5回首脳会議（バンダルスリブガワン）
2002年	8 ARF第9回閣僚会合（バンダルスリブガワン），「テロ資金に関する議長声明」採択　9 ASEM第4回首脳会合（デンマーク／コペンハーゲン），「朝鮮半島の平和のためのASEMコペンハーゲン政治宣言」「国際テロリズムに関する協力のためのASEMコペンハーゲン宣言」発出　11 ASEAN＋3第6回首脳会議（プノンペン）

143

Ⅲ　現代国際社会の法と政治編

2003年　　6 ARF第10回閣僚会合（カンボジア／プノンペン），「海賊行為及び海上保安への脅威に対する協力に関する声明」「国境管理に関するテロ対策協力声明」採択　10 ASEAN＋3 第7回首脳会議（バリ）

2004年　　7 ARF第11回閣僚会合（ジャカルタ），パキスタン参加，「国際テロに対する輸送の安全強化に関するARF 声明」「不拡散に関するARF 声明」採択　10 ASEM第5回首脳会合（ベトナム／ハノイ），カンボジア・ラオス・ミャンマー・EU新加盟10カ国が参加，「より緊密なASEM経済パートナーシップに関する宣言」「文化と文明間の対話に関するASEM宣言」発出　11 ASEAN＋3 第8回首脳会議（ビエンチャン）

2005年　　7 ARF第12回閣僚会合（ラオス／ビエンチャン），東ティモール参加，「ARF基金設立のための付託事項」採択　12 ASEAN＋3 第9回首脳会議（クアラルンプール），東アジア協力に関する第二共同声明の作成開始等を内容とする「クアラルンプール宣言」発出 12 EAS第1回首脳会議（クアラルンプール），ASEAN10カ国・日本・中国・韓国・豪州・ニュージーランド・インドが参加，EASは共同体形成において「重要な役割」を果たすとする「クアラルンプール宣言」採択・鳥インフルエンザの予防，抑制，対策に関する「鳥インフルエンザ宣言」発出

2006年　　7 ARF第13回閣僚会合（クアラルンプール），バングラデシュ参加　9 ASEM第6回首脳会合（フィンランド／ヘルシンキ），「気候変動に関するASEM6宣言」「ASEMの将来に関するヘルシンキ宣言」発出

2007年　　1 ASEAN＋3 第10回首脳会議（フィリピン／セブ）1 EAS第2回首脳会議（セブ），「東アジアのエネルギー安全保障に関するセブ宣言」採択　8 ARF第14回閣僚会合（マニラ），スリランカ参加　11 ASEAN＋3 第11回首脳会議（シンガポール），今後の協力の対局性を示す「東アジア協力に関する第二共同声明」，具体的協力内容を示した「作業計画（2007-2017）」採択　11 EAS第3回首脳会議（シンガポール），「気候変動，エネルギー及び環境に関するシンガポール宣言」採択

2008年　　7 ARF第15回閣僚会合（シンガポール），具体的協力の促進や効率的な運営のための「ARF見直しペーパー」・今後のARFの発展を謳った「シンガポール宣言」採択　10 ASEM第7回首脳会合（中国／北京），インド・モンゴル・パキスタン，EU新規加盟2カ国が参加・「持続可能な開発に関する北京宣言」「国際金融情勢に関する声明」発出

2009年　　7 ARF第16回閣僚会合（タイ／プーケット），2020年のARFの目指すべき姿をまとめた「ARFビジョン・ステートメント」採択　10 ASEAN＋3 第12回首脳会議（タイ／チャアム・ホアヒン），食料安全保障及びバイオ・エネルギー開発に関する声明 10 EAS第4回首脳会議（タイ／チャアム・ホアヒン）

2010年　　7 ARF第17回閣僚会合（ハノイ），ARFビジョン・ステートメントを具体化するための行動計画採択　10 ASEM第8回首脳会合（ベルギー／ブリュッセル），「より実効的な世界経済ガバナンスに関するブリュッセル宣言」発出 10 ASEAN＋3 第13回首脳会議（ハノイ）10 EAS第5回首脳会議（ハノイ），「EAS5周年記念に関するハノイ宣言」採択

2011年　　7 ARF第18回閣僚会合（インドネシア／バリ），予防外交を推進するための具体案を定めた「予防外交ワークプラン」採択　11 ASEAN＋3 第14回首脳会議（バリ）11 EAS第6回首脳会議（バリ），米ロが正式参加，「互恵関係に向けた原則に関するEAS首脳宣言」発出

2012年　　7 ARF第19回閣僚会合（プノンペン），「災害救援ワークプラン改訂版」「軍縮・不拡散ワークプラン」「サイバーセキュリティに関するARF閣僚声明」採択　11 ASEM第9回首脳会合（ラオス／ビエンチャン），「平和と開発のためのパートナーシップの強化に関するビエンチャン宣言」発出 11 ASEAN＋3 第15回首脳会議（プノンペン），「ASEAN＋3協力15周年記念首脳共同声明」・「ASEAN＋3 連結性パートナーシップに関する首脳声明」採択 11 EAS第7回首脳会議（プノンペン），「EAS開発イニシアティブに関するプノンペン宣言」「マラリア対策及び薬剤耐性マラリアへの地域的な対応に関する宣言」採択

		1　　国際機構

2013年	7 ARF第20回閣僚会合（バンダルスリブガワン）　10 ASEAN＋3第16回首脳会議（バンダルスリブガワン），「作業計画（2007-2017）」の改訂版（2013-2017）採択　10 EAS第8回首脳会議（バンダルスリブガワン），「食料安全保障に関する宣言」採択
2014年	8 ARF第21回閣僚会合（ミャンマー／ネーピードー）　10 ASEM第10回首脳会合（イタリア／ミラノ）　10 ASEAN＋3第17回公式首脳会議（ネーピードー）　11 EAS第9回首脳会議（ネーピード），「エボラ出血熱に関する共同声明」「イラク及びシリアにおけるテロ・過激派に関する声明」「野生動植物の違法売買への対処に関する宣言」「緊急災害対応のためのガイドラインに関する声明」採択
2015年	8 ARF第22回閣僚会合（クアラルンプール）　11 ASEAN＋3第18回公式首脳会議（クアラルンプール），「東アジア・ビジョン・グループ（EAVG）IIフォローアップに関する最終報告書」採択　11 EAS第10回首脳会議（クアラルンプール），「EAS10周年記念クアラルンプール宣言」採択
2016年	7 ASEM第11回首脳会合（モンゴル／ウランバートル），「ウランバートル宣言」「テロ声明」発出　7 ARF第23回閣僚会合（ビエンチャン），「最近の悲惨なテロに関するARF閣僚声明」採択　11 ASEAN＋3第19回公式首脳会議（ビエンチャン）11 EAS第11回首脳会議（ビエンチャン），「不拡散に関するEAS声明」採択
2017年	8 ARF第24回閣僚会合（マニラ）　11 ASEAN＋3第20回公式首脳会議（マニラ）11 EAS第12回首脳会議（マニラ）
2018年	8 ARF第25回閣僚会合（シンガポール）　10 ASEM第12回首脳会合　11 ASEAN＋3第21回公式首脳会議（シンガポール）11 EAS第13回首脳会議（シンガポール）

［出典］　各種資料をもとに筆者作成。

【105】 APEC関連年表

1989年	1 ホーク豪首相，アジア・太平洋地域の協議システム創設提唱　11 第1回閣僚会議（豪／キャンベラ），日豪加NZ韓米・ASEAN 6カ国参加
1990年	7 第2回閣僚会議（シンガポール）
1991年	11 第3回閣僚会議（韓国／ソウル），中国・台湾・香港参加
1992年	11 第4回閣僚会議（タイ／バンコク），APEC事務局設立，予算制度確立
1993年	11 第5回閣僚会議・第1回首脳会議（米／シアトル），メキシコ・パプア・ニューギニア参加（クリントン米大統領の呼びかけによる初の首脳会議）
1994年	11 第6回閣僚会議（インドネシア／ジャカルタ）・第2回首脳会議（インドネシア／ボゴール），チリ参加・2020年（先進経済は2010年）までに域内における自由で開かれた貿易・投資の達成及び開発協力の推進を目標とする「APEC経済首脳の共通の決意の宣言（ボゴール宣言）」採択
1995年	11 第7回閣僚会議・第3回首脳会議（大阪），ボゴール宣言にある目標の道筋を定めた「大阪行動指針」採択・「APEC経済首脳の行動宣言」発出
1996年	11 第8回閣僚会議・第4回首脳会議（フィリピン／マニラ），共同で取り組むべき「APECマニラ行動計画96」採択・「経済協力・開発強化に向けた枠組みに関する閣僚宣言」発出
1997年	11 第9回閣僚会議・第5回首脳会議（加／バンクーバー），早期自主的分野別自由化分野（EVSL）15分野を特定
1998年	11 第10回閣僚会議・第6回首脳会議（マレーシア／クアラルンプール），ロシア・ベトナム・ペルー参加・EVSLについてWTOの場での関税引き下げ努力を行うことで一致（→実現せず）
1999年	11 第11回閣僚会議・第7回首脳会議（NZ／オークランド）
2000年	11 第12回閣僚会議・第8回首脳会議（ブルネイ／バンダル・スリ・ブラガン）

145

Ⅲ　現代国際社会の法と政治編

2001年	**11**第13回閣僚会議・第9回首脳会議（中国／上海），APECの活動を活性化させる「上海アコード」採択・「テロ対策に関するAPEC首脳声明」発出
2002年	**11**第14回閣僚会議・第10回首脳会議（メキシコ／ロスガボス），貿易円滑化のための「APEC透明性基準の実施のための声明」及び「貿易とデジタル・エコノミーに関するAPEC政策実現のための声明」・「APECメンバー・エコノミーでの最近のテロリズム行為に関するAPEC首脳声明」及び「テロリズムとの闘い及び成長の促進に関するAPEC首脳声明」・核開発計画の放棄を求める「北朝鮮に関するAPEC首脳声明」採択
2003年	**11**第15回閣僚会議・第11回首脳会議（タイ／バンコク），「APEC構造改革行動計画」採択・SARSや生物テロへの対応するための「健康安全保障に関するAPEC首脳声明」発出
2004年	**11**第16回閣僚会議・第12回首脳会議（米／サンディアゴ），「構造改革実施のための首脳の課題（LAISR）」採択
2005年	**11**第17回閣僚会議・第13回首脳会議（韓国／プサン），中間評価報告書策定・「水際措置等の3つのガイドライン」「インフルエンザ流行への備え及び影響の軽減に関するAPECイニシアティブ」「LAISR2010（LAISR実施のための作業計画）採択・「ドーハ開発アジェンダ（DDA）交渉に関するAPEC首脳声明」発出
2006年	**11**第18回閣僚会議・第14回首脳会議（ベトナム／ハノイ），「ハノイ行動計画」策定・WTO・DDAに関する声明」採択
2007年	**9**第19回閣僚会議・第15回首脳会議（豪／シドニー），「気候変動，エネルギー安全保障及びクリーン開発に関するシドニーAPEC首脳宣言」「WTO交渉についての独立声明」採択
2008年	**11**第20回閣僚会議・第16回首脳会議（ペルー／リマ），「世界経済に関するAPEC首脳リマ声明」採択
2009年	**11**第21回閣僚会議・第17回首脳会議（シンガポール），首脳宣言「21世紀におけるアジア太平洋の連繋のための新たな成長パラダイム」採択
2010年	**11**第22回閣僚会議・第18回首脳会議（横浜），首脳宣言「横浜ビジョン～ボゴール，そしてボゴールを超えて」採択
2011年	**11**第23回閣僚会議・第19回首脳会議（米／ホノルル），「ホノルル宣言」採択
2012年	**11**第24回閣僚会議・第20回首脳会議（ロシア／ウラジオストク），APEC首脳宣言「成長のための統合，繁栄のための革新」採択
2013年	**10**第25回閣僚会議・第18回首脳会議（インドネシア／バリ），APEC首脳宣言「強靱なアジア太平洋，世界成長のエンジン」「多角的貿易体制への支持及び第9回WTO閣僚会議（MC9）に関する独立文書」発出
2014年	**11**第26回閣僚会議・第19回首脳会議（中国／北京），APEC首脳宣言「統合され，革新的な，かつ相互に連結されたアジア太平洋に向けた北京アジェンダ」，APEC25周年記念声明「アジア太平洋パートナーシップを通じた未来の形成」発出
2015年	**11**第27回閣僚会議・第20回首脳会議（フィリピン／マニラ），首脳宣言「包摂的な経済の構築，よりよい世界を目指して～アジア太平洋コミュニティーのビジョン～」「多角的貿易体制への支持及び第10回WTO閣僚会議（MC10）に関する独立文書」採択
2016年	**11**第28回閣僚会議・第21回首脳会議（ペルー／リマ），質の高い成長と人間開発に関する「首脳宣言」採択
2017年	**11**第29回閣僚会議・第22回首脳会議（ベトナム／ダナン），新たなダイナミズムの総出と共通の未来の促進に関する「首脳宣言」採択
2018年	**11**第30回閣僚会議・第23回首脳会議（パプア・ニューギニア／ポートモレスビー），首脳宣言なし（史上初）

［注］　APECに関する詳細は「APEC」（外務省ウェブサイト）を参照されたい。
［出典］　各種資料をもとに筆者作成。

1 国際機構

【106】中央アジア・コーカサス等の地域機構・枠組み

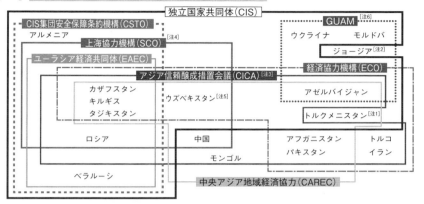

[注1] トルクメニスタンは2005年にCISを脱退し，準加盟国に，また，2009年にECOの正式加盟国から準加盟国になった。
[注2] ジョージアは2008年8月，CIS脱退を通告。1年後の2009年8月に正式脱退。
[注3] 正式参加国は24カ国（上記の他に，インド，イラク，エジプト，イスラエル，ベトナム，パレスチナ，タイ，韓国，ヨルダン，ア首連，カンボジア，バーレーン）で，8カ国（アメリカ，マレーシア，フィリピン，インドネシア，ウクライナ，日本，カタール，バングラデシュ）および3国際機関（国連，OSCE，アラブ連盟）がオブザーバー参加。
[注4] オブザーバー：イラン，インド，パキスタン，モンゴル，アフガニスタン，対話パートナー：ベラルーシ，スリランカ，トルコ。
[注5] ウズベキスタンは2008年にEAEC加盟を停止。2012年にCSTO活動参加停止を決定。
[注6] Georgia, Ukraine, Azerbaijan and Moldovaの略。
[出典] 「中央アジア・コーカサス等の地域機構・枠組」（外務省ウェブサイト）を筆者が一部修正。

② 空　　間

1　領　　域

解　題　国家の領域とは，領土，領海，領空の3次元空間において構成される。国家の領域に対する権能は，国家主権から当然に帰結するもので，これによって国家は原則としてその領域において排他的管轄権を有することとなる。国家は自国の領域内にある人と事物に対して最高の権力を行使し得るのであり，それに対して外国は国際法上認められない限り，権限を及ぼすことはできない。国家がそれぞれの領域の保全を相互に尊重することは，国際社会の平和と安全の維持を図る上で不可欠な要件である【107】。

領域主権とは，国家領域をもって支配の客体として，排他的な使用および処分の対象として捉えること（領有 *dominium*）と統治権の行われる場所的範囲と捉えること（統治 *imperium*）の両側面を複合した性質を持つものであると解される。また，領域権原（title）とは，一定の地域について領域主権を有効に設定し行使するための原因または根拠となる事実をいう。

伝統的国際法において，国家による領域の取得方法として認められてきたものは，添付（自然現象によるかまたは人工的な物理作用によって領域を増大すること），割譲（合意によって一国から他国に領域の一部を移転すること），先占，時効，征服があり，財産の取得に関するローマ法規則から借用したものが多い。武力による領域取得を容認してきたそれらの方法の中には，もはや今日では法的に認められないものもある。

先占とは，いずれの国の領域にも属していない無主地（*terra nullius*）を取得することであり，かつて欧州列強諸国による植民地化においてこの法理が用いられた。今日では，領域取得の一方式としての先占は既にその意義を失っているが，今日発生する国境紛争等で問題となる歴史的な権原の解明にとって重要となる【108】【109】。時効とは，国家が他国の領域を長期にわたり平穏に支配することにより取得することをいう【110】。征服とは，実力によって他の国家を完全に屈服させ，その領域を取得することであるが，現代の武力不行使原則の下ではもはや正当な権限とは認められない。

領土紛争を解決する上で重要な論点として，領域の取得については，取得したと主張する当時に有効であった国際法を基礎として評価し，現在有効な実定法は遡及しないとする「時際法」の法理がある。また，紛争発生日といった時点を基準日として，それ以降の事実については証拠能力を否定する「決定的期日」（critical date）などがある。これまでに国際裁判によって解決した領土紛争では，国家による「継続的かつ平穏な現実の支配」が重視される傾向にある。

【107】領土保全に関する国連憲章の規定
第2条（行動の原則）

この機構及びその加盟国は，第1条に掲げる目的を達成するに当っては，次の原則に従って行動しなければならない。（略）

4．すべての加盟国は，その国際関係において，武力による威嚇又は武力の行使を，いかなる国の領土保全又は政治的独立に対するものも，また，国際連合の目的と両立しない他のいかなる方法によるものも慎まなければならない。

［出典］奥脇直也・小寺彰編集代表『国際条約集 2014年版』有斐閣，2014年。

【108】先占の要件
(1) 対象が無主地であること
(2) 先占の主体が国家であること
(3) 領域が実効的支配の下に置かれていること

【109】東部グリーンランド事件（デンマーク対ノルウェー，常設国際司法裁判所判決，1933年4月5日）

1931年にノルウェーが東部グリーンランドの一部に対して先占の宣言を行い，デンマークがこれに対して違法かつ無効であると提訴した事件。判決は，デンマークが継続的かつ平穏に主権を行使してきたこと，並びにノルウェーがグリーンランドに対するデンマークの主権を争わなかったことから，デンマークの請求を認めた。デンマークの主張は特定の権原ではなく継続的な主権の発現に基づくものであったが，主権者として行動する意思及びその権能の現実の行使が含まれることを要素としてこれが認められた。また，他国の主権に関する主張の程度も考慮されるが，人口が希薄または定住者がいない地域については他国が優越的な主張を行わない限り，主権の現実の行使はわずかでよいとした。

［出典］*ICJ Reports*, 1933.

【110】パルマス島事件（オランダ対米国，常設国際司法裁判所判決，1928年4月4日）

当時のオランダ領東インドのヌーサ群島と米国領フィリピンのミンダナオ島との中間にあるパルマス島の領有権をオランダと米国が争った事件。判決は，領土取得の権原として「領域主権の継続的かつ平穏な行使」を重視し，オランダによる主権の行使を認定してオランダ領とした。

［出典］*R.I.A.A.*, vol. 2, 1974.

Ⅲ　現代国際社会の法と政治編

2　国際化地域

> **解　題**　地球上の空間は，国家領域と国際公域に区別される。国家の領域
> 管轄権が及ばない空間である国際公域は，国家による領有または支配が禁止
> され，すべての国に開放されるもので，公海およびその上空（公空）【111】，
> 大陸棚を越える海底（深海底）【112】【113】，宇宙空間【114】などが含まれる。
> 国際化地域とは，これらの国際公域を含み，地球上の空間で本来は国家領域
> であるが，慣習法または条約により国際化されている地域を指す。上述の空
> 間に加え，国際運河，国際河川，南極大陸，信託統治地域などが挙げられる。
> 　国際運河とは，海洋を連絡する人工水路で，条約によって自由な通航が認め
> られる国際的規制の下におかれるものをいい，現在，スエズ，パナマ，キール
> の3つの運河がある【115】。国際河川とは，1以上の国の国境をなしたりそれ
> らの国を貫流する河川のうち，条約によって沿岸国以外の国の船舶にも通航の
> 自由が認められるものをいう【116】。歴史的にみて，国際河川の利用への関心
> はほとんど船舶の通航に向けられてきたため，可航行水路以外の河川の流域部
> 分を取り扱う必要はなかったが，近年，国際河川の多目的利用（灌漑，発電，農
> 工業用水など）の発達に伴い，可航部分に限らず国際流域を包含する全河川体系
> に含まれるすべての水路に関心が抱かれるようになった。1997年には，水路の
> 合理的かつ衡平な利用を定めた国際河川の非航行利用に関する条約が採択され
> ている（未発効）。
> 　陸地でありながら特殊な法的地位を有する南極は，20世紀初頭に列強諸国の
> 関心が向けられた結果，1908年の英国を皮切りに複数の国が南極大陸に領有権
> の主張を行った。この際用いられたのが極点を頂点に2つの子午線と1つの緯
> 度線によって囲まれる地表上の球面三角形の全域にわたる領域主権が特定の国
> に帰属するというセクター理論である【117】。米国，ロシア，日本等は同大陸
> に対する領有権の設定を否定しており，現在領土権および請求権は南極条約に
> より凍結されている【118】。1959年に採択された南極条約では，主として，軍
> 事的利用の禁止，科学的調査の自由，領土権および請求権の凍結，核爆発およ
> び放射性廃棄物処分の禁止，査察制度の採用を定めており【119】【120】，その
> 原則の幾つかは画期的な先例として，1968年の宇宙条約にも類推され盛り込ま
> れている。
> 　国連憲章に規定される信託統治制度は，国際連盟の委任統治制度を受け継い
> だもので，国連の監視の下に信託統治地域（Trust Territories）の住民の福祉を
> 図り，特に，彼らの自治または独立の促進を目的とする【121】。信託統治地域
> に組み入れられた地域は次々に独立し，1994年にパラオでの信託統治協定の終
> 了により信託統治制度は終了したが，独立国となった後も問題を抱える国が多
> い【122】。

【111】公海の法的地位

(1) 公海条約（1958年作成，1962年発効）第2条

　公海は，すべての国民に開放されているので，いかなる国も，公海のいずれかの部分をその主権の下におくことを有効に主張することができない。

(2) 国連海洋法条約の公海に関する規定

第87条（公海の自由）

1. 公海は，沿岸国であるか内陸国であるかを問わず，すべての国に開放される。公海の自由は，この条約及び国際法の他の規則に定める条件に従って行使される。この公海の自由には，沿岸国及び内陸国のいずれについても，特に次のものが含まれる。
（a） 航行の自由
（b） 上空飛行の自由
（c） 海底電線及び海底パイプラインを敷設する自由。ただし，第六部の規定の適用が妨げられるものではない。
（d） 国際法によって認められる人工島その他の施設を建設する自由。ただし，第六部の規定の適用が妨げられるものではない。
（e） 第二節に定める条件に従って漁獲を行う自由
（f） 科学的調査を行う自由。ただし，第六部及び第十三部の規定の適用が妨げられるものではない。

2. 1に規定する自由は，すべての国により，公海の自由を行使する他の国の利益及び深海底における活動に関するこの条約に基づく権利に妥当な考慮を払って［with due regard］行使されなければならない。

　［出典］　奥脇直也・小寺彰編集代表『国際条約集　2014年版』有斐閣，2014年．

【112】深海底鉱物資源

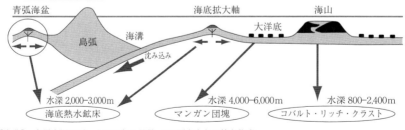

　［出典］　金属資源リポート2006年1月号，739頁をもとに筆者作成．

Ⅲ　現代国際社会の法と政治編

【113】 国連海洋法条約の深海底に関する規定

第136条（人類の共同の財産）

　深海底及びその資源は，人類の共同の財産［common heritage of mankind］である。

第137条（深海底及びその資源の法的地位）

１．いずれの国も深海底又はその資源のいかなる部分についても主権又は主権的権利を主張し又は行使してはならず，また，いずれの国又は自然人若しくは法人も深海底又はその資源のいかなる部分も専有してはならない。このような主権若しくは主権的権利の主張若しくは行使又は専有は，認められない。

２．深海底の資源に関するすべての権利は，人類全体に付与されるものとし，機構は，人類全体のために行動する。当該資源は，譲渡の対象とはならない。ただし，深海底から採取された鉱物は，この部の規定並びに機構の規則及び手続に従うことによってのみ譲渡することができる。

３．いずれの国又は自然人若しくは法人も，この部の規定に従う場合を除くほか，深海底から採取された鉱物について権利を主張し，取得し又は行使することはできず，このような権利のいかなる主張，取得又は行使も認められない。

　［出典］　岩沢雄司編集代表『国際条約集　2018年版』有斐閣，2018年。

【114】 宇宙条約の規定

第２条（領有権の否定）

　月その他の天体を含む宇宙空間は，主権の主張，使用若しくは占拠又はその他のいかなる手段によっても国家による取得の対象とはならない。

第４条（大量破壊兵器の打上げ禁止）

　条約の当事国は，核兵器及び他の種類の大量破壊兵器を運ぶ物体を地球を回る軌道に乗せないこと，これらの兵器を天体に設置しないこと並びに他のいかなる方法によってもこれらの兵器を宇宙空間に配置しないことを約束する。

　月その他の天体は，もっぱら平和目的のために，条約のすべての当事国によって利用されるものとする。天体上においては，軍事基地，軍事施設及び防備施設の設置，あらゆる型の兵器の実験並びに軍事演習の実施は，禁止する。科学的研究その他の平和的目的のために軍の要員を使用することは，禁止しない。月その他の天体の平和的探査のために必要なすべての装備又は施設を使用することも，また，禁止しない。

　［出典］　岩沢雄司編集代表『国際条約集　2018年版』有斐閣，2018年。

② 空　間

【115】 国際運河

運河名	関連条約	沿岸国	連結海域
スエズ運河	スエズ運河の自由航行に関する条約（1888年）	エジプト	地中海，紅海，インド洋
パナマ運河	パナマ運河の永久中立と運営に関する条約（1977年）	パナマ	太平洋，カリブ海，大西洋
キール運河	ヴェルサイユ講和条約（1919年）	ドイツ	バルト海，北海

【116】 主要な国際河川と沿岸国

河川名	沿岸国数	沿岸国
ドナウ川	19	アルバニア，オーストリア，ボスニア・ヘルツェゴビナ，ブルガリア，クロアチア，チェコ，ドイツ，ハンガリー，イタリア，マケドニア，モルドバ，モンテネグロ，ポーランド，ルーマニア，セルビア，スロバキア，スロベニア，スイス，ウクライナ
コンゴ川	13	アンゴラ，ブルンジ，カメルーン，中央アフリカ共和国，コンゴ，コンゴ民主共和国，ガボン，マラウイ，ルワンダ，スーダン，タンザニア，ウガンダ，ザンビア
ナイル川	11	ブルンジ，中央アフリカ共和国，コンゴ民主共和国，エジプト，エリトリア，エチオピア，ケニア，ルワンダ，スーダン，タンザニア，ウガンダ
ニジェール川	11	アルジェリア，ベニン，ブルキナファソ，カメルーン，チャド，コートジボアール，ギニア，マリ，ニジェール，ナイジェリア，シェラレオーネ
アマゾン川	9	ボリビア，ブラジル，コロンビア，エクアドル，ガイアナ，ペルー，スリナム，ベネズエラ，フランス領ギアナ
ライン川	9	オーストリア，ベルギー，フランス，ドイツ，イタリア，リヒテンシュタイン，ルクセンブルク，オランダ，スイス
ティグリス・ユーフラテス川	6	イラン，イラク，ヨルダン，サウジアラビア，シリア，トルコ
インダス川	5	アフガニスタン，中国，インド，ネパール，パキスタン
ラプラタ川	5	アルゼンチン，ボリビア，ブラジル，パラグアイ，ウルグアイ

　［出典］　国連開発計画『人間開発報告書2006』をもとに筆者作成。

Ⅲ　現代国際社会の法と政治編

【117】 南極大陸における領域主権の主張

Figure 1.　Territorial Claims in Antarctica

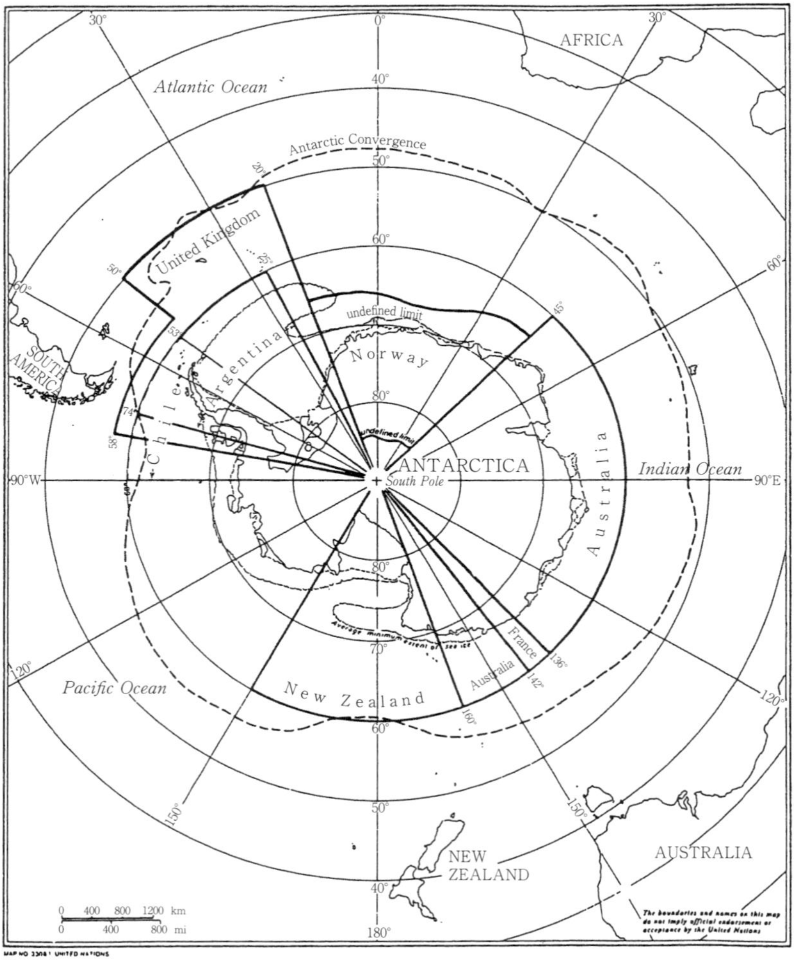

［出典］　国連資料1984年11月。

②　空　間

【118】南極大陸に対する領土主権をめぐる対立

ノンクレイマント	クレイマント
米国，ロシア，日本，ベルギー，南アフリカ	フランス，ノルウェー，チリ，アルゼンチン，ニュージーランド，オーストラリア，英国

　［注］　クレイマントは南極の一部に領土権を主張している国，ノンクレイマントは領土権を主張しないと同時に他国の主張も否認する国を指す。

【119】南極条約の概要

締約国	適用範囲	主な内容
53カ国 （2017年現在） 本部：キャンベラ （オーストラリア）	南緯60度以南の地域	（1）　南極地域の平和的利用（軍事基地の建設，軍事演習の実施等の禁止）（第1条） （2）　科学的調査の自由と国際協力の促進（第2，3条） （3）　南極地域における領土権主張の凍結（第4条） （4）　南極地域における核爆発及び放射性廃棄物の処分の禁止（第5条） （5）　条約の遵守を確保するための監視員制度の設定（第7条） （6）　南極地域に関する共通の利害関係のある事項について協議し，条約の原則及び目的を助長するための措置を立案する会合の開催（第9条）

【120】南極条約体制

採択	発効	条約名称
1959年	1961年	南極条約
1972年	1978年	南極のあざらしの保存に関する条約
1980年	1982年	南極海洋生物資源保存条約
1988年	未発効	南極の鉱物資源活動の規制に関する条約
1991年	1998年	環境保護に関する南極条約議定書【153】

【121】信託統治制度に関する国連憲章の規定

第76条（基本目的）

　信託統治制度の基本目的は，この憲章の第1条に掲げる国際連合の目的に従って，次のとおりとする。

Ⅲ　現代国際社会の法と政治編

ａ．国際の平和及び安全を増進すること。

ｂ．信託統治地域の住民の政治的，経済的，社会的及び教育的進歩を促進すること。各地域及びその人民の特殊事情並びに関係人民が自由に表明する願望に適合するように，且つ，各信託統治協定の条項が規定するところに従って，自治又は独立に向っての住民の漸進的発達を促進すること。

ｃ．人種，性，言語又は宗教による差別なくすべての者のために人権及び基本的自由を尊重するように奨励し，且つ，世界の人民の相互依存の認識を助長すること。

ｄ．前記の目的の達成を妨げることなく，且つ，第80条の規定を留保して，すべての国際連合加盟国及びその国民のために社会的，経済的及び商業的事項について平等の待遇を確保し，また，その国民のために司法上で平等の待遇を確保すること。

　［出典］　奥脇直也・小寺彰編集代表『国際条約集　2014年版』有斐閣，2014年。

【122】独立した信託統治領

信託統治領	施政国	独立年	独立国名
東部トーゴランド	英　国	1957年	ガーナに統合
西部トーゴランド	フランス	1960年	トーゴ共和国
東部カメルーン	フランス	1960年	カメルーン共和国
西部カメルーン（南部）	英　国	1961年	カメルーン共和国
西部カメルーン（北部）	英　国	1961年	ナイジェリアに併合
タンガニーカ	英　国	1961年	タンザニア連合共和国
ソマリランド	イタリア	1962年	ソマリア
ルワンダ・ウルンジ	ベルギー	1962年	ルワンダ共和国
西サモア	ニュージーランド	1962年	西サモア
ナウル	ニュージーランド	1968年	ナウル共和国
	オーストラリア	1968年	ナウル共和国
	英　国	1968年	ナウル共和国
ニューギニア	オーストラリア	1975年	パプア・ニューギニア
	米　国	1986年	ミクロネシア連邦
	米　国	1986年	マーシャル諸島共和国
	米　国	1994年	パラオ共和国

2 空 間

3 海 洋

解 題　海洋法は，国際法の各分野の中でも最も歴史の古い分野の１つであり，古くから国際慣習法も数多く存在してきた。海洋をめぐる国際秩序は，常に「海洋の自由」と「海洋に対する主権の行使」という２つの哲学の連動によって形成されてきたといえる。

ローマ法においては，海洋はすべての者に解放される万民共有物（*res communis*）とされ，古代から中世前期にかけて海洋の航行は自由とされたが，中世後期になると，イタリアの都市国家が地中海の領有を主張するようになり，通航する外国船舶から通航料を徴収するといった慣行が見られるようになる。その後の大航海時代には，当時の海洋大国であったスペインとポルトガルがそれぞれ大西洋とインド洋の領有権を主張し，海洋支配の１つの到達点を迎えた。両国の勢力が衰え英国とオランダへと覇権が移ると，グロティウスの唱えた「海洋自由」の原則を基礎として，18世紀以降の世界の海の秩序は「狭い領海」と「広い公海」という二元的な構造の下に安定する。

長い間保たれた二元的な海洋秩序に終止符をもたらしたのが，米国によって1945年に発せられた「大陸棚と保存水域に関するトルーマン宣言」【123】である。米国はこれにより，大陸棚の資源を開発する米国の排他的権利と，公海での魚種の枯渇を防ぐ目的で保存水域の設定と漁業規制とを主張した。その後，大陸棚や深海底における未曾有の天然資源をめぐって，沿岸諸国は争うように海洋への自国管轄権の拡大へと乗り出し，瞬く間に先進諸国による海底資源分割と軍事化の危機に直面していく。こうした事態を収拾すべく，マルタ共和国出身の国連大使パルドらの呼びかけによって国連海底平和利用委員会が設置され，1973年より第三次国連海洋法会議が開始された【124】。長い条約交渉の末，1982年，ジャマイカのモンテゴベイにおいて，全文320カ条と９つの附属書という膨大なテクストからなる「国連海洋法条約」が採択され，1994年に発効を迎えた【127】。この条約では，国際慣習法の法典化に加え，200海里排他的経済水域制度の導入【128】，深海底の「人類の共同財産」概念の導入，海洋環境保護および保全のための汚染防止体制の強化など，伝統的な海洋法秩序を覆す新たな制度が設けられ，領海【129】【130】，公海，接続水域，排他的経済水域，大陸棚【131】【132】，国際海峡【133】【134】，島【135】【136】など，海洋区分の再編成が行われた【137】。

国連海洋法条約の採択から30年を過ぎた今日，同条約を基本条約として海洋を適切に管理するための新たな条約が複数採択され，海洋法の組織化は次第に高まりつつあるといえる【125】【126】。

157

Ⅲ　現代国際社会の法と政治編

【123】 大陸棚に関するトルーマン宣言 （1945年9月28日）

　　私，アメリカ合衆国大統領トルーマンは，大陸棚の地下および海底の天然資源に関する米国の次の政策をここに宣言する。

　　その天然資源を保存し慎重に利用する緊急の必要に鑑み，合衆国政府は，公海の下にあるが米国の沿岸に接続する大陸棚の地下および海底の天然資源を，米国に属し，その管轄権と統制に服する者とみなす。大陸棚が他国の沿岸まで延び，または隣接国と共通の場合には，その境界は，衡平原則にしたがって合衆国と関係国とによって決定されなければならない。大陸棚の上部水域の公海としての正確およびその妨害されない自由な航行の権利は，これによってなんら影響を受けるものではない。

　　［出典］　*U. S. Department of State Bulletin*, vol.13, 1945.

【124】 国連総会第1委員会におけるマルタ提案 （1967年11月1日）

　　……わが国は，総会がこの会期において以下の概念を具現化する決議を採択することを希望いたします：

13．深海底は，人類の共同の財産であり，平和目的および人類全体の排他的利益のために利用し開発しなければならない。援助を最も必要とする人類の部分を代表する貧しい諸国の必要は，商業目的のための深海底の開発によって財政的利益が生じる場合，優先的に考慮しなければならない。

　　［出典］　United Nations General Assembly, 22nd Session, Official Records, 1st Committee, 1515th Meeting（A／C.1／PV.1516), para.12-13.

【125】 国連海洋法条約と関連諸協定

条約名	採　択	発　効
国連海洋法条約（UNCLOS）	1982年4月30日	1994年11月16日
国連海洋法条約第11部実施協定	1994年7月28日	1996年7月28日
国連公海漁業協定	1995年8月5日	2001年12月11日
水中文化遺産保護条約	2001年11月2日	2009年1月2日

【126】 国連海洋法条約によって設立された国際機関

国際機関名	設　立	所在地
大陸棚限界委員会（CLCS）	1997年3月より活動開始	ニューヨーク（米国）
国際海底機構（ISA）	1994年11月16日	キングストン（ジャマイカ）
国際海洋法裁判所（ITLOS）	1996年10月1日	ハンブルグ（ドイツ）

2　空　間

【127】国連海洋法条約の構成

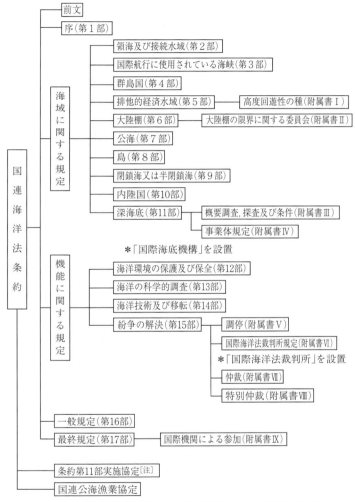

[注]　「深海底」について規程する「条約」第11部は，「実施協定」により実質的な改正がなされている。「条約」と「実施協定」の締約国数には相違があるものの，深海底に関する規定は，「実施協定」により改正された内容で国際的に適用されている。
[出典]　『外交フォーラム』2001年7月号。

Ⅲ 現代国際社会の法と政治編

【128】 海洋の法的区分

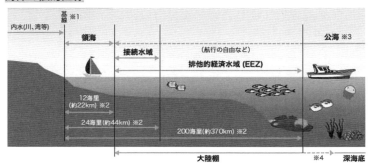

※1 通常の基線は，沿岸国が公認する大縮尺海図に記載されている海岸の低潮線とされ，その他一定の条件を満たす場合に直線，基線湾の閉鎖線および河口の直線などを用いることが認められている。
※2 領海，接続水域及びＥＥＺの範囲は，図中に示された幅を超えない範囲で沿岸国が決定する。
※3 国連海洋法条約第 7 部（公海）の規定はすべて，実線部分に適用される。また，航行の自由をはじめとする一定の事項については，点線部分にも適用される。
※4 大陸棚の範囲は基線から原則として200海里までであるが，大陸縁辺部の外縁が基線から200海里を超えて延びている場合には，延長することができる。ただし，基線から350海里あるいは2500メートル等深線から100海里を超えてはならない。基線から200海里を超える大陸棚は，国連海洋法条約に基づき設置されている「大陸棚の限界に関する委員会」の行う勧告に基づき沿岸国が設定する。深海底は，大陸棚の外の海底およびその下である。
［出典］ 外務省ウェブサイト「国連海洋法条約と日本」。

【129】 日本の管轄水域

［出典］ 海上保安庁ウェブサイト。

160

2 空間

【130】 日本の直線基線

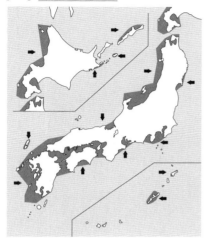

▼四国付近の直線基線

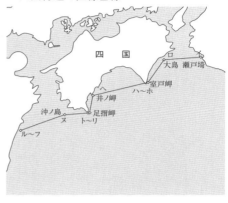

［出典］ 海上保安庁ウェブサイト。

【131】 北海大陸棚事件

［注］ 斜線部分：等距離方式を適用した場合に西ドイツに帰属する部分
　　　灰色部分：3国間干渉によって西ドイツに帰属がきまった部分
［出典］ *ICJ Reports*, 1969をもとに筆者作成。

Ⅲ 現代国際社会の法と政治編

【132】 国連海洋法条約第76条8項に基づいて国連大陸棚限界委員会へ提出された日本の大陸棚延長申請（2008年11月）とその結果

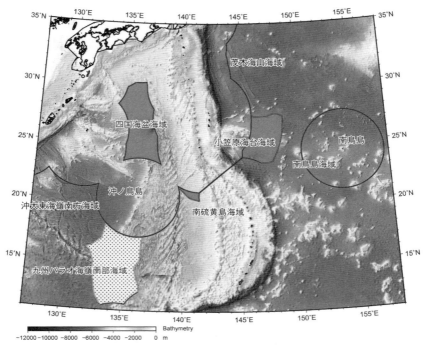

［注］　第76条　（大陸棚の定義）
8　沿岸国は，領海の幅を測定するための基線から二百海里を超える大陸棚の限界に関する情報を，衡平な地理的代表の原則に基づき附属書Ⅱに定めるところにより設置される大陸棚の限界に関する委員会に提出する。この委員会は，当該大陸棚の外側の限界の設定に関する事項について当該沿岸国に対し勧告を行う。沿岸国がその勧告に基づいて設定した大陸棚の限界は，最終的なものとし，かつ，拘束力を有する。
［出典］　首相官邸ウェブサイト。

2　空　間

【133】主要な国際海峡とその沿岸国

名　称	沿岸国
マラッカ・シンガポール海峡	インドネシア・マレーシア・シンガポール
ボスポラス海峡	トルコ
ホルムズ海峡	イラン・オマーン
ドーバー海峡	英国・フランス
ジブラルタル海峡	モロッコ・スペイン
ベーリング海峡	米国・ロシア
大隅海峡	日　本
津軽海峡	日　本
宗谷海峡	日本・ロシア

【134】津軽海峡と領海3海里

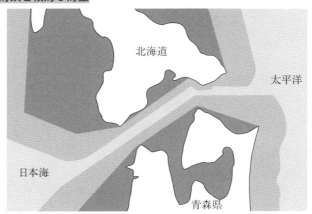

［出典］海上保安庁ウェブサイト。

【135】国連海洋法条約の島の法的地位に関する規定

第121条（島の制度）
1．島とは，自然に形成された陸地であって，水に囲まれ，高潮時においても水面上にあるものをいう。
2．3に定める場合を除くほか，島の領海，接続水域，排他的経済水域及び大陸棚は，他の領土に適用されるこの条約の規定に従って決定される。

163

Ⅲ　現代国際社会の法と政治編

3．人間の居住又は独自の経済的生活を維持することのできない岩は，排他的経済水域又は大陸棚を有しない。

［出典］　奥脇直也・小寺彰編集代表『国際条約集　2014年版』有斐閣，2014年。

【136】沖ノ鳥島

▶沖ノ鳥島

▶東小島

▶北小島

［出典］　『海上保安レポート2005』。

【137】海域ごとに認められる権利

沿岸国以外に認められる権利	領　海	排他的経済水域	公　海	国際海峡
船舶の無害通航権	○			
船舶の通過通航権				○
船舶の航行の自由	×	○	○	×
航空機の上空飛行の自由	×	○	○	×
海底電線・パイプライン敷設の自由	×	○	○	×
漁獲の自由	×	×	○	×
海洋の科学的調査の自由	×	×	○	×
海洋構築物建設の自由	×	×	○	×

③ 環境と経済

1 環　　境

　解題　環境問題が国境を越えて国際問題としての性質を帯びることとなるのは，1941年のトレイル溶鉱所事件が契機であるとされる。その後，1972年にストックホルムで開催された国連人間環境会議では，人間環境宣言が採択され，国際社会が初めて地球環境の保護および保全という人類共通の課題に取り組む姿勢を明確にした。その原則21は，領域管理責任に関する既存の慣習国際法の下での「自国内の活動が他国の環境や財産に対して損害を与えないよう管理する責任」を「自国の管轄又は管理の下の活動が他国または国際公域の環境に損害を与えないように確保する責任」へと拡大した点で注目に値する【138】。同原則は，その後多くの環境条約において再確認されている。

　ストックホルム会議は，その得られた重大な成果の一方で，環境保護に際して先進国と途上国との間に懸隔の存在することもまた浮き彫りにするものであった。こうした状況に１つの解決の道筋を示したのが，1992年にブラジルのリオ・デ・ジャネイロで採択された環境と開発に関するリオ宣言において貫かれる「持続可能な開発」概念といえる【139】。同概念は，南北双方に受け入れられた結果，その後の国際環境法の生成に大きな推進力を付与することとなり，これに伴い，予防原則，共通だが差異のある責任原則，参加型民主主義等，新たな法原則が誕生した。

　国際環境法の制定および実施に関与する国際法上の主体として，国家，国際機関【140】，NGOが挙げられる。また，各種環境保護条約に盛り込まれる実施手続に関しては，伝統的な事前協議，事前通報のほか，情報交換，環境影響評価，不遵守手続など多様化が見られる。

　現代の国際環境法を構成する諸分野【141】としては，自然・生物資源【142】【143】【144】【145】，海洋生物資源【146】【147】【148】，海洋環境，国際河川湖沼，大気【149】【150】【151】【152】，廃棄物，有害物質，極地【153】，原子力，軍事兵器，貿易等が挙げられ，それぞれの分野における諸条約の数は，特に1990年代以降増加している。

　今日では，より一層南北格差が拡大していることに途上国の不満が募ってきており，この点は今後の国際環境法の展開を見据える上で極めて重要な課題といえる。

Ⅲ　現代国際社会の法と政治編

【138】 国連人間環境宣言（1972年）

第21原則（環境に対する国の権利と責任）

　国は，国際連合憲章および国際法の原則に基づき，自国の資源をその環境政策に従って開発する主権を有し，かつ，自国の管轄または管理の下における活動が他国の環境または国の管轄外の地域の環境を害さないことを確保する責任を負う。

　　［出典］　奥脇直也・小寺彰編集代表『国際条約集　2014年版』有斐閣，2014年。

【139】 環境と開発に関するリオ宣言（1992年）

第1原則（人の権利）

　人は持続可能な開発を考える際の中心に位置する。人は，自然と調和しつつ，健康で生産的な生活を営む権利を有する。

第4原則（持続可能な開発）

　持続可能な開発を達成する上で，環境保護は，開発過程の不可分な一部をなすものであり，それから切り離して考えることができない。

　　［出典］　奥脇直也・小寺彰編集代表『国際条約集　2014年版』有斐閣，2014年。

【140】 国連環境計画（UNEP）の概要

設立年	1972年
本部所在地	ナイロビ（ケニア）
地域事務所所在地	アジア太平洋事務所（バンコク），西アジア（バーレーン），ラテンアメリカ・カリブ（パナマ），ヨーロッパ（ジュネーブ），アフリカ（ナイロビ），北米（ワシントン）
事務局長	エーリック・ソールハイム（ノルウェー国籍）
活動分野	環境分野を対象とした国連活動および国際協力活動（オゾン層保護，有害廃棄物，海洋環境保護，水質保全，化学物質管理や重金属への対応，土壌の劣化の阻止，生物多様性の保護等に関するもの）
理事国	日本を含む58カ国（任期4年，国連総会で選出）（地理的配分—アフリカ：16カ国，アジア：13カ国，東ヨーロッパ：6カ国，ラテン・アメリカ：10カ国，西ヨーロッパその他：13カ国）
予　算	年間約8000万ドル（国連の通常予算，環境基金，信託基金等から）
職員数	邦人17名を含む648名（2014年12月現在）
その他	生物多様性条約，ワシントン条約，有害廃棄物の越境移動に関するバーゼル条約，オゾン層保護のためのウィーン条約およびモントリオール議定書等の主要な環境保護条約の事務局機能を提供

③　環境と経済

【141】分野別の主要な環境保護条約

分　野	条約名	採択年	発効年
自然・生物資源	湿地に関するラムサール条約	1971年	1975年
	世界遺産条約【144】	1972年	1975年
	ワシントン条約（CITES）【143】	1973年	1975年
	生物多様性条約	1992年	1993年
	バイオセーフティに関するカルタヘナ議定書	2000年	2003年
	責任と救済に関する名古屋・クアラルンプール補足議定書	2010年	2018年
	ABSに関する名古屋議定書	2010年	2014年
	砂漠化対処条約	1994年	1996年
海洋生物資源	国際捕鯨取締条約【147】	1946年	1948年
	公海漁業協定	1995年	2001年
	ミナミマグロ保存条約	1993年	1994年
	中西部大西洋漁業条約	2000年	2004年
海洋環境	国連海洋法条約【125】【126】【127】	1982年	1994年
	MARPOL73／78議定書	1978年	1983年
	ロンドン・ダンピング条約	1972年	1975年
	バラスト水規制条約	2004年	未発効
国際河川湖沼	ライン川汚染防止に関する条約	1963年	1965年
	国際水路非航行利用条約	1997年	未発効
	ガンジス川流水配分条約	1977年	1977年
大　気	オゾン層保護条約	1985年	1988年
	オゾン層破壊物質に関するモントリオール議定書	1987年	1989年
	気候変動枠組条約【149】【150】	1992年	1994年
	京都議定書【150】【152】	1997年	2005年
	長距離越境大気汚染条約	1979年	1983年
廃棄物	廃棄物の越境移動に関するバーゼル条約	1989年	1992年
有害物質	有害物質PIC条約（ロッテルダム条約）	1998年	2004年
	POPs（残留性有機汚染物質）条約（ストックホルム条約）	2001年	2004年
極　地	南極条約【119】	1959年	1961年
	南極条約環境保護議定書【153】	1991年	1998年
	南極海洋生物資源保存条約	1980年	1982年
	南極アザラシ保存条約	1972年	1978年
	ホッキョクグマ保護条約	1973年	1976年
原子力	原子力事故の早期通報に関する条約	1986年	1986年
	原子力安全条約	1994年	1996年
	原子力損害の民事責任に関するウィーン条約	1963年	1977年
軍事兵器	環境兵器禁止条約	1976年	1978年
	武力紛争時文化財保護条約	1954年	1956年

Ⅲ　現代国際社会の法と政治編

【142】 生物多様性条約関連年表

年	月	経　緯
1987年	6月	国際連合環境計画（UNEP）管理理事会が，生物の多様性の保全等について検討する専門家会合の設置を決定
1988年	11月	第1回専門家会合開催（UNEP主催）〈ナイロビ（ケニア）〉
1990年	2月	第2回専門家会合開催〈ジュネーブ（スイス）〉
	7月	第3回専門家会合開催〈ジュネーブ（スイス）〉
	11月	第1回交渉会合開催（UNEP主催）〈ナイロビ（ケニア）〉
1991年	2～3月	第2回交渉会合開催〈ナイロビ（ケニア）〉
	6～7月	第3回交渉会合（第1回政府間交渉会議）開催〈マドリード（スペイン）〉
	9～10月	第4回交渉会合（第2回政府間交渉会議）開催〈ナイロビ（ケニア）〉
	11～12月	第5回交渉会合（第3回政府間交渉会議）開催〈ジュネーブ（スイス）〉
1992年	2月	第6回交渉会合（第4回政府間交渉会議）開催〈ナイロビ（ケニア）〉
	5月	最終交渉会合開催〈ナイロビ（ケニア）〉
	6月	環境と開発に関する国連会議（UNCED）開催〈リオ・デ・ジャネイロ（ブラジル）〉 ＊「環境と開発に関するリオ宣言」，「アジェンダ21」採択　＊「生物多様性条約」採択
1993年	12月	「生物多様性条約」発効
1994年	11～12月	第1回締約国会議（COP1）開催〈ナッソー（バハマ）〉
1995年	11月	第2回締約国会議（COP2）開催〈ジャカルタ（インドネシア）〉
1996年	11月	第3回締約国会議（COP3）開催〈ブエノス・アイレス（アルゼンチン）〉
1998年	5月	第4回締約国会議（COP4）開催〈ブラチスラバ（スロバキア）〉
1999年	2月	バイオセーフティ第6回作業部会および生物多様性条約特別締約国会議開催〈カルタヘナ（コロンビア）〉　＊バイオセーフティに関するカルタヘナ議定書の採択予定が延期
	9月	カルタヘナ議定書非公式協議開催〈ウィーン（オーストリア）〉
2000年	1月	生物多様性条約特別締約国会議再開会合開催〈モントリール（カナダ）〉 ＊「バイオセーフティに関するカルタヘナ議定書」採択
	5月	第5回締約国会議（COP5）開催〈ナイロビ（ケニア）〉
2002年	4月	第6回締約国会議（COP6）開催〈ハーグ（オランダ）〉
2003年	9月	「バイオセーフティに関するカルタヘナ議定書」発効
2004年	2月	第7回締約国会議（COP7）開催〈クアラルンプール（マレーシア）〉
2006年	3月	第8回締約国会議（COP8）開催〈クリチバ（ブラジル）〉
2008年	5月	第9回締約国会議（COP9）開催〈ボン（ドイツ）〉
2010年	10月	第10回締約国会議（COP10）開催〈名古屋（日本）〉　＊「ABSに関する名古屋議定書」採択
2012年	10月	第11回締約国会議（COP11）開催〈ハイデラバード（インド）〉
2014年	10月	第12回締約国会議（COP12）開催〈平昌（韓国）〉
2016年	12月	第13回締約国会議（COP13）開催〈カンクン（メキシコ）〉
2018年	11月	第14回締約国会議（COP14）開催〈シャルム・エル・シェイク（エジプト）〉

3 環境と経済

【143】ワシントン条約附属書による分類

＊野生動植物の種の絶滅のおそれの程度に応じて同条約附属書に掲載し，国際取引が規制される

附属書Ⅰ	絶滅のおそれのある種であって取引による影響を受けており又は受けることのあるもの。商業取引を原則禁止する（商業目的でないと判断されるものは，個人的利用，学術的目的，教育・研修，飼育繁殖事業が決議5．10で挙げられている）。取引に際しては輸入国の輸入許可及び輸出国の輸出許可を必要とする。
附属書Ⅱ	現在必ずしも絶滅のおそれのある種ではないが，その標本の取引を厳重に規制しなければ絶滅のおそれのある種となるおそれのある種又はこれらの種の標本の取引を効果的に取り締まるために規制しなければならない種。輸出国の許可を受けて商業取引を行うことが可能。
附属書Ⅲ	いずれかの締約国が，捕獲又は採取を防止し又は制限するための規制を自国の管轄内において行う必要があると認め，かつ，取引の取締のために他の締約国の協力が必要であると認める種。附属書Ⅲに掲げる種の取引を，当該種を掲げた国と行う場合，許可を受けて行うことが可能。

【144】UNESCO世界遺産登録の手続

〈1．世界遺産条約締約国〉

（1）　国内の暫定リストを作成し，UNESCO世界遺産センターへ提出。
（2）　暫定リストに記載された物件の中から条件が整ったものを，原則として1年につき各国1物件をUNESCO世界遺産センターに推薦。

⇓

〈2．UNESCO世界遺産センター〉

（1）　各国政府からの推薦書を受理。
（2）　推薦された物件に関して，文化遺産について国際記念物遺跡会議（ICOMOS），自然遺産についてはIUCN（国際自然保護連合）の専門機関に現地調査実施を依頼。

⇓

〈3．ICOMOSとIUCN〉

（1）　ICOMOSとIUCNの専門家が現地調査を実施し，当該地の価値や保護・保存状態，今後の保全・保存管理計画などについて評価報告書を作成。
（2）　UNESCO世界遺産センターに報告書を提出。

⇓

〈4．世界遺産委員会〉

ICOMOS，IUCNの報告に基づき，世界遺産リストへの登録の可否を決定。

［出典］　UNESCOウェブサイトをもとに筆者作成。

169

Ⅲ　現代国際社会の法と政治編

【145】 近年の主なUNESCO危機遺産リスト（2018年7月現在）

危機遺産登録年	世界遺産名（C：文化遺産，N：自然遺産）	世界遺産登録年	所在国
2000年	ラホールの城塞とシャーリマール庭園（C）*	1981年	パキスタン
	古都ザビード（C）	1993年	イエメン
2001年	アブ・メナ（C）	1979年	エジプト
	フィリピン・コルディリェーラの棚田群（C）*	1995年	フィリピン
2002年	ジャムのミナレットと考古遺跡群（C）	2002年	アフガニスタン
2003年	コモエ国立公園（N）*	1983年	コートジボワール
	バーミヤン渓谷の文化的景観と古代遺跡群（C）	2003年	アフガニスタン
	アッシュール（カラット・シェルカット）（C）	2003年	イラク
2004年	キルワ・キシワニとソンゴ・ムナラの遺跡群（C）*	1981年	タンザニア
	バムとその文化的景観（C）*	2004, 2007年	イラン
2005年	コロとその港（C）	1993年	ベネズエラ
	ハンバーストーンとサンタ・ラウラ硝石工場群（C）	2005年	チリ
2006年	コソボの中世建造物群	2004, 2006年	セルビア[注]
2007年	ニオコロ・コバ国立公園（N）	1981年	セネガル
	都市遺跡サーマッラー（C）	2007年	イラク
2009年	ロス・カティオス国立公園（N）*	1994年	コロンビア
	ムツヘタの文化財群（C）*	1994年	ジョージア
	ベリーズのバリア・リーフ保護区（N）*	1996年	ベリーズ
2010年	エヴァグレーズ国立公園（C）	1979年	米国
	バグラティ大聖堂とゲラティ修道院（C）*	1994年	ジョージア
	アツィナナナの雨林（N）	2007年	マダガスカル
	カスビのブガンダ王国歴代国王の墓（C）	2001年	ウガンダ
2011年	スマトラの熱帯雨林遺産	2004年	インドネシア共和国
2012年	トンブクトゥ（C）	1988年	マリ共和国
	イエスの生誕地：ベツレヘムの聖誕教会と巡礼路	2012年	パレスチナ自治政府
2013年	古都ダマスカス	1979年	シリア・アラブ共和国
	古都アレッポ	1986年	シリア・アラブ共和国
2014年	ポトシ市街（C）	1987年	ボリビア多民族国
	パレスチナ：オリーブとワインの地 – エルサレム南部バティールの文化的景観（C）	2014年	パレスチナ自治政府
2015年	サナア旧市街（C）	1986年	イエメン共和国
2016年	サブラータの古代遺跡（C）	1982年	リビア
	ガダーミスの旧市街（C）	1982年	リビア
	ジュンネ旧市街（C）	1988年	マリ共和国

［注］　「コソボの中世建造物群」は，2008年にセルビア共和国から独立を宣言したコソボ共和国内にある。しかし，コソボは世界遺産条約締約国ではないため，セルビア共和国として記載。
　　　＊は現在は危機遺産リストには登録されていない。
［出典］　UNESCOウェブサイトをもとに筆者作成。

170

【146】かつお及びまぐろ類の地域漁業管理機関（RFMO）の概要

○現在，5つのRFMOが世界の全海域を管理しており，魚種ごとの資源状況等を踏まえ種々の資源管理措置を実施。

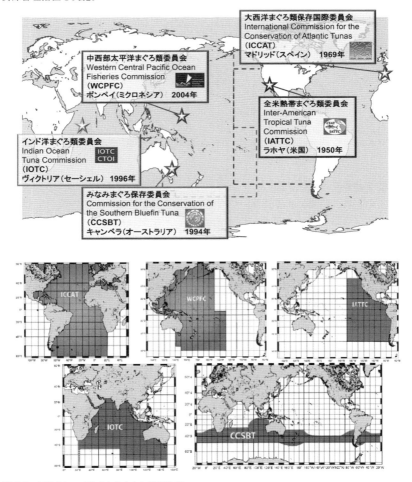

［出典］　水産庁ウェブサイトをもとに筆者作成。

Ⅲ　現代国際社会の法と政治編

【147】国際捕鯨委員会（IWC）の概要

設 立 年	1948年
根拠条約	国際捕鯨取締条約（1946年採択）
設立目的	「鯨類資源の保存と捕鯨産業の秩序ある発展」の実現のため，管理措置を決定する
加盟国数	89カ国（2018年9月現在）＊日本は1951年に批准しているが，2018年12月に脱退を通告（2019年6月30日脱退）した。
対 象 種	シロナガスクジラ，ナガスクジラ，ホッキョククジラ，セミクジラ，イワシクジラ，マッコウクジラ，ザトウクジラ，コククジラ，ニタリクジラ，ミンククジラ（クロミンククジラも含む），キタトックリクジラ，ミナミトックリクジラ，コセミクジラ（以上，大型鯨類13種）

　［注］　現在IWCは，北半球に分布するミンククジラと南半球のクロミンククジラを別種として認めている。
　　　　　世界には83種類の鯨類がいるが，上記以外の鯨類は対象としていない。
　［出典］　水産庁ウェブサイトをもとに筆者作成。

【148】商業捕鯨モラトリアム

　1972年の国連人間環境会議において「商業捕鯨の10年間モラトリアム」とする勧告が採択され，これに続くIWC第24回年次会議で米国は，1973年の大型鯨種すべての捕獲枠をゼロにするとの提案を行った。この提案に対してIWC科学委員会は，鯨種や資源ごとの状況の違いを無視する包括的モラトリアムは科学的に正当化できないと勧告し，この勧告に基づいてIWC本委員会はモラトリアム提案を否決した。

　しかしその後も同様の提案が繰り返され，加えて反捕鯨を掲げる国のIWC加盟が相次いだ結果，1982年，第34回IWC年次会合において商業捕鯨モラトリアムが決定された。これにより大型鯨類13種を対象とした商業捕鯨は禁止されることとなった。この決定には，1990年までに鯨類資源について包括的な資源評価を実施してモラトリアムを見直すという条件が付されていたが，IWCで多数を占める反捕鯨国の強硬な主張により，モラトリアムの見直しはなされず現在に至っている。

　［出典］　水産庁ウェブサイトをもとに筆者作成。

172

【149】気候変動枠組条約の概要

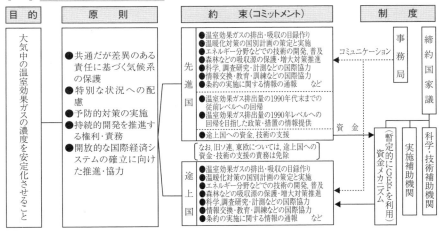

［出典］　環境庁長官官房総務課編『最新環境キーワード〔第2版〕』経済調査会，1995年。

【150】気候変動枠組条約と京都議定書締約国（2016年11月現在）

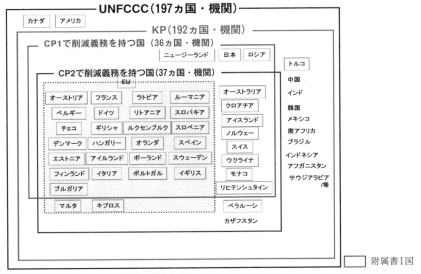

［出典］　外務省ウェブサイトをもとに筆者作成。

Ⅲ　現代国際社会の法と政治編

【151】京都議定書第15回締約国会議コペンハーゲン合意における各国の温室ガス削減義務

	各国の中期目標(2020年)		
	基準年	削減率(%)	
日　本*1	1990	25	温室効果ガス排出の絶対量の削減率
EU (27) *2	1990	20	
アメリカ*3	2005	約17	
カナダ*4	2006	20	
オーストラリア*5, 6	2000	5	
ロシア	1990	25	
中　国	2005	40〜45	GDP単位当たりのCO₂排出量削減率
インド	2005	20〜25	
ブラジル	—	36.1〜38.9	BAU(対策をとらない場合)からの削減率
南アフリカ	—	34	

[注]　＊1：すべての主要国が参加する公平で実効性のある枠組みの構築と意欲的な目標の合意が前提。
　　　＊2：他の先進国が比較可能性のある排出削減にコミットし，途上国がその責任と能力に応じた適切な貢献を行う場合には，削減目標を20%から30%に引き上げるとの立場。
　　　＊3：1990年比4％削減。この目標は米議会のエネルギー・気象変動法案の最終的な内容に沿うものになるとされている。
　　　＊4：1990年比3％削減。
　　　＊5：1990年比2％削減。
　　　＊6：主要途上国が相当の排出抑制を約束し，かつ，先進国が同等の排出削減を行うことを約束する場合には最大15％（1990年比12％），2050年までの450ppm濃度安定化目標に合意する場合には25％（1990年比22％）削減。
[出典]　外務省ウェブサイト。

【152】京都メカニズム

(1)　クリーン開発メカニズム（CDM）（京都議定書12条）

先進国と途上国が共同で事業を実施し，その削減分を投資国（先進国）が自国の目標達成に利用できる制度

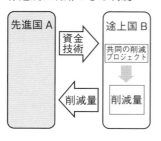

◆先進国が発展途上国と協力してプロジェクトを行い，その結果生じた排出削減量（または吸収増大量）に基づいて発行されたクレジットをプロジェクト参加者間で分け合うこと。
・クレジット名：Certified Emission Reduction（CER）
・CERは排出枠として活用可能
・プロジェクトを実施する先進国Aを投資国，プロジェクトが行われる途上国Bをホスト国という

(2) 共同実施（JI）（京都議定書6条）

先進国同士が共同で事業を実施し，その削減分を投資国が自国の目標達成に利用できる制度

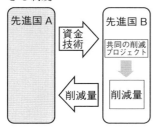

◆先進国同士でプロジェクトを行い，その結果生じた排出削減量（または吸収増大量）に基づいて発行されたクレジットをプロジェクト参加者間で分け合うこと。
・共同実施で発行されるクレジット：Emission Reduction Unit（ERU）
・クレジットは排出枠として活用可能
・プロジェクトの実施に協力する先進国Aを投資国，プロジェクトを受け入れる先進国Bをホスト国と呼ぶ

(3) 排出量取引（ET）（京都議定書17条）

各国の削減目標達成のため，先進国同士が排出量を売買する制度

◆先進国の間で，排出枠の獲得・取引を行う仕組み。割当量単位のほか，CER，ERU，また吸収源活動による吸収量も取引可能。
◆「排出権」（＝物に対する権利）か，単なる「排出量」かは，取引制度等の準拠法による。

［出典］　京都メカニズム情報プラットフォームウェブサイトをもとに筆者作成。

【153】南極条約環境保護議定書締約国（2017年2月現在）

アルゼンチン，オーストラリア，ベルギー，ベラルーシ，ブラジル，ブルガリア，チリ，中国，エクアドル，フィンランド，フランス，ドイツ，インド，イタリア，日本，韓国，オランダ，ニュージーランド，ノルウェー，パキスタン，ペルー，ポーランド，ロシア，南アフリカ，スペイン，スウェーデン，イギリス，アメリカ，ウルグアイ，ウクライナ，ギリシア，ルーマニア，チェコ，カナダ，モナコ，ポルトガル，ベネズエラ（以上，計37カ国）

［出典］　環境省ウェブサイト。

Ⅲ　現代国際社会の法と政治編

2　経　　済

　　解　題　　1930年代に生じた世界大恐慌の際，多数の国が関税引上げ等の貿易障壁を設け，自国の産業を保護しようとしたことにより，世界全体の貿易秩序が混乱し，世界経済全体が一層不安定なものとなった。これが第二次世界大戦の一因になったとの反省から，国際の平和の確立のためには諸国の経済的繁栄が必要であり，そのために自由で円滑な貿易の枠組みの必要性が唱えられるようになる。1944年に米国のブレトン・ウッズで開催された会議によって，1945年には国際復興開発銀行（IBRD，現在の世界銀行）が，1947年には国際通貨基金（IMF）が設立され，金融面から国際経済を支える枠組みが成立した。また，貿易面から国際経済を支える枠組みとして，関税と貿易に関する一般協定（GATT）を締結し，1948年より貿易に関する国際的な枠組みとしてGATT体制が誕生した。GATTは貿易に関して2つの基本原則（最恵国待遇および内国民待遇の禁止）をもとにさまざまな国際ルールを定めている。

　　GATT締約国はこれまで，関税引下げ等の貿易自由化を進めるための多角的交渉（ラウンド）を行ってきた。初期の交渉では，もっぱら締約国の関税引下げが対象となっていたが，国際経済の変化や経済紛争の増加に伴い，貿易ルールの拡充といった大幅な体制強化の必要が生じた。こうした要請を受け，ウルグアイ・ラウンドでの交渉の結果，GATTを拡大し発展させる形での貿易ルールであるWTO協定が採択され，1995年に世界貿易機関（WTO）が発足した【154】【155】【156】。

　　WTO協定とは，WTO設立協定とその附属書に含まれる協定の集合体を指す【157】。また，WTOの紛争解決手続によれば，WTO加盟国が他の加盟国の措置について申立てを行った場合，まず両党自国は，誠実な協議を行うこととなっているが，一定期間内に紛争が解決できない場合には，申立国はパネル（小委員会）に紛争を付託することができる。パネルの判断に不満のある場合には，さらに上級委員会に申立てをすることができる二審制となっている。通常の判決に相当するパネルまたは上級委員会の報告書は，WTOの紛争解決機関（DSB）によって採択されることによる紛争の当事国に対し拘束力を生ずる【158】。

　　近年，WTOの下での自由貿易を考える上で，GATT第20条をめぐり環境問題との調整をいかに図るかが紛争として浮上している【159】【160】。また近年，WTOを通じた世界的・普遍的アプローチが立ち行かなくなる一方で，地域や二国間で自由貿易協定や経済連携協定を締結するアプローチが活性化しつつある【161】【162】。こうした動きは，今後の世界貿易秩序のあり方を考える上で重要である。

③ 環境と経済

【154】 世界貿易機関（WTO）の概要

沿　革	1948年：GATT（関税及び貿易に関する一般協定）発効 1955年：日本GATTに加入 1995年：世界貿易機関（WTO）設立（WTO協定発効）
事 務 局	ジュネーブ（スイス）
事務局長	ロベルト・アゼベド
加 盟 国	164カ国・地域（2018年8月現在） ＊主な最近の加盟国：中国（2001年），台湾（2002年），カンボジア（2004年），ネパール（2004年），サウジアラビア（2005年），ベトナム（2007年），ウクライナ（2008年），ロシア（2012年），アフガニスタン（2015年） ＊主な非加盟国：イラン，イラク，スーダン，アルジェリア，赤道ギニア，バハマ，北朝鮮
閣僚会議	第1回：1996年12月，シンガポール（シンガポール） 第2回：1998年5月，ジュネーブ（スイス） 第3回：1999年11月～12月，シアトル（米国） 第4回：2001年11月，ドーハ（カタール） 第5回：2003年9月，カンクン（メキシコ） 第6回：2005年12月，香港（中国） 第7回：2009年11月～12月，ジュネーブ（スイス） 第8回：2011年12月，ジュネーブ（スイス） 第9回：2013年12月，バリ（インドネシア） 第10回：2015年12月，ナイロビ（ケニア） 第11回：2017年12月，ブエノスアイレス（アルゼンチン）
任　務	①WTO協定の実施および運用 ②多角的貿易関係に関する交渉の場および交渉結果の実施の枠組みの提供 ③紛争解決了解の運用，貿易政策検討制度の運用 ④IMFおよび世界銀行との協力

Ⅲ　現代国際社会の法と政治編

【155】 WTOの機構図

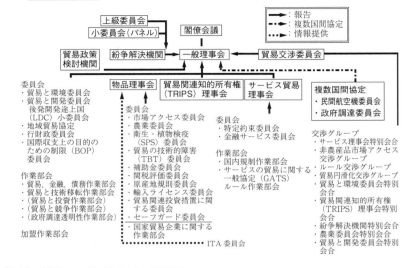

[出典]　外務省ウェブサイトをもとに筆者作成。

【156】 WTOの拡大

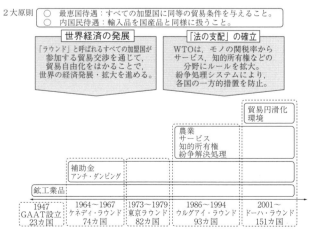

[出典]　外務省ウェブサイトをもとに筆者作成。

178

3　環境と経済

【157】 WTO協定の構成

○世界貿易機関を設立するマラケシュ協定

○附属書１Ａ：物品の貿易に関する多角的協定

　―1994年の関税及び貿易に関する一般協定（1994年GATT）

　―農業に関する協定（農業協定）

　―衛生・植物検疫措置に関する協定（SPS協定）

　―貿易の技術的障害に関する協定（TBT協定）

　―貿易関連投資措置に関する協定（TRIMs協定）

　―第６条の実施に関する協定（アンチ・ダンピング協定）

　―第７条の実施に関する協定（関税評価協定）

　―船積み前検査に関する協定（PSI協定）

　―原産地規則に関する協定（原産地協定）

　―輸入許可手続に関する協定（ライセンシング協定）

　―補助金・相殺措置に関する協定（補助金協定）

　―セーフガードに関する協定（セーフガード協定）

○附属書１Ｂ：サービスの貿易に関する一般協定（GATS）―約束表

○附属書１Ｃ：知的所有権の貿易関連の側面に関する協定（TRIPs協定）

○附属書　２：手続に関する了解（未作成ページ）紛争解決に係る規則及び手続に関する了解

○附属書　３：貿易政策検討制度（TPRM）

○附属書　４：
　（Ａ）民間航空機貿易に関する協定
　（Ｂ）政府調達協定

179

Ⅲ 現代国際社会の法と政治編

【158】 WTOの紛争解決手続

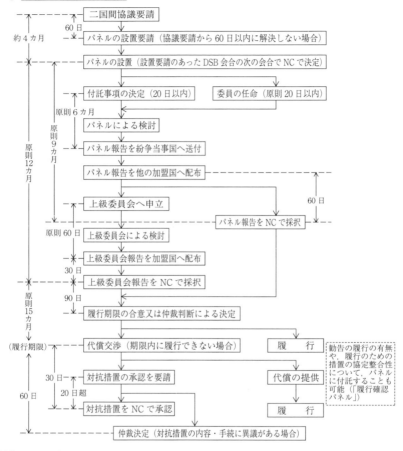

［注］　1．上記期限は，二国間協議要請からパネル設置までの期間を除き，紛争解決了解上の期限。
　　　　2．NCはネガティブ・コンセンサス（negative consensus）の略。
［出典］　外務省ウェブサイトをもとに筆者作成。

3 環境と経済

【159】 GATT第20条の規定（抜粋）

第20条（一般的例外）

　この協定の規定は，締約国が次のいずれかの措置を採用すること又は実施することを妨げるものとして解してはならない。ただし，それらの措置を，同様の条件の下にある諸国の間において任意の〔arbitrary〕若しくは正当と認められない差別待遇の手段となるような方法で，又は国際貿易の偽装された制限となるような方法で，適用しないことを条件とする。（略）

(b)　人，動物又は植物の生命又は健康の保護のために必要な措置（略）

(g)　有限天然資源の保存に関する措置。ただし，この措置が国内の生産又は消費に対する制限と関連して実施される場合に限る。

　　〔出典〕　奥脇直也・小寺彰編集代表『国際条約集　2014年版』有斐閣，2014年。

【160】 キハダマグロ事件

　イルカの混獲率の高い漁法で漁獲したメキシコ産マグロに対して，米国が輸入禁止措置を発動したことに対して，メキシコ政府は，当該措置が自由貿易を推し進める「関税と貿易に関する一般協定」（GATT）違反に当たるとして米国を提訴したケースである。本件では，GATTパネルが米国の主張を退けたが，この判断に反対する環境保護団体が強く反発し，深刻な政治問題にまで発展した。貿易と環境の問題が一躍注目を浴びる契機となり，その後同種の事件が多発している。

　　〔出典〕　*Mexico v. U.S.A.* DS21／R, BISD39S／155, 3 September 1991.

【161】 GATT第24条の規定（抜粋）

第24条（適用地域―国境貿易―関税同盟及び自由貿易地域）

5　（略）この協定の規定は，締約国の領域の間で，関税同盟を組織し，若しくは自由貿易地域を設定し，又は関税同盟の組織若しくは自由貿易地域の設定のために必要な中間協定を締結することを妨げるものではない。ただし，次のことを条件とする。

(a)　（略）

(b)　自由貿易地域又は自由貿易地域の設定のための中間協定に関しては，各構成地域において維持されている関税その他の通商規則で，その自由貿易地域の設定若しくはその中間協定の締結の時に，当該地域に含まれない締約国又は当該協定の当事国でない締約国の貿易に適用されるものは，自由貿易地域の設定又は中間協定の締結の前にそれらの構成地域に存在していた該当の関税その他の通商規則よりそれぞれ高度なものであるか又は制限的なものであつてはならない。

(c)　(a)及び(b)に掲げる中間協定は，妥当な期間内に関税同盟を組織し，又は自由貿易

Ⅲ　現代国際社会の法と政治編

地域を設定するための計画及び日程を含むものでなければならない。

8　この協定の適用上,

(a)　（略）

(b)　自由貿易地域とは，関税その他の制限的通商規則（第11条，第12条，第13条，第14条，第15条及び第20条の規定に基いて認められるもので必要とされるものを除く。）がその構成地域の原産の産品の構成地域間における実質上のすべての貿易について廃止されている二以上の関税地域の集団をいう。

　　［出典］　奥脇直也・小寺彰編集代表『国際条約集　2014年版』有斐閣，2014年，522頁。

【162】経済連携協定（EPA）と自由貿易協定（FTA）

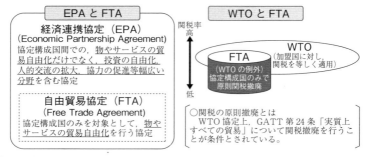

　　［出典］　農林水産省ウェブサイトをもとに筆者作成。

182

4 個　　人

1　人　　権

解題　伝統的国際法において人権問題は，一国の国内問題であって，他国が口をはさむことは不干渉原則に反する行為と考えられていた。しかし，第二次世界大戦中にナチス・ドイツにより行われたユダヤ人の大量殺害（ホロコースト）の反省等から，国際連合では，人権問題が大きく取り上げられるようになり，国連を中心として，複数の人権条約が作成された【163】【164】。

日本も複数の人権条約に批准しており，それを契機として国内法の改正等が行われた場合もある【165】【166】。ただし，日本については，条約実施機関による条約違反認定は日本の司法権の独立を脅かすおそれがあるとして，個人通報制度を受諾するには至っていない【167】。

地域的な人権保障体制も，ヨーロッパ，南北アメリカ，アフリカに存在しており，実施監視方法については，それぞれ独自の発展を遂げている【168】。

国際連合には，人権条約に基づかない人権保障制度も設けられており，その中心的役割を果たしてきたのは，国連総会，並びに，2006年までは経済社会理事会とその機能委員会である国連人権委員会であった。国連人権委員会は，国家代表から構成される政治的機関であり，当該作業において国家の政策的判断が介入しているという問題が指摘されており，2005年にアナン事務総長により小規模の常設理事会の設置が提唱された。これを受けて2006年3月，人権理事会が発足した【169】。人権理事会は，人権委員会の機能の多くを引き継いでいるが，新しい役割として，すべての国連加盟国を対象とする報告制度である普遍的定期審査がある【170】。

抽象的な人間に普遍的人権が認められただけでは，現実の社会における人権享有には十分ではない。難民や外国人等，歴史的あるいは社会的に弱者とされてきた人々の人権を具体的に保障することも重要な課題である【171】【172】【173】【174】。

日本は，「先住民族の権利に関する国連宣言」採択後の2008年6月に，アイヌ民族を先住民族と承認したが，アイヌ民族とその他の日本人の格差は現在も存在しており，その対処が必要とされる【175】【176】【177】【178】。

Ⅲ　現代国際社会の法と政治編

【163】 国連が中心となって作成した人権諸条約一覧 (2018年2月15日現在)

	名　称	採択年月日	発効年月日	締約国数	日本が締結している条約 (締結年月日)
1	経済的，社会的及び文化的権利に関する国際規約	1966年12月16日	1976年1月3日	166	○(1979年6月21日)
2	経済的，社会的及び文化的権利に関する国際規約の選択議定書	2008年12月10日	2013年5月5日	23	
3	市民的及び政治的権利に関する国際規約	1966年12月16日	1976年3月23日	169	○(1979年6月21日)
4	市民的及び政治的権利に関する国際規約の選択議定書*	1966年12月16日	1976年3月23日	115	
5	市民的及び政治的権利に関する国際規約の第2選択議定書（死刑廃止）	1989年12月15日	1991年7月11日	85	
6	あらゆる形態の人種差別の撤廃に関する国際条約	1965年12月21日	1969年1月4日	179	○(1995年12月15日)
7	女子に対するあらゆる形態の差別の撤廃に関する条約	1979年12月18日	1981年9月3日	189	○(1985年6月25日)
8	女子に対するあらゆる形態の差別の撤廃に関する条約の選択議定書	1999年10月6日	2000年12月22日	108	
9	集団殺害罪の防止及び処罰に関する条約*	1948年12月9日	1951年1月12日	149	
10	人身売買及び他人の売春からの搾取の禁止に関する条約	1949年12月2日	1951年7月25日	82	○(1958年5月1日)
11	難民の地位に関する条約	1951年7月28日	1954年4月22日	145	○(1981年10月3日)
12	難民の地位に関する議定書	1967年1月31日	1967年10月4日	146	○(1982年1月1日)
13	無国籍の削減に関する条約*	1961年8月30日	1975年12月13日	70	
14	無国籍者の地位に関する条約*	1954年9月28日	1960年6月6日	89	
15	婦人の参政権に関する条約	1953年3月31日	1954年7月7日	123	○(1955年7月13日)
16	拷問及びその他の残虐な，非人道的な又は品位を傷つける取扱い又は刑罰に関する条約	1984年12月10日	1987年6月26日	161	○(1999年6月29日)
17	拷問及びその他の残虐な，非人道的な又は品位を傷つける取扱い又は刑罰に関する選択議定書	2002年12月18日	2006年6月22日	87	
18	児童の権利に関する条約	1989年11月20日	1990年9月2日	196	○(1994年4月22日)
19	武力紛争における児童の関与に関する児童の権利に関する選択議定書	2000年5月25日	2002年2月12日	167	○(2004年8月2日)
20	児童売買，児童買春及び児童ポルノに関する児童の権利に関する条約の選択議定書	2000年5月25日	2002年1月18日	174	○(2005年1月24日)
21	通報手続に関する児童の権利に関する条約の選択議定書	2011年12月19日	2014年4月14日	37	
22	全ての移住労働者及びその家族の権利保護に関する条約	1990年12月18日	2003年7月1日	51	
23	障害者権利条約	2006年12月13日	2008年5月3日	175	○(2014年1月20日)
24	障害者権利条約選択議定書*	2006年12月13日	2008年5月3日	92	
25	強制失踪からのすべての者の保護に関する国際条約	2006年12月20日	2010年12月23日	58	○(2009年7月23日)

［注］　＊仮称
［出典］　財団法人アジア・太平洋人権情報センターウェブサイトをもとに筆者作成。

④　個　　人

【164】国際人権条約の概要（2018年2月現在）

	政府報告書審査 （第1回，定期報告）	個人通報審査
社会権規約	2年以内，後4年ごと	選択議定書締約国数 23
自由権規約	1年以内，後5年ごと	第1選択議定書締約国数 115
人種差別撤廃条約	1年以内，後2・3年ごと	第14条宣言受諾国数 58
女子差別撤廃条約	1年以内，後4年ごと	選択議定書締約国数 108
子どもの権利条約	2年以内，後5年ごと	通報手続に関する選択議定書 締約国数 37
拷問等禁止条約	1年以内，後4年ごと	第22条宣言受諾国数 68
障害者権利条約	2年以内，後4年ごと	選択議定書締約国数 92

　［出典］　国連ウェブサイトをもとに筆者作成。

【165】日本の国際人権条約批准に伴う国内法上の影響

国際人権条約　━━━▶	国内法への影響
難民条約（1981年批准）	・出入国管理及び難民認定法制定（1982年） ・同法制定に伴う，外国人退去強制事由の緩和 ・社会保障制度における国籍条項撤廃
女子差別撤廃条約（1985年批准）	・男女雇用機会均等法制定（1985年） ・国籍法改正（1984年）：父系血統主義から父母両系血統主義へ ・学習指導要領改訂：家庭科教育が男女共修に
障害者権利条約（2014年批准）	・障害者基本法の改正（2011年）：障害者の定義の見直し，社会障壁の除去についての合理的配慮の要請 ・障害者差別解消法制定（2013年） ・障害者雇用促進法の改正（2013年）

　［出典］　衆議院憲法調査会事務局「憲法と国際法に関する基礎的資料」をもとに筆者作成。

【166】障害者権利条約の国内法への影響

(1)　障害者基本法

第2条（定義）1　障害者　身体障害，知的障害，精神障害（発達障害を含む）その他
　の心身の機能の障害（以下「障害」と総称する。）がある者であって，障害及び社会的
　障壁により継続的に日常生活又は社会生活に相当な制限を受ける状態にあるものを
　いう。

185

Ⅲ　現代国際社会の法と政治編

2　社会的障壁　障害がある者にとって日常生活又は社会生活を営む上で障壁となる
　ような社会における事物，制度，慣行，観念その他一切のものをいう。
第4条（差別の禁止）1　何人も，障害者にたいして，障害を理由として，差別する
　ことその他の権利利益を侵害する行為をしてはならない。
2　社会的障壁の除去は，それを必要としている障害者が現に存し，かつ，その実施
　に伴う負担が過重でないときは，それを怠ることをによって前項の規定に違反する
　こととならないよう，その実施について合理的な配慮がされなければならない。
3　国は，第一項の規定に違反する行為の防止に関する啓発及び知識の普及を図るた
　め，当該行為の防止を図るために必要となる情報の収集，整理および提供を行うも
　のとする。

(2)　**障害者差別解消法**

	不当な差別的取扱い		障害者への合理的配慮	
国の行政機関・ 地方公共団体等	禁止	不当な差別的取扱いが禁止されます。	法的 義務	障害者に対し，合理的配慮を行わなければなりません。
民間事業者 ※民間事業者には，個人事業者，NPO等の非営利事業者も含みます。	禁止	不当な差別的取扱いが禁止されます。	努力 義務	障害者に対し，合理的配慮を行うよう努めなければなりません。

　［出典］　内閣府ウェブサイト。

【167】　日本による自由権規約第1選択議定書未批准問題

自由権規約委員会の日本政府に対する最終見解（2008年）

8．委員会は，締約国が自由権規約第1選択議定書を批准しない理由の1つが，本選
　択議定書の批准が司法制度との関連（司法の独立を含む。）で問題を引き起こす懸念
　があるというものであることに留意する。
　　締約国は，委員会の判断が第4審でなく，かつ原則として，事実及び証拠の評価
　又は国内裁判所による国内法の適用及び解釈の再検討を排除しているという一貫し
　た委員会の判断を考慮し，選択議定書の批准を検討するべきである。
　［出典］　国連文書（CCPR／C／JPN／CO／5）。

4　個　人

【168】地域的人権条約概要（2018年8月23日現在）

地　域	ヨーロッパ	南北アメリカ	アフリカ
地域機構 （加盟国数）	欧州評議会（47カ国）	米州機構（35カ国）	アフリカ連合（55カ国）
人権条約 （調印，発効， 批准国数）	欧州人権条約 （1950，1953，47カ国） 第11議定書 （1994，1998，47カ国）	米州人権宣言（1948） 米州人権条約 （1969，1978，25カ国）	バンジュール憲章 （1981，1986，53カ国） 裁判所設立議定書 （1986，2004，24カ国）
実施機関	委員会（1954〜），裁判所 （旧1959〜，新1998〜）	委員会（1960〜）， 裁判所（1980〜）	委員会（1987〜）， 裁判所（2006〜）
適　用　法	条約及び追加議定書	委員会（条約及び宣言）， 裁判所（条約）	委員会（憲章），裁判所（憲章及び人権関連文書）

　〔出典〕　芹田健太郎ほか『ブリッジブック国際人権法』信山社，2008年，56頁等をもとに筆者作成。

【169】人権委員会と人権理事会の相違点

	人権委員会	人権理事会
会　　期	6週間（3〜4月）	少なくとも年3回，合計10週間以上
場　　所	国連欧州本部（ジュネーブ）	国連欧州本部（ジュネーブ）
ステータス	経済社会理事会の機能委員会 （1946年経社理決議により設立）	総会の下部機関 （2006年総会決議により設立）
理事国数	53カ国	47カ国
地域配分	アジア12，アフリカ15，ラテンアメリカ11，東欧5，西欧10	アジア13，アフリカ13，ラテンアメリカ8，東欧6，西欧7
選挙方法	経社理で出席しかつ投票する国の過半数により選出	総会で全加盟国の絶対過半数により直接かつ個別に選出
任　　期	3年	3年（連続二期直後の再選は不可）
その他	委員国の過半数の合意により特別会期の開催可能	・総会の3分の2の多数により，重大な人権侵害をおこなった理事国資格を停止可能。 ・理事国の3分の1の要請により特別会期開催可

　〔出典〕　外務省ウェブサイト。

187

Ⅲ　現代国際社会の法と政治編

【170】 国連人権理事会の普遍的定期審査（UPR）

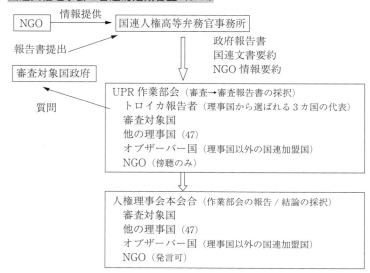

［出典］　日本弁護士連合会ウェブサイト。

【171】 男女共同参画社会の推進状況

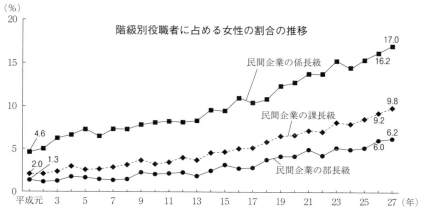

［備考］　1．厚生労働省「賃金構造基本統計調査」より作成。
　　　　2．100人以上の常用労働者を雇用する企業に属する労働者のうち，雇用期間の定めがない者について集計
［出典］　内閣府男女共同参画局ウェブサイト。

4 個 人

【172】難民認定申請フローチャート

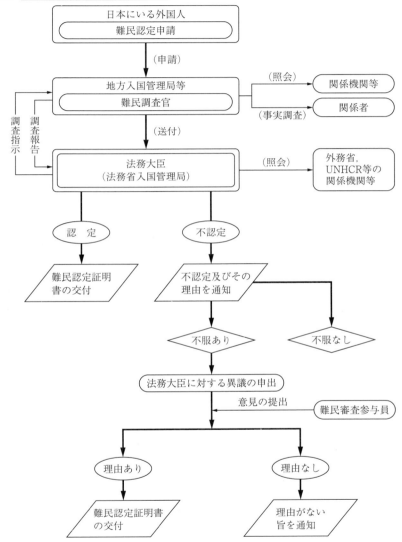

［出典］ 法務省入国管理局ウェブサイト。

Ⅲ　現代国際社会の法と政治編

【173】 日本における難民認定及び申請数の推移

	申請数	認定難民 ^(注)	人道配慮による在留
1990	32	2	0
1991	42	1	7
1992	68	3	2
1993	50	6	3
1994	73	1	9
1995	52	2 （1）	3
1996	147	1	3
1997	242	1	3
1998	133	16 （1）	42
1999	260	16 （3）	44
2000	216	22	36
2001	353	26 （2）	67
2002	250	14	40
2003	336	10 （4）	16
2004	426	15 （6）	9
2005	384	46 （15）	97
2006	954	34 （12）	53
2007	816	41 （4）	88
2008	1,599	57 （17）	360
2009	1,388	30 （8）	501
2010	1,202	39 （13）	363
2011	1,867	21 （14）	248
2012	2,545	18 （13）	112
2013	3,260	6 （3）	151
2014	5,000	11 （5）	110
2015	7,586	27 （8）	79
2016	10,901	28 （2）	97
2017	19,629	20 （1）	45

［注］　カッコ内は，難民不認定とされた者の中から不服申し立ての結果認定された数であり，内数。
［出典］　法務省ウェブサイト。

④ 個　　人

【174】 在日外国人の権利及び義務

項　　目		扱　い	原　　則	補　　足
納　税		○	国籍に関係なく，日本国内に源泉のある所得に対して課税（所得税法）。	1年以内の日本での在留の場合は非課税措置がとられる場合もある。
参政権	国政	×	選挙権・被選挙権を日本国民に限定（公職選挙法）。	議会解散請求権や解職請求権，監査請求権も「日本国民」のみ。 ＊スウェーデン，デンマーク，オランダ，スイス等では，3年から5年以上の居住を条件に地方レベルでの参政権を承認。
	地方自治体	×	選挙権は「日本国民たる普通地方公共団体の住民」（地方自治法）。ただし，1995年2月28日最高裁判決傍論。	
社会福祉・保障	労災保険	○	職種や国籍に関係なく，使用者から賃金を受けているすべての人を対象。	不法就労の場合，届け出ない場合が数多くある。
	国民年金児童手当	○	日本に住む外国籍の人も対象。	1982年の難民条約発効に伴う，国内法整備の結果認められた。
	国民健康保険	○	1986年より国籍を問わず適用。	
公務員		△	外国人は「公権力の行使または国家意思の形成への参画」に従事する公務員にはなれない。現業・専門職には開かれているが，一般職等は開かれず。	1991年，文部省通達により公立小中高の講師が解禁。1996年，川崎市が県・政令市で初めて国籍条項を撤廃。各県に撤廃が拡大。
大学受験		△	文部科学省は従来原則的に外国人学校卒業者に大学（特に国立大学）受験資格を認めなかったが，2004年度入試から全面的に各大学の裁量に委ねられた。	
スポーツ	国体	△	「日本国に国籍を有する者であること」という参加資格の原則あり。	例外として，1981年より外国籍高校生，1988年より外国籍中学生，1990年より外国籍大学生の参加を承認。
	高校野球	○	1991年在日韓国・朝鮮人チームの高野連への加盟が認められた。	
	高体連	○	1994年より特例措置として大会参加が認められた。	
その他			外国人登録法の規定により，90日以上日本に滞在する16歳以上の外国人は，外国人登録証明書常時携帯義務あり。	同証明書への指紋押捺義務は1999年に全廃された。

［出典］　衆議院憲法調査会事務局「憲法と国際法に関する基礎的資料」をもとに筆者作成。

Ⅲ　現代国際社会の法と政治編

【175】 北海道におけるアイヌの人口分布

　北海道が2017年に実施した「アイヌ生活実態調査」の対象とした北海道に住むアイヌ民族の人数は，63の市町村に5,571世帯，13,118人となっており，日高振興局と胆振総合振興局管内とで65.1%を占めている。

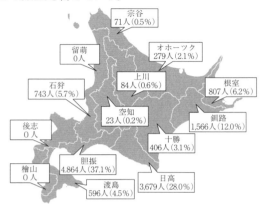

［注1］　北海道内では，地域社会でアイヌの血を受け継いでいると思われる人，また，婚姻・養子縁組等によりそれらの方と同一の生計を営んでいる人と定義し，自らが表明する人のみを調査対象とした。
［注2］　北海道外に住むアイヌについては，1988年の東京都による調査において，東京在住のアイヌ推計人口が2,700人と見積もられているものが最も新しい。なお，2011年に報告書が提出された，アイヌ政策推進会議作業部会による北海道外アイヌの生活実態調査では，153世帯，397人が対象となっており，東京都が最も多く（40世帯），次いで神奈川県，静岡県が多い。
［出典］　社団法人北海道アイヌ協会ウェブサイトと「平成29年北海道アイヌ生活実態調査報告書」をもとに筆者作成。

【176】 アイヌの生活実態

(1)　産業別就労者比率（2017年時点）

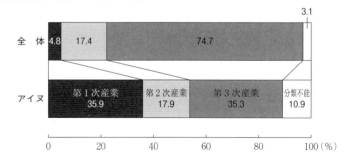

4 個　人

(2) 生活保護率（人口1,000人中，保護を受けている人の割合）

（％）

	1972年	1979年	1986年	1993年	1999年	2006年	2013年	2017年
アイヌ	115.7	68.6	60.9	38.8	37.2	38.3	44.8	36.1
全　体	17.5	19.5	21.9	16.4	18.4	24.6	33.1	32.1

(3) 高校・大学進学率

（％）

		1972年	1979年	1986年	1993年	1999年	2006年	2013年	2017年
高　校	アイヌ	41.6	69.3	78.4	87.4	95.2	93.5	92.6	95.1
	全　体	78.2	90.6	94.0	96.3	97.0	98.3	98.6	98.8
大　学	アイヌ	—	8.8	8.1	11.8	16.1	17.4	25.8	33.3
	全　体	—	31.1	27.4	27.5	34.5	38.5	43.0	45.8

〔注〕　表中の「全体」とは「アイヌが居住する市町村数値」のこと。
〔出典〕　北海道環境生活部「平成29年北海道アイヌ生活実態調査報告書」をもとに筆者作成。

【177】町村内閣官房長官談話（2008年6月6日）

　アイヌの人々に関しては，…（略）…我が国が近代化する過程において，法的には等しく国民でありながらも差別され，貧窮を余儀なくされたアイヌの人々が多数に上ったという歴史的事実について，政府として改めて，これを厳粛に受け止めたいと思います。

　また政府としても，アイヌの人々が日本列島北部周辺，とりわけ北海道に先住し，独自の言語，宗教や文化の独自性を有する先住民族であるとの認識の下に，「先住民族の権利に関する国際連合宣言」における関連条項を参照しつつ，これまでのアイヌ政策をさらに推進し，総合的な施策の確立に取り組む所存であります。

〔出典〕　首相官邸ウェブサイト。

【178】アイヌ政策のあり方に関する有識者懇談会報告書（2009年）

　今後のアイヌ政策は，国の政策として近代化を進めた結果，アイヌの文化に深刻な打撃を与えたという歴史的経緯を踏まえ，国には先住民族であるアイヌの文化の復興に配慮すべき強い責任があるということから導き出されるべきである。その復興により，再びアイヌの人々が自分たちの意思に従って，独自の文化を保持，発展することができるような存在になることが重要である。

〔出典〕　首相官邸ウェブサイト。

Ⅲ　現代国際社会の法と政治編

2　武力紛争法・国際犯罪

　　解　題　国際法においては，武力行使自体の合法性（*jus ad bellum*）と，戦闘手段の合法性（*jus in bello*）とが区別され，それぞれに発展してきた。後者の交戦法規のうち，戦闘の手段や方法についての規則は，オランダのハーグで行われた国際平和会議で法典化が進められたことを受け，「ハーグ法」と呼ばれている。これに対して，傷病者・捕虜・文民といった戦争犠牲者の一連の保護規則は，スイスのジュネーヴにある赤十字国際委員会が中心となって法典化を進めたことから，「ジュネーヴ法」と呼ばれている【179】。

　伝統的に，戦争の責任は国家に帰属すると考えられ，国家機関である個人が責任を負うことはなかった。第二次世界大戦後，枢軸国の戦争犯罪人を戦勝国が裁くニュルンベルグ国際軍事裁判所と極東軍事裁判所において，戦争に関する個人の国際責任が初めて裁かれることになった。

　20世紀は，国家間の戦争による被害や死者よりも，内戦や政府による人権弾圧の被害や死者の方が圧倒的に多い。政府自身が関与するような後者のケースにおいては，司法が十分機能せず，責任ある者が処罰を免れていた。このことが特に冷戦終了後の内戦の激化とともに，あらわになったため，加害者である個人の刑事責任を国際的に裁く必要性が認識されるようになり，旧ユーゴスラビア国際刑事裁判所（1993年）やルワンダ国際刑事裁判所（1994年）といった，安全保障理事会の決議に基づき設立され，地域的・時間的限定のあるものを経て，多数国間条約に基づく常設的な国際刑事裁判所の設立に至った【180】。2003年3月にオランダのハーグに設置された国際刑事裁判所（ICC）は，集団殺害罪，人道に対する犯罪，戦争犯罪，侵略犯罪について管轄権を有している。侵略の罪に関しては，2010年のカンパラ改正規程で，犯罪の定義および裁判所の管轄権行使条件が定められたが，同規程において，管轄権行使は早くても2017年以降になるとされている。被疑者国籍国又は犯罪の実行地国が同意している場合には，ICC規程非締約国の国民が犯した犯罪についても裁判を行いうるため，米国等の強い反対にあっている。ただし，侵略犯罪については，カンパラ改正規程により，非締約国の行為に対する管轄権を除外している【181】【182】【183】【184】。

④　個　　人

【179】武力紛争法の発展

署名年	ハーグ法	ジュネーヴ法	中立法・その他
1986年			海上法に関するパリ宣言
1868年		第1回赤十字条約	
1868年	セントピータスブルグ宣言		
1899年	ハーグ陸戦条約・規則 毒ガス禁止条約 ダムダム弾禁止宣言	ジュネーヴ条約の原則を海戦に応用する条約	
1906年		第2回赤十字条約	
1907年	ハーグ陸戦条約・規則（改正） 自動触発機雷敷設条約 海軍砲撃条約	ジュネーヴ条約の原則を海戦に応用する条約（改正）	海戦に関する条約 陸戦中立条約 捕獲権行使制限条約 海戦中立条約
1909年			ロンドン海戦宣言（未発効）
1923年	空戦規則案（未採択）		
1925年	ジュネーヴ・ガス議定書		
1929年		第3回赤十字条約	
1936年	ロンドン潜水艦宣言議定書		
1945年			ニュルンベルグ国際軍事裁判所条例【180】
1946年			極東国際軍事裁判所条例【180】
1949年		ジュネーヴ諸条約（傷病兵保護条約；海上傷病兵保護条約；捕虜条約；文民条約）	
1954年			文化財保護条約；同第1議定書
1972年	生物兵器禁止条約【205】		
1976年	環境改変技術敵対的使用禁止条約起草（1978年発効）		
1977年	ジュネーヴ諸条約第1追加議定書・第2追加議定書		
1980年	特定通常兵器禁止・制限条約【205】；検出不可能な破片兵器に関する議定書Ⅰ；地雷等に関する議定書Ⅱ；焼夷兵器に関する議定書Ⅲ		
1992年	化学兵器禁止条約【205】		
1993年			旧ユーゴ国際刑事裁判所規程【180】
1994年			ルワンダ国際刑事裁判所規程【180】
1995年	失明をもたらすレーザー兵器に関する議定書Ⅳ		
1996年	地雷等に関する議定書Ⅱ（改正）		
1997年	対人地雷禁止条約【205】		
1998年			国際刑事裁判所規程【180】
1999年			文化財保護条約；第2議定書
2003年	爆発性の戦争残存物に関する議定書		
2008年	クラスター弾に関する条約【205】		

［出典］　松井芳郎『国際法から世界を見る―市民のための国際法入門〔第3版〕』東信堂，2011年，254-255頁等をもとに筆者作成。

Ⅲ　現代国際社会の法と政治編

【180】　国際刑事裁判所の系譜

裁判所名 （設置年）	設置の 基礎	構　　成	対象犯罪	判　　決
ニュルンベルグ国際裁判所（1945年）	連合国ロンドン協定	裁判官4名（米・英・仏・ソが各1名任命）	平和に対する罪；戦争犯罪（戦争法規・慣例の違反）；人道に対する罪	国連総会は決議95（I）により裁判所条例および判決が認めた国際法の諸原則を確認。
極東国際軍事裁判所（1946年）	ポツダム宣言；連合国最高司令官命令	裁判官11名（連合国の申し出に基づき連合国最高司令官が任命）	平和に対する罪；通例の戦争犯罪（戦争法規・慣例の違反）；人道に対する罪	日本については人道に対する罪で有罪とされた者はない。
旧ユーゴ国際刑事裁判所（ICTY）（1993年）	安保理決議827（1993年）	上訴裁判部（5名）；第1審裁判部（3名）2（安保理が提出する名簿から総会が選出[*]）	1949年ジュネーヴ諸条約の重大な違反行為；戦争の法規・慣例の違反；集団殺害；人道に対する罪	＊業務量の増加に伴い構成は漸次増強された。
ルワンダ国際刑事裁判所（ICTR）（1994年）	安保理決議955（1994年）	上訴裁判部（5名）；第1審裁判部（3名）2（上訴裁判部裁判官はICTY上訴裁判部裁判官が兼務し，第1審裁判部裁判官は安保理が提出する名簿から国連総会が選出^{**}）	集団殺害；人道に対する罪；ジュネーヴ諸条約共通第3条及び第Ⅱ追加議定書の違反	＊＊業務量の増加に伴い上訴裁判部が独立とされるなど，構成は漸次増強された。
国際刑事裁判所（ICC）（1998年規程採択，2002年発効）	国際刑事裁判所規程	上訴部（裁判官5名）；第1審部（裁判官6名以上）；予審部（裁判官6名以上）計18名（締約国が指名した候補から締約国会議が選出）	集団殺害；人道に対する罪；戦争犯罪；（侵略の罪^{***}）	＊＊＊侵略犯罪の構成要件と管轄権行使の条件は2010年の規程検討会議が採択（未発効）

　　[出典]　松井芳郎『国際法から世界を見る―市民のための国際法入門〔第3版〕』東信堂，2011年，154頁等をもとに筆者作成。

196

4 個　人

【181】 ICCが管轄権を有する犯罪

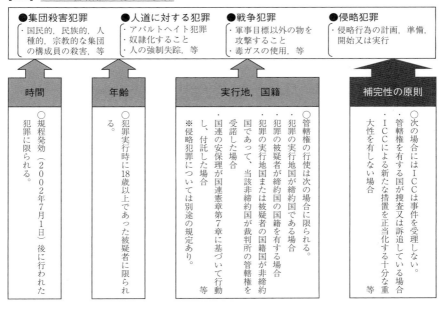

[出典] 外務省ウェブサイト。

【182】 非締約国の行為に伴う侵略犯罪に対する管轄権の除外

国際刑事裁判所に関するローマ規程第15条の2 （カンパラ改正）

4．裁判所は，第12条に従って，締約国により行われた侵略行為から生じる侵略犯罪について，管轄権を行使することができる。ただし，当該締約国が裁判所書記に宣言を寄託することにより，かかる管轄権を受諾しないことを宣言していた場合はこの限りではない。（略）

5．裁判所は，この規程の締約国でない国に関しては，当該国の国民により又はその領域内で侵された侵略犯罪に対して管轄権を行使してはならない。

Ⅲ　現代国際社会の法と政治編

【183】 実行地及び被疑者の国籍によるICCの管轄権の有無

```
　　1．締約国（A国）において犯罪が実行された場合
```

→被疑者の国籍国が締約国か否かにかかわらず，ICC は管轄権を有する。

```
　　2．非締約国（B国）において犯罪が実行された場合
```

（イ）被疑者の国籍国が締約国（A国）である場合
　　→ICC は管轄権を有する。

（ロ）被疑者の国籍国が非締約国（C国）である場合
　（a）B国（実行地）又はC国（被疑者の国籍国）がICCの管轄権を認めた場合
　　　→ICC は管轄権を有する。
　（b）B国（実行地）及びC国（被疑者の国籍国）がともにICCの管轄権を認めない場合
　　　→ICC は管轄権を有しない。
　　　ただし，B国及びC国が国連加盟国である場合，BC両国の意志に関わらず，国連安保理
　　が憲章第7章下の決議で付託した場合はICCは管轄権を有する。
　　（例：スーダン・ダルフールの事態（実行地国，被疑者の国籍国がともにスーダン（非締約国）
　　という事例）は安保理決議1593によって付託され，ICCが捜査を行っている。）

　　［出典］　外務省ウェブサイト。

【184】 シェーファー米国務省戦争犯罪問題担当大使のICC規程に関する発言

　米国としては，少なくとも一定期間この条約の当事国になることはないでしょう。
…（略）…米国は海外に多数の兵士を配備しており，集団的自衛から，同盟協定，平
和維持活動，平和執行活動に至るまで幅広い責務を実行しています。日本も含めて海
外に派遣されている多数の兵士を米国が当時国にもなっていない裁判所への引渡の可
能性にさらすことに対して，米国で支持を得ることなどできません。われわれが解決
しようと努めている問題は，非当事国にもかかわらず裁判所に兵士を引渡すという点
だけです。

　　［出典］　外務省・日本赤十字主催『国際人道法に関するセミナー報告書』2000年，202頁。

⑤ 紛争解決・安全保障

1 平和的解決

解題 国際法違反行為が行われた場合，その違反国に対して法律上の不利益や制裁等が課されることになる。国際法違反行為を行った国が負う責任のことを国家責任という。国家責任が成立するためには，①問題の行為が国家に帰属すること，②その行為が国際義務に違反すること，の2要件を満たすことが必要である。もっとも，国際法上の義務に違反しても，一定の事情があれば国家責任を発生しないとされる場合がある。このような事情のことを違法性阻却事由という【185】。

国際違法行為の責任を追及することができるのは，被害国である。私人は，条約等によって特別に認められていない限り，加害国の国家責任を国際法上直接追及することは原則としてできず，被害者の本国が外交的保護権を行使することによって国家責任を追及することになる。この点，日本と韓国との間では，慰安婦問題等をめぐって，二国間協定で放棄されたのは外交的保護権のみであり，個人の請求権は現存しているという論争が存在している【186】【187】【188】。

伝統的国際法においては，国際紛争の解決方法として武力を使うことが認められており，平和的解決方法は，事情が許す限りとられればよいとされていた。しかし，19世紀末から戦争を制限・禁止する国際法規則が徐々に形成されるにつれて，平和的紛争解決は戦争に訴える前に試みるべき手続的前提と考えられるようになった。武力行使の禁止を規定する国連憲章は，国際紛争を平和的に解決することを国連加盟国の義務の1つとして挙げている（2条3項）。

19世紀末以降の国際紛争の平和的解決手続を制度化する試みの中で，重要な位置を占めるようになっているのが，国際的な裁判制度である。国際司法裁判所（ICJ）は，国連の主要な司法機関に位置づけられており，国家間紛争に関して判決を下す機能を果たしている。ICJでは，紛争の両当事者による合意付託が原則とされ，紛争の一方の当事者のみの判断で紛争を付託できるのは，ICJ規程36条2項の選択条項受諾宣言に基づく場合と，同条1項の規定する裁判条約や裁判条項等によって紛争の一方的な付託が認められている場合に限られている【189】【190】【191】。ICJの裁判手続では，先決的抗弁において，訴えの利益について検討が行われるが，それをめぐって民衆訴訟の可能性が注目を集めている【192】【193】。また，ICJは，国際組織が要請する法律問題について勧告的意見を下す機能も有している【194】。

199

Ⅲ　現代国際社会の法と政治編

【185】在ペルー日本大使館公邸占拠事件に関する日本政府の見解

（問）昨日の救出作戦でペルー政府より事前連絡がなかった事について，ウィーン条約で大使館，公邸は不可侵になっているが，条約上まったく問題がないと位置づけているのか。条約上は定義できないが，緊急避難的な措置として認めているのかといったことについての外務省の見解如何。

（報道官）昨日橋本総理大臣は，事前通報がなかったことについて遺憾とは思うが，事情は理解するといった趣旨のことを記者会見で述べている。これが日本政府の立場である。更に説明すると，日本側への事前連絡が無かったのは事実であって，これを遺憾という場合には，国際法上の問題を含めて遺憾と政府としては考えるが，緊急事態であったので事前通報をして来るような状況になかったという事情は理解するということである。

　　［出典］　報道官会見記録（1997年 4 月24日）（外務省ウェブサイト）。

【186】日韓請求権問題

⑴　日韓請求権並びに経済協力協定（1965年）第 2 条

1　両締約国は，両締約国及びその国民（法人を含む。）の財産，権利及び利益並びに両締約国及びその国民の間の請求権に関する問題が，千九百五十一年九月八日にサン・フランシスコ市で署名された日本国との平和条約第四条（a）に規定されたものを含めて，完全かつ最終的に解決されたこととなることを確認する。

⑵　柳井俊二外務省条約局長答弁（1991年 8 月27日）

　いわゆる日韓請求権協定におきまして両国間の請求権の問題は最終かつ完全に解決したわけでございます。その意味するところでございますが，日韓両国間において存在しておりましたそれぞれの国民の請求権を含めて解決したということでございますけれども，これは日韓両国が国家として持っております外交保護権を相互に放棄したということでございます。したがいまして，いわゆる個人の請求権そのものを国内法的な意味で消滅させたというものではございません。日韓両国間で政府としてこれを外交保護権の行使として取り上げることはできない，こういう意味でございます。

　　［出典］　第121回国会参議院予算委員会会議録第 3 号。

⑶　日本政府の立場（2014年 9 月24日現在）

Q　政府間における請求権の問題は解決済みでも，個人の請求権問題は未解決なのではないですか。

A　1．終戦後，我が国は，関係国との間で，賠償や財産，請求権の問題を一括して処理しましたが，その際，個人の請求権についても併せて処理しました。例えば，サンフランシスコ平和条約では，連合国国民及び日本国国民の相手国及びその国民に対

する請求権はそれぞれ放棄されています。

2．このように個人の請求権の問題についても，サンフランシスコ平和条約，二国間の平和条約等の当事国との間では，法的に解決されています。

　　［出典］「歴史問題Q＆A」（外務省ウェブサイト）。

【187】慰安婦関係調査結果発表に関する河野内閣官房長官談話（1993年8月4日）

（略）今次調査の結果，長期に，かつ広範な地域にわたって慰安所が設置され，数多くの慰安婦が存在したことが認められた。慰安所は，当時の軍当局の要請により設営されたものであり，慰安所の設置，管理及び慰安婦の移送については，旧日本軍が直接あるいは間接にこれに関与した。慰安婦の募集については，軍の要請を受けた業者が主としてこれに当たったが，その場合も，甘言，強圧による等，本人たちの意思に反して集められた事例が数多くあり，更に，官憲等が直接これに加担したこともあったたことが明らかになった。また，慰安所における生活は，強制的な状況の下での痛ましいものであった。

　なお，戦地に移送された慰安婦の出身地については，日本を別とすれば，朝鮮半島が大きな比重を占めていたが，当時の朝鮮半島は我が国の統治下にあり，その募集，移送，管理等も，甘言，強圧による等，総じて本人たちの意思に反して行われた。

　いずれにしても，本件は，当時の軍の関与の下に，多数の女性の名誉と尊厳を深く傷つけた問題である。政府は，この機会に，改めて，その出身地のいかんを問わず，いわゆる従軍慰安婦として数多の苦痛を経験され，心身にわたり癒しがたい傷を負われたすべての方々に対し心からお詫びと反省の気持ちを申し上げる。また，そのような気持ちを我が国としてどのように表すかということについては，有識者のご意見なども徴しつつ，今後とも真剣に検討すべきものと考える。（略）

　　［出典］外務省ウェブサイト。

【188】慰安婦問題日韓合意（2015年12月28日）

(1) 岸田外務大臣

　日韓間の慰安婦問題については，これまで，両国局長協議等において，集中的に協議を行ってきた。その結果に基づき，日本政府として，以下を申し述べる。

① 慰安婦問題は，当時の軍の関与の下に，多数の女性の名誉と尊厳を深く傷つけた問題であり，かかる観点から，日本政府は責任を痛感している。

　安倍内閣総理大臣は，日本国の内閣総理大臣として改めて，慰安婦として数多の苦痛を経験され，心身にわたり癒しがたい傷を負われた全ての方々に対し，心からおわびと反省の気持ちを表明する。

② 日本政府は，これまでも本問題に真摯に取り組んできたところ，その経験に立って，今般，日本政府の予算により，全ての元慰安婦の方々の心の傷を癒やす措置を講じる。具体的には，韓国政府が，元慰安婦の方々の支援を目的とした財団を設立し，これに日本政府の予算で資金を一括で拠出し，日韓両政府が協力し，全ての元慰安婦の方々の名誉と尊厳の回復，心の傷の癒やしのための事業を行うこととする。
③ 日本政府は上記を表明するとともに，上記②の措置を着実に実施するとの前提で，今回の発表により，この問題が最終的かつ不可逆的に解決されることを確認する。
　あわせて，日本政府は，韓国政府と共に，今後，国連等国際社会において，本問題について互いに非難・批判することは控える。

(2) **尹外交部長官**
　韓日間の日本軍慰安婦被害者問題については，これまで，両国局長協議等において，集中的に協議を行ってきた。その結果に基づき，韓国政府として，以下を申し述べる。
① 韓国政府は，日本政府の表明と今回の発表に至るまでの取組を評価し，日本政府が上記(1)②で表明した措置が着実に実施されるとの前提で，今回の発表により，日本政府と共に，この問題が最終的かつ不可逆的に解決されることを確認する。韓国政府は，日本政府の実施する措置に協力する。
② 韓国政府は，日本政府が在韓国日本大使館前の少女像に対し，公館の安寧・威厳の維持の観点から懸念していることを認知し，韓国政府としても，可能な対応方向について関連団体との協議を行う等を通じて，適切に解決されるよう努力する。
③ 韓国政府は，今般日本政府の表明した措置が着実に実施されるとの前提で，日本政府と共に，今後，国連等国際社会において，本問題について互いに非難・批判することは控える。

［出典］　外務省ウェブサイト。

【189】 ICJ管轄権の受諾方式

［出典］　西井正弘編『図説国際法』有斐閣，1998年，235頁をもとに筆者作成。

⑤　紛争解決・安全保障

【190】選択条項受諾国一覧（2018年8月23日現在）

地　域	選択条項受諾国	計
アジア	カンボジア，インド，日本，パキスタン，フィリピン，東ティモール	6
アフリカ	ボツワナ，カメルーン，コートジボワール，コンゴ民主共和国，エジプト，ガンビア，ギニア共和国，ギニアビサオ，ケニア，レソト，リベリア，マダガスカル，マラウイ，モーリシャス，ナイジェリア，セネガル，ソマリア，スーダン，スワジランド，トーゴ，ウガンダ，ジブチ，赤道ギニア共和国	23
ラテンアメリカ	バルバドス，コスタリカ，ドミニカ国，ドミニカ共和国，ハイチ，ホンジュラス，メキシコ，ニカラグア，パナマ，パラグアイ，ペルー，スリナム，ウルグアイ	13
西欧，その他	オーストラリア，オーストリア，ベルギー，カナダ，キプロス，デンマーク，フィンランド，ドイツ，ギリシャ，リヒテンシュタイン，ルクセンブルク，マルタ，オランダ，ニュージーランド，ノルウェー，ポルトガル，スペイン，スウェーデン，スイス，イギリス，アイルランド，マーシャル諸島共和国，イタリア	23
東　欧	ブルガリア，エストニア，グルジア，ハンガリー，スロバキア，ポーランド，リトアニア，ルーマニア	8
	総計	73

　［出典］　ICJウェブサイトをもとに筆者作成。

【191】日本のICJ義務的管轄権受諾における「不意打ち提訴」に対する留保

　　この宣言は，紛争の他のいずれかの当事国が当該紛争との関係においてのみ若しくは当該紛争を目的としてのみ国際司法裁判所の義務的管轄を受諾した紛争，又は紛争の他のいずれかの当事国による国際司法裁判所の義務的管轄の受諾についての寄託若しくは批准が当該紛争を国際司法裁判所に付託する請求の提出に先立つ12ヶ月未満の期間内に行われる紛争の場合には，適用がないものとします。

　［出典］　『官報』（平成19年7月9日），外務省告示第394号。

203

Ⅲ　現代国際社会の法と政治編

【192】 ICJにおける裁判手続

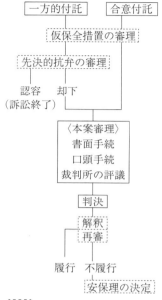

［注］　□は必ず行われる手続，┌┄┐は可能性がある手続。
［出典］　松井芳郎ほか『国際法〔第5版〕』有斐閣，2007年，272頁。

【193】 民衆訴訟

(1) **南西アフリカ事件（第2段階）ICJ判決（1966年）**

88．（原告の）主張は，裁判所が「民衆訴訟」に等しいもの，又は公の利益を擁護するために法的訴訟を提起する共同体のいかなる構成員にも固有の権利を認めるべきだという主張につながる。しかし，この種の権利は，いくつかの国内法制度上は知られているかもしれないが，現段階での国際法では知られていないし，裁判所はそれを規程第38条1項（c）に定める「法の一般原則」とみなすこともできない。
　［出典］　*ICJ Report*, 1966.

(2) **訴追するか引き渡すかの義務に関する問題事件（ベルギー対セネガル，2012年）**

68．拷問禁止条約の趣旨及び目的は，前文にあるとおり「拷問及び他の残虐な，非人道的な又は品位を傷つける取扱い又は刑罰をなくすための世界各地における努力を一層効果的なものとすることである。条約締約国は共有された価値により，拷問行為が防止され，それが生じた場合には実行者が不処罰を享受することがないことを

確保する共通の利益を有している。…（略）…他のすべての国家は，当該国家の領域内に拷問の実行者が存在している場合には，条約上の義務の履行に関して共通の利益を有している。この共通の利益は，問題の義務がいかなる国によっても条約の他のすべての締約国に対して負っている義務であるということを示している。すべての締約国が関連する権利の保護の法的利益を有している。これらの義務は，各当事国が所与の事件において義務の履行について利益を有するという意味で対世的義務と定義できる。この点で，拷問禁止条約の関連規程は，ジェノサイド条約との共通性がある。

69. 拷問等禁止条約の関連する義務の遵守に対する共通の利益は，各条約当事国が他の当事国による違反の停止について請求をおこなう権利を与えられていることを意味する。

［出典］ *ICJ Report*, 2012.

【194】 核兵器の使用の合法性（ICJ勧告的意見，1996年7月8日）

総会による諮問に次のように答える。

A 慣習国際法上も条約国際法上も，核兵器の使用の特別の許可は存在しない（全員一致）。

B 慣習国際法上も条約国際法上も，核兵器の威嚇又は使用それ自体の包括的かつ普遍的な禁止は存在しない。(11対3)

C 国連憲章第2条4項に違反し，第51条のすべての要件を満たさない核兵器による武力の威嚇又は使用は違法である。（全員一致）

D 核兵器の威嚇又は使用は，武力紛争に適用される国際法，特に国際人道法の原則及び規則の要請，ならびに核兵器を明文で扱う条約及び他の約束の特別の義務と両立するものでなければならない。（全員一致）

E 上述の要請から，核兵器の威嚇又は使用は，武力紛争に適用される国際法の諸規則，特に人道法の原則及び規則に一般的には違反するだろう。

しかしながら，国際法の現状及び裁判所の利用しうる事実の諸要素を勘案し，裁判所は，核兵器の威嚇又は使用が，国家の存亡そのもののかかった自衛の極限的状況において，合法であるか違法であるかを明確に結論しえない（7対7，裁判長裁決）。

F 厳格かつ効果的な国際管理の下で，あらゆる側面での核軍縮に導く交渉を誠実におこない，完了させる義務が存在する（全員一致）。

［出典］ *ICJ Report*, 1996.

Ⅲ　現代国際社会の法と政治編

2　国際安全保障

　　解　題　安全保障に関して多くの国は，現在は国連憲章第51条に規定され
ている個別的自衛権および同盟国への攻撃も自国の攻撃とみなす集団的自衛
権（軍事同盟）により維持しようとしてきた。しかし，それが第一次世界大戦
を激化させてしまった反省から，戦後には関係国すべてがその体制に参加し
相互に安全を保障し合う「集団的安全保障」が国際連盟発足という形で採用
された【195】。また，第二次世界大戦後に発足した国際連合（国連）では，憲
章上の国連軍こそ発足していないが，国連平和維持活動（PKO）や多国籍軍が
数多く設置された。さらに，冷戦後に脆弱国家【016】の出現に直面した国際
社会は，従来の「国家安全保障」を補完する「人間の安全保障」【196】や，
和平調停から停戦合意，和平合意そして持続可能な平和を目指す「平和構築」
などの概念を提起している。その結果，PKOは時代とともに変遷し，冷戦期
の第一世代から第二世代および第三世代を経て，近年は第四世代と呼ばれる
ようになっている【198】。
　　冷戦期の日本は，平和主義の立場から，国連憲章第51条【197】で認められ
ている集団的自衛権は行使できないとし，自衛隊も含む国際貢献には消極的
であった。しかし，冷戦終焉後は，まず国際貢献に関して積極的な姿勢に転
じ，自衛隊の海外派遣を始めた。そして2015年には国際平和協力法が改正さ
れると同時に国際支援法が成立した【199】【200】【203】。しかし，PKO要員
派遣は他のアジア近隣諸国や先進諸国と比して少なく，2017年５月に国連南
スーダン共和国ミッション（UNMISS）から自衛隊施設大隊が撤退してからは
４名にとどまっている。この原因として活動中の武器使用が緩和されたとは
言え現行法制による制約も指摘されている。他方，2008年頃から特にソマリ
ア海域（アデン湾）や東南アジアで海賊行為が頻発するようになったが，国際
社会の取り組みにより近年のソマリア海域における海賊行為は激減した（詳細
は「海賊対処レポート」（内閣官房ウェブサイト）を参照されたい）。また，同海域を
シーレーン防衛の観点から重要視する日本も2009年に海上保安庁や自衛隊の
海賊対処を可能にする海賊対処法【201】を，2013年には民間警備員の小銃（ラ
イフル銃）所持を限定的に認める海賊多発海域における日本船舶の警備に関す
る特別措置法【202】が成立した。
　　一方，日本の政府開発援助（ODA）は，1989年以降1990年を除き2000年まで
世界第１位であり続けたが，1997年以降は減少傾向にあり，近年は約30年前
の水準となっている（詳細は「政府開発援助（ODA）」（外務省ウェブサイト）を参照
されたい）。また国際環境の変化に伴い，日本の開発協力の原則は名称ととも
に2015年２月に大きく変更された【204】が，その背景として先進国から途上
国への資金フローが大きく変化し，近年は民間資金の方がより多く流れてい
ることにも着目する必要もあろう。

206

【195】集団的自衛権と集団的安全保障

▼集団的自衛権　　　　　　　　▼集団的安全保障

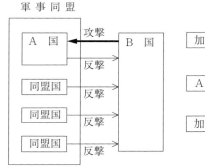
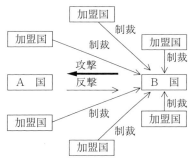

［出典］　横田洋三編著『新国際機構論』国際書院，2005年，238頁をもとに筆者作成。

【196】「人間の安全保障」の定義

	狭　義 （＝恐怖からの自由）	広　義 （＝欠乏からの自由＋尊厳を持って生きる自由＋恐怖からの自由）
対称脅威	紛争，大量虐殺，民族浄化，暴力，テロ，対人地雷，小型武器等，人権蹂躙[注1]	貧困，自然災害，環境劣化，気候変動，感染症，栄養不良，麻薬，国内避難民，難民，人身売買，対立・誤解，心の貧困（poverty of dignity），ガバナンス等
手　段	法的規範，国際人道法強化，調停，人道的介入（含武力行使）→保護する責任[注2]	保護と能力強化（エンパワーメント），紛争予防，平和構築，文化活動（信頼醸成，融和，和解，心のケア，誇りの回復など），貿易へのアクセス，債務軽減，政府開発援助（ODA），教育，保健衛生，民主化等の能力強化，麻薬取引取締等
立　場	カナダ，ノルウェー，オランダ，スイス	国連，UNDP，日本，タイ，メキシコ，人間の安全保障委員会等
Norm Entrepreneurs（規範推進者）	ロイド・アクスワージー，ブライアン・ジョブ，ポール・エバンス，アンドリュー・マック，メアリー・カルドー，ドン・ヒューバート，アミタヴ・アチャルヤ	小渕恵三，緒方貞子，小倉和夫，山本正，スリン・ピツワン，アマルティア・セン，シャルバナウ・タジバクシュ，メリー・アンソニー，サビナ・アルカイア，ピーター・ユーヴィン，アン・マリー・スローター

［注1］　人権蹂躙は広義の定義には含まれない。
［注2］　保護する責任（Responsibility to Protect：R2P）は広義の定義には含まれない。
［出典］　福島安紀子『人間の安全保障―グローバル化する多様な脅威と政策フレームワーク』千倉書房，2010年，35頁をもとに筆者作成。

Ⅲ　現代国際社会の法と政治編

【197】 国連憲章第7章（一部抜粋）

第39条〔安全保障理事会の一般的権能〕

　安全保障理事会は，平和に対する脅威，平和の破壊又は侵略行為の存在を決定し，並びに，国際の平和及び安全を維持し又は回復するために，勧告をし，又は第41条及び第42条に従っていかなる措置をとるかを決定する。

第41条〔非軍事的措置〕

　安全保障理事会は，その決定を実施するために，兵力の使用を伴わないいかなる措置を使用すべきかを決定することができ，且つ，この措置を適用するように国際連合加盟国に要請することができる。この措置は，経済関係及び鉄道，航海，航空，郵便，電信，無線通信その他の運輸通信の手段の全部又は一部の中断並びに外交関係の断絶を含むことができる。

第42条〔軍事的措置〕

　安全保障理事会は，第41条に定める措置では不十分であろうと認め，又は不十分なことが判明したと認めるときは，国際の平和及び安全の維持又は回復に必要な空軍，海軍又は陸軍の行動をとることができる。この行動は，国際連合加盟国の空軍，海軍又は陸軍による示威，封鎖その他の行動を含むことができる。

第43条〔特別協定〕

1　国際の平和及び安全の維持に貢献するため，すべての国際連合加盟国は，安全保障理事会の要請に基き且つ一つ又は二つ以上の特別協定に従って，国際の平和及び安全の維持に必要な兵力，援助及び便益を安全保障理事会に利用させることを約束する。この便益には，通過の権利が含まれる。

2　前記の協定は，兵力の数及び種類，その出動準備程度及び一般的配置並びに提供されるべき便益及び援助の性質を規定する。

3　前記の協定は，安全保障理事会の発議によって，なるべくすみやかに交渉する。この協定は，安全保障理事会と加盟国群との間に締結され，且つ，署名国によって各自の憲法上の手続に従って批准されなければならない。

第51条〔自衛権〕

　この憲章のいかなる規定も，国際連合加盟国に対して武力攻撃が発生した場合には，安全保障理事会が国際の平和及び安全の維持に必要な措置をとるまでの間，個別的又は集団的自衛の固有の権利を害するものではない。この自衛権の行使に当って加盟国がとった措置は，直ちに安全保障理事会に報告しなければならない。また，この措置は，安全保障理事会が国際の平和及び安全の維持又は回復のために必要と認める行動をいつでもとるこの憲章に基く権能及び責任に対しては，いかなる影響も及ぼすものではない。

　　〔注〕　憲章第2条第4項【107】では武力不行使原則が規定され、第2条第7項では内政不干渉原則を規定しつつも憲章第7章に基づく強制措置の適用を妨げるものではないとされている。
　　〔出典〕「国連憲章テキスト」（国際連合広報センターウェブサイト）。

5　紛争解決・安全保障

【198】 国連PKOの変遷と分類

	伝統的PKO	複合型／多機能型PKO multidimensional operations	平和執行部隊	複合型／多機能型PKO multidimensional operations
活動の領域	停戦監視	停戦監視	—	—
		平和構築	平和構築	平和構築
			平和執行	—
		平和構築… ・武装解除 ・難民，避難民帰還 ・地雷除去 ・選挙支援，人権保護 　等	'92『平和への課題』 （ガリ・元国連事務総長） 平和執行概念の提唱	統合ミッション 統合ミッション… ・人道，復興，開発支援 ・他の国連機関との連携 ・国連カントリーチーム ・NGO ・ODA　等
			'95『平和への課題・追補』 （ガリ・元国連事務総長） 伝統的PKOへの回帰	
			'00『ブラヒミ・レポート』 国連PKO活動を(1)紛争予防と平和創造,(2)平和維持，(3)平和構築に分けた上，それぞれの分野での改革の必要性を訴えている	
			'08『キャップストーン・ドクトリン（原則と指針）』 国連PKOの原則として，①主要な紛争当事者の同意，②不偏性，③自衛及び任務防衛以外の実力の不行使を挙げた	
一　例	国連兵力引き離し監視隊 （UNDOF）	カンボジア暫定統治機構 （UNTAC）	第2次国連ソマリア活動 （UNOSOM II）	国連南スーダン共和国ミッション （UNMISS）
概　要	純粋な停戦監視を目的としたPKO	停戦監視に加え，文民中心の平和構築活動を，ミッションの枠組みに入れたPKO	停戦合意が結ばれていない紛争に対しても国連が介入，平和執行を主任務とした部隊 ⇒失敗	国造り支援，人道支援や開発支援を専門とする他の国連機関等と連携するPKO ⇒「統合ミッション」誕生 （integrated mission） ⇒現在の主流

※あくまでもイメージ図であり，精緻を期したものではない。

[注]　『ブラヒミ・レポート』提出後，文民保護（Protection of Civilian：POC）の任務への追加や紛争当事者が国連憲章第7章下での「実力の行使」に同意していることなどを特徴とする「強化された（robust）国連PKO」が登場した。具体例として，国連シエラレオネ監視ミッション（UNAMSIL）や国連コンゴ民主共和国ミッション（Mission de l'Organisation des Nations Unies en République démocratique du Congo：MONUC）があげられるが，国連自身は「強化されたPKO」を過去の平和執行部隊とは区別している。

[出典]　内閣府国際平和協力本部事務局作成講義用資料。

209

Ⅲ　現代国際社会の法と政治編

【199】 国際平和協力に関する諸法の概要

	国際平和協力法	旧テロ対策特別措置法	イラク復興支援特別措置法	新テロ対策特別措置法	国際平和支援法
施行	1992.8.10	2001.11. 2	2003. 8. 1	2008. 1.16	2016. 3.29
最新改正	2017.8.18	2006.12.22	2007. 6.27	2008.12.16	
失効		2007.11. 1	2009. 7.31	2010. 1.15	
目　的 （第1条）	国際連合平和維持活動，人道的な国際救援活動及び国際的な選挙監視活動に対する適切かつ迅速な協力	国際的なテロリズムの防止および根絶のための国際社会の取組への積極的かつ主体的な寄与	国連決議に基づきイラクに対して行われた武力行使並びにこれに引き続く事態を受け，イラクの速やかな国家再建を図るための国際社会の取組への主体的かつ積極的な寄与	テロ対策海上阻止活動を行う諸外国の軍隊等に対する補給支援活動の実施を通じた国際的なテロリズムの防止及び根絶のための国際社会の取組への積極的かつ主体的な寄与	国際平和共同対処事態を行う諸外国の軍隊等に対する協力支援活動等を行うことにより，国際社会の平和及び安全の確保に資する
基本原則 （第2条） （措置）	国際平和協力業務の実施，物資協力，これらについての国以外の者の協力	協力支援活動，捜索救助活動，被災民救援活動	人道復興支援活動，安全確保支援活動	補給支援活動	協力支援活動，捜索救助活動，船舶検査活動
（実施）	武力による威嚇又は武力の行使に当たるものであってはならない				
武器の使用	自己又は自己と共に現場に所在する他の隊員若しくはその職務を行うに伴い自己の管理の下に入った者の生命又は身体を防衛するためやむを得ない必要があると認める相当の理由がある場合には，その事態に応じ合理的に必要と判断される限度で使用可。当該現場に上官が在るときは，その命令によらなければならない。ただし，生命又は身体に対する侵害又は危難が切迫し，その命令を受けるいとまがないときは，この限りでない。				
	（第25条）	（第12条）	（第17条）	（第8条）	（第11条）

［注1］ ・国際平和協力法：国際連合平和維持活動等に対する協力に関する法律
　　　　・旧テロ対策特別措置法：2001年9月11日のアメリカ合衆国において発生したテロリストによる攻撃等に対応して行われる国際連合憲章の目的達成のための諸外国の活動に対して我が国が実施する措置及び関連する国際連合決議等に基づく人道的措置に関する特別措置法
　　　　・イラク復興支援特別措置法：イラクにおける人道復興支援活動及び安全確保支援活動の実施に関する特別措置法
　　　　・新テロ対策特別措置法：テロ対策海上阻止活動に対する補給支援活動の実施に関する特別措置法
　　　　・国際平和支援法：国際平和共同対処事態に際して我が国が実施する諸外国の軍隊等に対する協力支援活動等に関する法律
［注2］ 国際平和協力法では，2015年の改正により，上記の自己保存型の武器の使用に加えて，任務遂行型の武器使用も認められている（第26条）。
［注3］ 国際平和共同対処事態とは，①国際社会の平和及び安全を脅かす事態であって，②その脅威を除去するために国際社会が国際連合憲章の目的に従い共同して対処する活動を行い，③我が国が国際社会の一員としてこれに主体的かつ積極的に寄与する必要があるものを指す。
［出典］ 内閣府国際平和協力本部事務局作成講義用資料をもとに筆者作成。

5　紛争解決・安全保障

【200】　国際平和協力法

（1）　国際平和協力業務の各類型（具体的任務）

協力の対象			旧法第3条第3号に掲げる各類型	2015年改正法第3条第5号に掲げる各類型
国際的な選挙監視活動	国際連合平和維持活動・国際連携平和安全活動		イ　停戦・武装解除等監視	イ　停戦・武装解除等監視
			ロ　駐留・巡回	ロ　駐留・巡回
			ハ　武器の搬入・搬出の検査・確認	ハ　武器の搬入・搬出の検査・確認
			ニ　放棄武器の収集・保管・処分	ニ　放棄武器の収集・保管・処分
			ホ　停戦線等設定の援助	ホ　停戦線等設定の援助
			ヘ　捕虜交換の援助	ヘ　捕虜交換の援助
				ト　防護を必要とする住民等に対する危害防止等
		人道的な国際救援活動	ト　選挙・投票の監視・管理	チ　選挙・投票の監視・管理
			チ　警察行政事務に関する助言・指導・監視	リ　警察行政事務に関する助言・指導・監視
				ヌ　矯正行政事務に関する助言・指導・監視
			リ　行政事務に関する助言・指導（警察行政事務除く）．	ル　行政等事務に関する助言・指導（リ・ヌ除く）
				ヲ　国の防衛に関する組織等の設立又は再建の援助
			ヌ　医療（含防疫）	ワ　医療（含防疫）
			ル　被災民の捜索・救出・帰還援助	カ　被災民の捜索・救出・帰還援助
			ヲ　被災民に対する生活関連物資の配布	ヨ　被災民に対する生活関連物資の配布
			ワ　被災民収容施設・設備の設置	タ　被災民収容施設・設備の設置
			カ　紛争被害施設・設備整備	レ　紛争被害施設・設備整備
			ヨ　紛争汚染自然環境の復旧	ソ　紛争汚染自然環境の復旧
			タ　輸送，保管（含備蓄），通信，建設等	ツ　輸送，保管（含備蓄），通信，建設等
				ネ　国際連合平和維持活動等を統括又は調整する組織における企画立案等
			レ　イからタに掲げる業務に類するものとして政令で定める業務	ナ　イからネまでに掲げる業務に類するものとして政令で定める業務
				ラ　国際連合平和維持活動等に従事する者等に対し緊急の要請に対応して行う生命及び身体の保護

［注1］　イ〜ヘはいわゆるPKF（Peace-Keeping Force）本体業務で，2001年改正により国会承認事項として凍結が解除された。ただし，現在まで部隊によって実施されたことはない。
［注2］　国際連携平和安全活動は2015年改正により新設。

211

Ⅲ　現代国際社会の法と政治編

(2)　PKO参加5原則

我が国は，次の原則に従い国連平和維持隊に参加するものとする。

1．紛争当事者の間で停戦の合意が成立していること。

2．当該平和維持隊が活動する地域の属する国を含む紛争当事者が当該平和維持隊の活動及び当該平和維持隊への我が国の参加に同意していること。

3．当該平和維持隊が特定の紛争当事者に偏ることなく，中立的な立場を厳守すること。

4．上記の原則のいずれかが満たされない状況が生じた場合には，我が国から参加した部隊は撤収することができること。

5．武器使用は要員の生命等の防護のために必要な最小限のものを基本。受入れ同意が安定的に維持されていることが確認されている場合，いわゆる安全確保業務及びいわゆる駆け付け警護の実施に当たり，自己保存型及び武器等防護を超える武器使用が可能。

［注］　下線部が2015年改正により追加された。
［出典］　内閣府国際平和協力本部事務局作成講義用資料に筆者が一部加筆し，作成。

【201】　海賊対処法（海賊行為の処罰及び海賊行為の対処に関する法律，2009年6月19日成立，同年7月24日施行）の概要

(1)　海賊行為の定義

・船舶（軍艦等を除く）に乗り組み又は乗船した者が，私的目的で，公海（排他的経済水域を含む）又は我が国領海等において行う次の行為。

1．船舶強取・運航支配　　2．船舶内の財物強取等　　3．船舶内にある者の略取　　4．人質強要　　5．1〜4の目的での①船舶侵入・損壊，②他の船舶への著しい接近等，③凶器準備航行

［上記の海賊行為を行った者は刑に服する（最高刑：死刑）］

(2)　海上保安庁による海賊行為への対処

1．海賊行為への対処は海上保安庁が必要な措置を実施する。

2．海上保安官等は警察官職務執行法第7条の規定により武器使用するほか，現に行われている5．②の制止に当たり，他の制止の措置に従わず，なお5．②の行為を継続しようとする場合に，他に手段がないと信ずるに足りる相当な理由のあるときには，その事態に応じて合理的に必要と判断される限度において，武器使用が可能。

(3)　自衛隊による海賊行為への対処

1．防衛大臣は，海賊行為に対処するため特別の必要がある場合には，内閣総理

212

大臣の承認を得て海賊対処行動を命ずることができる。承認を受けようとするときは対処要項を作成して内閣総理大臣に提出（急を要するときは行動の概要を通知すれば足りる）。

2．自衛官に海上保安庁法の所要の規定，武器使用に関する警察官職務執行法第7条の規定及び海上保安官による武器使用を準用。

［出典］「海賊対処法の概要」（首相官邸ウェブサイト）。

【202】 日本船舶警備特別措置法（海賊多発海域における日本船舶の警備に関する特別措置法，2013年11月13日成立，11月30日施行）の概要

凶悪な海賊行為が多発している海域を航行する原油タンカー等において，小銃（ライフル銃）を所持した民間警備員による警備の実施を認めるため，銃刀法の特例等を規定する。

①対象海域：海賊多発海域に限定[注]。

対象船舶：海賊行為による被害を受けやすいハイリスクの日本船舶に限定。

②警備を実施しようとする船舶所有者に対し，船舶ごとに，使用する警備会社・警備の実施方法等について記載した警備計画を作成し，国土交通大臣の認定を得ることを義務付ける。

③警備会社（→役員の犯歴や訓練体制等），及び警備員（→犯歴・技能・知識）について，一定の要件に該当する旨の国土交通大臣の審査・確認を受けたものに限る。

④認定を受けた計画に従う場合，小銃（ライフル銃）を所持した警備を行うことができる。

［注］海賊多発地域の詳細は2013年以降の「海賊対処レポート」（内閣官房ウェブサイト）を参照されたい。
［出典］「2013年 海賊対処レポート」（内閣官房ウェブサイト）。

Ⅲ　現代国際社会の法と政治編

【203】国際平和協力法の変遷

(1)　2001年改正まで

	1992年制定時　➡	1998年改正　➡	2001年改正
PKF本体業務	自衛隊の部隊等によるものを凍結		凍結解除
人道的な国際救援活動のための物資協力	五原則をそのまま適用	一定の国際機関によって実施される活動のための協力については，停戦合意が存在しない場合でも可能とした	
選挙監視活動	国連平和維持活動の一環としての選挙監視のみ可能	国連，地域的機関の要請に基づくが，国連平和維持活動の一環ではないような選挙監視についても可能とした	
武器使用権限	・自己又は自己と共に現場に所在する他の自衛隊員，協力隊員を防衛するための武器使用 ・個人による武器使用の判断 ・武器等防護（自衛隊法第95条）は適用せず	・部隊派遣の自衛官の武器使用については，原則として上官の命令によるものとした	・防衛対象として「自己の管理下に入った者」を追加 ・武器等防護を適用することとした

［注］　自衛隊法第95条
　　　　自衛官は，自衛隊の武器，弾薬，火薬，船舶，航空機，車両，有線電気通信設備，無線設備又は液体燃料を職務上警護するに当たり，人又は武器，弾薬，火薬，船舶，航空機，車両，有線電気通信設備，無線設備若しくは液体燃料を防護するため必要であると認める相当の理由がある場合には，その事態に応じ合理的に必要と判断される限度で武器を使用することができる。ただし，刑法第36条（正当防衛）又は第37条（緊急避難）に該当する場合のほか，人に危害を与えてはならない。
［出典］　内閣府国際平和協力本部事務局講義用作成資料。

(2)　2015年改正

・国際連携平和安全活動（非国連統括型）の新設

・業務の拡充（停戦監視，被災民救援等に加え，いわゆる安全確保業務，いわゆる駆け付け警護，司令部業務等を追加，統治組織の設立・再建援助の拡充）

・武器使用権限の見直し（いわゆる安全確保業務，いわゆる駆け付け警護の実施に当たっては，いわゆる任務遂行のための武器使用を認める）

　　［出典］　「国際平和協力法の一部改正（平成27年9月）」（内閣府国際平和協力本部事務局ウェブサイト）。

5 紛争解決・安全保障

【204】 日本の「開発協力の原則」

(1) 開発協力大綱 (2015年2月閣議決定)

　開発協力の実施に際しては，（略）理念の実現と重点政策推進にとって最大限の効果が得られるよう，開発効果向上等の国際的な議論も踏まえつつ，効果的・効率的な開発協力推進に努めるとともに，当該国・社会に与える影響や協力の適正性確保等に十分な配慮を行うことが必要である。この観点から，以下の諸点を実施上の原則として開発協力を行う。

ア　効果的・効率的な開発協力推進のための原則

（ア）戦略性の強化[注1]

（イ）日本の持つ強みを活かした協力[注2]

（ウ）国際的な議論への積極的貢献

イ　開発協力の適正性確保のための原則

（ア）民主化の定着，法の支配及び基本的人権の保障にかかる状況

（イ）軍事的用途及び国際紛争助長への使用の回避[注3]

（ウ）軍事支出，大量破壊兵器・ミサイルの開発製造，武器の輸出入等の状況

（エ）開発に伴う環境・気候変動への影響

（オ）公正性の確保・社会的弱者への配慮

（カ）不正腐敗の防止

（キ）開発協力関係者の安全配慮

　　[注1]　例えばODAとODA以外の資金・協力との連携を図る。
　　[注2]　民間等からの提案を積極的に取り入れ，ハード（例：インフラ建設）とソフト（例：システム，人づくり，制度づくり等）の両面で日本の知見と経験を総合的・積極的に活用。
　　[注3]　非軍事目的の開発協力に軍又は軍籍を有する者が関係する場合には，実質的意義に着目し，個別具体的に検討。
　　[出典]　「開発協力大綱」（外務省ウェブサイト）。

(2) ODA大綱 (政府開発援助大綱，1992年4月閣議決定，2003年8月改定)

　国際連合憲章の諸原則（略）及び以下の諸点を踏まえ，開発途上国の援助需要，経済社会状況，二国間関係などを総合的に判断の上，ODAを実施するものとする。

①環境と開発を両立させる。

②軍事的用途及び国際紛争助長への使用を回避する。

③テロや大量破壊兵器の拡散を防止するなど国際平和と安定を維持・強化するとともに，開発途上国はその国内資源を自国の経済社会開発のために適正かつ優先的に配分すべきであるとの観点から，開発途上国の軍事支出，大量破壊兵器・ミサイルの開発・製造，武器の輸出入などの動向に十分注意を払う。

④開発途上国における民主化の促進，市場経済導入の努力並びに基本的人権及び自由の保障状況に十分注意を払う。

　　[注]　ODA大綱は，2003年に改定されたが，4原則は変更されていない。
　　[出典]　「政府開発援助大綱」（外務省ウェブサイト）。

215

Ⅲ　現代国際社会の法と政治編

3　軍縮・不拡散

解　題　軍縮とは兵器の縮小，削減および廃絶を目指すこと，不拡散とは
開発に用いられうる物資や技術などが広まることを抑制・阻止することを意
味する。軍縮・不拡散体制で対象となる兵器は，大量破壊兵器（核兵器・生物
兵器・化学兵器）およびその運搬手段（ミサイル），通常兵器（小型武器・対人地雷等）
である【205】。

　大量破壊兵器は，米国，ソ連（ロシア）を中心に大量に保持されてきた。特
に核兵器に関しては，1945年の米国による原子爆弾開発，広島・長崎への投
下後，冷戦を背景に，1986年に7万発以上に達した。冷戦終結後，両国の核
兵器の数は減少した。しかし，冷戦中に核兵器を開発したイギリス，フラン
ス，中国，冷戦後に核兵器保有宣言をしたインド，パキスタン，そして保有
の可能性の高い北朝鮮，イスラエルなどの存在から明らかなように核戦争の
脅威は依然として存在している。

　このようないわゆる「恐怖の均衡」を余儀なくされた国際社会は，軍縮・
不拡散に傾注するようになり，1960年代頃から数多くの条約が締結されるよ
うになった。例えば，核兵器に関する米ソ（露）二国間条約では，戦略兵器制
限交渉（SALT）に基づく対弾道ミサイル（ABM）制限条約及び戦略攻撃兵器
制限暫定協定，中距離核戦力（INF）全廃条約【207】，第一次戦略兵器削減条
約（STARTⅠ），第二次戦略兵器削減条約（STARTⅡ），戦略攻撃力削減条約
（SORT）などが，多国間条約では，部分的核実験禁止条約（PTBT），核兵器不
拡散条約（NPT）【208】，未発効の包括的核実験禁止条約（CTBT）などが挙げ
られる。また，核兵器以外では，生物兵器禁止条約（BWC），化学兵器禁止条
約（CWC），対人地雷全面禁止条約などがある【205】。

　近年，核兵器の軍縮・不拡散に向けて進展があった。2009年には新たな非
核地帯条約として，中央アジア非核兵器地帯条約とアフリカ非核兵器地帯条
約が発効した【206】。2010年には新STRAT【207】が調印（2011年2月発効）
され，NPT再検討会議では約10年ぶりに最終文書が採択された。また，2010
年には通常兵器の軍縮・不拡散にも進展があった。多数の子爆弾がばら撒か
れるクラスター弾の使用等を禁止する条約（クラスター弾に関する条約）の発効
である【205】。

　このように，軍縮・不拡散のための条約は質量とともに進化しつつあるが，
軍縮・不拡散体制は，これに加え，ミサイル技術管理レジーム・ワッセナー・
アレンジメントをはじめとする不拡散のための輸出管理体制，新しい不拡散
イニシアティブである拡散に関する安全保障構想（PSI）もある【205】。

5　紛争解決・安全保障

【205】大量破壊兵器, ミサイル及び通常兵器（関連物質などを含む）の軍縮・不拡散体制の概要

	大量破壊兵器			大量破壊兵器の運搬手段（ミサイル）	通常兵器（小型武器, 対人地雷等を含む）	
	核兵器	生物兵器	化学兵器			
軍縮・不拡散のための条約等	核兵器不拡散条約（NPT）（★）（191）1970年3月発効	生物兵器禁止条約（BWC）（179）1975年3月発効	化学兵器禁止条約（CWC）（★）（192）1997年4月発効	弾道ミサイルの拡散に立ち向かうためのハーグ行動規範（HCOC）※（139）2002年11月採択	特定通常兵器使用禁止・制限条約（CCW）（125）1983年12月発効	国連小型武器行動計画2001年7月採択
	IAEA包括的保障措置協定（NPT第3条に基づく義務）（★）（174）1971年2月モデル協定採択				対人地雷禁止条約（163）1999年3月発効	トレーシングに関する国際文書※
	IAEA追加議定書（★）（129）1997年5月モデル議定書採択				クラスター弾に関する条約2010年8月発効（102）	
	包括的核実験禁止条約（★）（未発効）（CTBT）1996年9月採択（批准国数:166, 発効要件国44カ国中36カ国が批准）				武器貿易条約（ATT）2014年12月発効（93）	
不拡散のための輸出管理体制	原子力供給国グループ（48）原子力専用品・技術及び関連汎用品・技術1975年設立	オーストラリア・グループ（42）生物・化学兵器及び関連汎用品・技術1985年設立		ミサイル技術管理レジーム（35）ミサイル本体及び関連汎用品・技術1987年設立	ワッセナー・アレンジメント（42）通常兵器及び関連汎用品・技術1996年設立	
	ザンガー委員会（39）原子力専用品1974年設立					
新しい不拡散イニシアティブ	拡散に対する安全保障構想（PSI）2003年5月31日立ち上げ					

［注1］　図表中の（★）は検証メカニズムを伴うもの。
［注2］　（　）内の数字は2017年12月現在での締結, 批准, 加盟国数。
［注3］　通常兵器に関しては, このほかに移転の透明性向上を目的とする国連軍備登録制度が1992年に発足。
［注4］　※は政治的規範であって法的拘束力を伴う国際約束ではない。
［注5］　CTBTは, 発効要件国44カ国のうち, 米国, 中国, エジプト, イラン, イスラエルが未批准, 北朝鮮, インド, パキスタンが未署名のために, 未発効。
［注6］　上記とは別に, 核兵器の開発, 実験, 生産, 製造, 取得, 保有又は貯蔵, 並びに核兵器の使用又は使用の威嚇等の禁止などを内容とする核兵器禁止条約が2017年7月に採択されたが, 安全保障の観点が踏まえられていないという理由から日本は参加していない（未発効）。
［出典］　『外交青書2018』をもとに筆者作成。

III　現代国際社会の法と政治編

【206】世界の非核地帯

- 南極条約〈1959年調印,1961年発効〉【119】
- 核兵器及び他の大量破壊兵器の海底における設置の禁止に関する条約
  （海底非核化条約）〈1971年調印,1972年発効〉
- 月その他の天体を含む宇宙空間の探索及び利用における国家活動を律する原則に関する条約
  （宇宙条約）〈1967年調印,発効〉【114】

［出典］「世界の非核兵器地帯」（長崎市ウェブサイト）をもとに筆者作成。

【207】米ソ（露）二国間の軍備管理

(1) 主な条約

名　　　称	調印年月日	発効年月日	失効年月日
対弾道ミサイル（ABM）制限条約	1972年5月26日	1972年10月3日	2002年6月13日
戦略攻撃兵器制限暫定協定	1972年5月26日	1972年10月3日	1977年10月3日
地下核実験制限条約	1974年7月3日	1990年12月11日	
平和目的核爆発条約	1976年5月28日	1990年12月11日	
戦略兵器制限条約	1979年6月18日	未発効	
中距離核戦力（INF）全廃条約 [注]	1987年12月8日	1988年6月1日	
（第一次）戦略兵器削減条約（START I）	1991年7月31日	1994年12月5日	2009年12月5日
第二次戦略兵器削減条約（START II）	1993年1月3日	未発効	
戦略攻撃力削減条約（SORT）	2002年5月4日	2003年6月1日	2011年2月5日
新戦略兵器削減条約（新START）	2010年4月8日	2011年2月5日	

［注］　2019年2月，米国が条約破棄をロシアに通告し，ロシアも条約義務履行の停止を表明した。
［出典］　黒沢満編著『軍縮問題入門〔第4版〕』東信堂，2012年，269頁をもとに筆者作成。

(2) 中距離核戦力（INF）全廃条約（抜粋）

　アメリカ合衆国及びソビエト社会主義共和国連邦（以下「締約国」という。）は，核戦争がすべての人類に破滅的結果をもたらすことを認識し，戦略的安定を強化するという目的に導かれ，本条約によって規定された諸措置が，戦争勃発の危険を減少し，国際の平和と安全を強化するのに寄与することを確信し，ならびに核兵器の不拡散に関する条約【208】の第6条の下における義務に留意し，以下のとおり協定した。

第1条　各締約国は，本条約ならびにその不可分の一部を構成する了解覚書及び議定書の規定に従い，中距離核及び準中距離ミサイルを廃棄し，その後そのようなシステムを所有せず，ならびに本条約に規定されたその他の義務を履行する。（以下略）

　［出典］藤田久一・浅田正彦（編）『軍縮条約・資料集〔第4版〕』有信堂，2009年，166頁。

(3) START I・SORT・新STARTの比較（制限内容）

	START I	SORT	新START
戦略核弾頭の保有数	6000発	1700～2200発	1550発
運搬手段の保有数	1600基（機）	記述なし	800基（機）
運搬手段の配備数	記述なし	記述なし	700基（機）
削減した弾頭の保管	不可	可	可

【208】核兵器不拡散条約（NPT）の主要規程

- ・核兵器国の核不拡散義務（第1条）
- ・非核兵器国の核不拡散義務（第2条）
- ・非核兵器国によるIAEAの保障措置受諾義務（第3条）
- ・締約国の原子力平和利用の権利（第4条）
- ・非核兵器国による平和的核爆発の利益の享受（第5条）
- ・締約国による核軍縮交渉義務（第6条）
- ・条約の運用を検討する5年毎の運用検討会議の開催（第8条3）
- ・「核兵器国」の定義（第9条3）（この条約の適用上，「核兵器国」とは，1967年1月1日以前に核兵器その他の核爆発装置を製造しかつ爆発させた国をいう。）
- ・締約国の条約から脱退する権利（第10条1）
- ・条約の効力発生の25年後，条約が無期限に効力を有するか追加の一定期間延長されるかを決定するための会議の開催（第10条2）

　［注］条約の対象事項に関連する異常な事態が自国の至高の利益を危うくしていると認める場合，3カ月前に国連安全保障理事会にその旨通知して脱退することができる。1995年5月に条約の無期限延長が決定された。非締約国はインド，パキスタン，イスラエル。

　［出典］「核兵器不拡散条約（NPT）の概要」（外務省ウェブサイト）をもとに筆者作成。

略　語　表

ABM	Anti-ballistic missile	対弾道ミサイル
ABS	Access and Benefit-Sharing	遺伝資源の取得の機会及びその利用から生ずる利益の公正かつ衡平な配分
ADB	Asian Development Bank	アジア開発銀行
ADIZ	Air Deffense Identification Zone	防空識別圏
AECF	Asia-Europe Cooperation Framework	アジア欧州協力枠組み
AFTA	ASEAN Free Trade Area	ASEAN自由貿易地域
AMDA	Association of Medical Doctors of Asia	アムダ（設立時の名称：アジア医師連絡協議会）
ANZUS	Security Treaty between Australia, New Zealand and the United States of America	太平洋安全保障条約
APEC	Asia-Pacific Economic Cooperation	アジア太平洋経済協力
ARF	ASEAN Regional Forum	ASEAN地域フォーラム
ASEAN	Association of South-East Asian Nations	東南アジア諸国連合
ASEM	Asia-Europe Meeting	アジア欧州首脳会議
ATT	Arms Trade Treaty	武器貿易条約
BAU	Business As Usual	対策をとらない場合
BMD	Ballistic Missile Defense	弾道ミサイル防衛
BOP	Balance of Payments Statistics	国際収支上の目的のための制限
BWC	Biological Weapons Convention	生物兵器禁止条約
CAREC	Central Asia Regional Economic Cooperation	中央アジア地域経済協力
CBRN	Chemical, Biological, Radiological and Nuclear	化学・生物・放射性物質・核
CCW	Convention on Certain Conventional Weapons	特定通常兵器使用禁止制限条約
CDE	Conference on Confidence and Security-Building Measures Disarmament in Europe	欧州軍縮会議
CDM	Clean Development Mechanism	クリーン開発メカニズム
CFE	Treaty on Conventional Armed Forces in Europe	欧州通常戦力
CFSP	Common Foreign and Security Policy	共通外交・安全保障政策
CICA	Conference on Interaction and Confidence-Building Measures in Asia	アジア相互協力信頼醸成措置会議
CITES	Convention on International Trade in Endangered Species of Wild Fauna and Flora	ワシントン条約
CLCS	Commission on the Limits of the Continental Shelf	大陸棚限界委員会

221

略語表

CMC	Cluster Munition Coalition	クラスター兵器連合
COCOM	Coordinating Committee for Multilateral Export Controls	対共産圏輸出統制委員会
COMECON	Council for Mutual Economic Assistance	経済相互援助会議
COP	Conference of the Parties	締約国会議
CP	Commitment Period	約束期間
CPA	Coalition Provisional Authority	連合国暫定当局
CSBM	Confidence and Security Building Measures	信頼・安全醸成措置
CSCE	Conference for Security and Co-operation in Europe	欧州安全保障協力会議
CSDP	Common Security and Defence Policy	共通安全保障防衛政策
CTBT	Comprehensive Nuclear-Test-Ban Treaty	包括的核実験禁止条約
CWC	Chemical Weapons Convention	化学兵器禁止条約
DDA	Doha Development Agenda	ドーハ開発アジェンダ
DSB	Dispute Settlement Body	（WTOの）紛争解決機関
EAEC	Eurasian Economic Community	ユーラシア経済共同体
EAPC	Euro-Atlantic Partnership Council	欧州・大西洋パートナーシップ理事会
EAS	East Asia Summit	東アジア首脳会議
EC	European Community	欧州共同体
ECCC	Extraordinary Chambers in the Courts of Cambodia	カンボジア特別法廷
ECO	Economic Cooperation Organization	経済協力機構
ECSC	European Coal and Steel Community	欧州石炭鉄鋼共同体
EEC	European Economic Community	欧州経済共同体
ESDP	European Security and Defence Policy	欧州安全保障・防衛政策
ET	Emission Trading	排出量取引
EU	European Union	欧州連合
EURATOM	European Atomic Energy Community	欧州原子力共同体
EVSL	Early Voluntary Sectoral Liberalization	早期自主的分野別自由化
FAO	Food and Agriculture Organization of the United Nations	国連食糧農業機関
FPRY	Federal People's Republic of Yugoslavia	ユーゴスラヴィア連邦人民共和国
FRY	Federal Republic of Yugoslavia	ユーゴスラヴィア連邦共和国
FSC	Forum for Security Cooperation	安全保障協力フォーラム
GATS	General Agreement on Trade in Services	サービスの貿易に関する一般協定
GATT	General Agreement on Tariffs and Trade	関税及び貿易に関する一般協定
GDP	Gross Domestic Product	国内総生産
GEF	Global Environment Facility	地球環境ファシリティ
HCOC	Hague Code of Conduct Against Ballistic Missile Proliferation	弾道ミサイルの

略 語 表

	拡散に立ち向かうためのハーグ行動規範
IAEA	International Atomic Energy Agency　国際原子力機関
IBRD	International Bank for Reconstruction and Development　国際復興開発銀行 (世界銀行)
ICAN	International Campaign to Abolish Nuclear Weapons　核兵器廃絶国際キャンペーン
ICAO	International Civil Aviation Organization　国際民間航空機関
ICBL	International Campaign to Ban Landmines　地雷禁止国際キャンペーン
ICBM	Inter-Continental Ballistic Missile　大陸間弾道弾
ICC	International Criminal Court　国際刑事裁判所
ICJ	International Court of Justice　国際司法裁判所
ICOMOS	International Council on Monuments and Sites　国際記念物遺跡会議
ICRC	International Committee of the Red Cross　赤十字国際委員会
ICTR	International Criminal Tribunal for Rwanda　ルワンダ国際刑事裁判所
ICTY	International Criminal Tribunal for the Former Yugoslavia　旧ユーゴスラビア国際刑事裁判所
ILC	International Law Commission　国際法委員会
ILO	International Labour Organization　国際労働機関
IMF	International Monetary Fund　国際通貨基金
IMO	International Maritime Organization　国際海事機関
INF	Intermediate-range Nuclear Force　(米ソ) 中距離核戦力
IS	Islamic State　「イスラム国」
ISA	International Seabed Authority　国際海底機構
ITLOS	International Tribunal for the Law of the Sea　国際海洋法裁判所
ITU	International Telecommunication Union　国際電気通信連合
IUCN	International Union for Conservation of Nature　世界自然保護連合
IWC	International Whaling Commission　国際捕鯨委員会
JI	Joint Implementation　共同実施
KEDO	Korean Peninsula Energy Development Organization　朝鮮半島エネルギー開発機構
KP	Kyoto Protocol　京都議定書
LDC	Lesser developed country　後発開発途上国
MARPOL	International Convention for the Prevention of Pollution from Ships　船舶による汚染の防止のための国際条約に関する1978年の議定書
NACC	North Atlantic Cooperation Council　北大西洋協力理事会
NATO	North Atlantic Treaty Organization　北大西洋条約機構

略 語 表

NDS	National Defense Strategy　国家防衛戦略
NGO	Non-Governmental Organization　非政府組織
NPR	Nuclear Posture Review　核態勢見直し
NPT	Treaty on the Non-Proliferation of Nuclear Weapons　核兵器不拡散条約
NRC	Nato-Russia Council　NATO・ロシア理事会
NSC	National Security Council　国家安全保障会議
NSS	National Security Strategy　国家安全保障戦略
ODA	Official Development Assistance　政府開発援助
OECD	Organization for Economic Co-operation and Development　経済協力開発機構
OEEC	Organization for European Economic Cooperation　欧州経済協力機構
OSCE	Organization for Security and Co-operation in Europe　欧州安全保障協力機構
PFP	Partnership for Peace　平和のためのパートナーシップ
PIC	Prior Informed Consent　事前通報・同意手続
PKO	Peace-Keeping Operations　平和維持活動
PMC	Post-Ministerial Conferences　（ASEAN）拡大外相会議
POPs	Persistent Organic Pollutants　残留性有機汚染物質
PPP	Purchasing Power Parity　購買力平価
PSI	Proliferation Security Initiative　拡散に関する安全保障構想
PTBT	Partial Test Ban Treaty　部分的核実験禁止条約
RCEP	Regional Comprehensive Economic Partnership　東アジア地域包括的経済連携
ReCAAP	Regional Cooperation Agreement on Combating Piracy and Armed Robbery against Ships in Asia　アジア海賊対策地域協力協定
RFMO	Regional Fisheries Management Organisation　かつおおよびまぐろ類の地域漁業管理機関
SALT	Strategic Arms Limitation Talks　戦略兵器制限交渉
SCAPIN	Supreme Command for Allied Powers Instruction Note　連合軍最高司令部訓令
SCO	Shanghai Cooperation Organization　上海協力機構
SCSL	Special Court for Sierra Leone　シエラレオーネ特別法廷
SDI	Strategic Defense Initiative　戦略防衛構想
SDR	Special Drawing Right　特別引き出し権
SEA	Single European Act　単一欧州議定書
SEANWFZ	Southeast Asian Nuclear-Weapon-Free Zone Treaty　東南アジア非核化条約
SFRY	Socialist Federal Republic of Yugoslavia　ユーゴスラヴィア社会主義連邦共和国
SIPRI	Stockholm International Peace Research Institute　ストックホルム国際平和研究所

略語表

SORT	Treaty Between the United States of America and the Russian Federation on Strategic Offensive Reductions　戦略攻撃力削減条約
SPS	Sanitary and Phytosanitary Measures　衛生・植物検疫措置
START	Strategic Arms Reduction Talks　米ソ戦略兵器削減交渉・条約
START I	Strategic Arms Reduction Treaty I　第一次戦略兵器削減条約
START II	Strategic Arms Reduction Treaty II　第二次戦略兵器削減条約
STL	Special Tribunal for Lebanon　レバノン特別法廷
TAC	Treaty of Amity and Cooperation　東南アジア友好協力条約
TBT	Technical Barriers to Trade　貿易の技術的障害
TPP	Trans-Pacific Partnership　環太平洋パートナーシップ
TPRM	Trade Policy Review Mechanism　貿易政策検討制度
TRIMs	Agreement on Trade-Related Investment Measures　貿易関連投資措置に関する協定
TRIPs	Agreement on Trade-Related Aspects of Intellectual Property Rights　知的所有権の貿易関連の側面に関する協定
UN	United Nations　国際連合
UNCED	United Nations Conference on Environment and Development　環境と開発に関する国連会議
UNCLOS	United Nations Convention on the Law of the Sea　国連海洋法条約
UNDOF	United Nations Disengagement Observer Force　国連兵力引き離し監視隊
UNDP	United Nations Development Programme　国連開発計画
UNEP	United Nations Environment Programme　国連環境計画
UNESCO	United Nations Educational, Scientific and Cultural Organization　国連教育科学文化機関
UNFCCC	United Nations Framework Convention on Climate Change　気候変動に関する国際連合枠組条約
UNFPA	United Nations Population Fund　国連人口基金
UNHCR	Office of United Nations High Commissioner for Refugees　国連難民高等弁務官事務所
UNICEF	United Nations Children's Fund　国際児童基金
UNIDO	United Nations Industrial Development Organization　国連工業開発機関
UNMISS	United Nations Mission in the Republic of South Sudan　国連南スーダンミッション
UNODC	United Nations Office on Drugs and Crime　国連薬物犯罪事務所
UNOMSIL	United Nations Observer Mission in Sierra Leone　国連シエラレオネ監視ミッション

略 語 表

UNOSOMⅡ	United Nations Operation in Somalia II	第二次国連ソマリア活動
UNSCOM	United Nations Special Commission	国連特別委員会
UNTAC	United Nations Transitional Authority in Cambodia	国連カンボジア暫定統治機構
UPR	Universal Periodic Review	（国連人権理事会の）普遍的定期的審査
WFP	World Food Programme	世界食糧計画
WHO	World Health Organization	世界保健機関
WIPO	World Intellectual Property Organization	世界知的所有権機関
WTO	World Trade Organization	世界貿易機関
ZOPFAM	Zone of Peace, Freedom and Neutrality	東南アジア平和・自由・中立地帯

■編著者紹介 （執筆順）

佐道　明広（さどう　あきひろ）　　第Ⅰ部①，③，第Ⅱ部①，②1・2
1989年　東京都立大学大学院社会科学研究科博士課程単位取得
都市出版株式会社『外交フォーラム』編集部，政策研究大学院大学助教授などを経て
現　在　中京大学総合政策学部教授　博士（政治学）
主要著書・論文
　　『自衛隊史論―政・官・軍・民の六〇年』吉川弘文館，2015年
　　『沖縄現代政治史―「自立」をめぐる攻防』吉田書店，2014年
　　『戦後政治と自衛隊』吉川弘文館，2006年
　　『国際政治事典』（共著）弘文堂，2006年
　　『戦後日本の防衛と政治』吉川弘文館　2003年

古川　浩司（ふるかわ　こうじ）　　第Ⅰ部②，⑤，第Ⅱ部②3，第Ⅲ部①，⑤2・3
2001年　大阪大学大学院国際公共政策研究科博士後期課程単位取得退学
現　在　中京大学法学部教授
主要著書・論文
　　『ボーダーツーリズム―観光で地域をつくる』（共著）北海道大学出版会，2017年
　　『安全保障論―平和で公正な国際社会の構築に向けて』（共著）信山社，2015年
　　「国際機関の評価」（共著）平成24年度国連・マルチ外交研究会報告書，2013年
　　「越境する日本の境界地域？―周辺からの「市民社会」形成の可能性」『国際政治』第169号，
　　2012年
　　'Bordering Japan: Towards a Comprehensive Perspective.' Journal of Borderlands Studies,
　　Vol.26 No. 3 , 2011

小坂田　裕子（おさかだ　ゆうこ）　　第Ⅰ部④，第Ⅲ部④，⑤1
2006年　京都大学大学院人間・環境学研究科博士後期課程修了
現　在　中京大学法学部教授
主要著書・論文
　　『先住民族と国際法―剥奪の歴史から権利の承認へ』信山社，2017年
　　「先住民族の土地権をめぐる過去と現在の交錯」『法律時報』第85巻12号，2013年
　　『講座国際人権法第4巻　国際人権法の国際実施』（共著）信山社，2011年

小山　佳枝（おやま　かえ）　　第Ⅲ部②，③
2002年　慶應義塾大学大学院法学研究科博士後期課程単位取得退学
現　在　中京大学総合政策学部教授
主要著書・論文
　　「違法漁業防止寄港国措置協定と国内措置」『環境と公害』第47巻3号，2018年
　　『よくわかる国際法〔第2版〕』（共著）ミネルヴァ書房，2014年
　　「北極海をめぐる国際法上の諸問題」『法学研究』第84巻第11号，2011年
　　『海の国際秩序と海洋政策』（共著）東信堂，2006年

Horitsu Bunka Sha

資料で読み解く国際関係

2019年3月15日 初版第1刷発行

共編著	佐道明広・古川浩司
	小坂田裕子・小山佳枝
発行者	田靡純子
発行所	株式会社 法律文化社

〒603-8053
京都市北区上賀茂岩ヶ垣内町71
電話 075(791)7131 FAX 075(721)8400
http://www.hou-bun.com/

印刷：西濃印刷㈱／製本：㈱藤沢製本
装幀：白沢 正

ISBN 978-4-589-03997-2

© 2019 A. Sado, K. Furukawa, Y. Osakada, K. Oyama
Printed in Japan

乱丁など不良本がありましたら、ご連絡下さい。送料小社負担にてお取り替えいたします。
本書についてのご意見・ご感想は、小社ウェブサイト、トップページの「読者カード」にてお聞かせ下さい。

JCOPY 〈出版者著作権管理機構 委託出版物〉

本書の無断複写は著作権法上での例外を除き禁じられています。複写される場合は、そのつど事前に、出版者著作権管理機構（電話 03-5244-5088、FAX 03-5244-5089、e-mail: info@jcopy.or.jp）の許諾を得て下さい。

武田知己・鈴木宏尚・池田慎太郎・佐道明広著

資料で学ぶ日本政治外交史

A5判・224頁・2400円

幕末から現在までの，日本の内政と外交史を学ぶ資料集。戦前編と戦後編に同等の分量を割き，アジア諸国との歴史問題をはじめ，現代日本の立ち位置を知るうえで不可欠な資料を解説。今日的課題の歴史的意味を考える。

佐藤史郎・川名晋史・上野友也・齊藤孝祐編

日 本 外 交 の 論 点

A5判・310頁・2400円

安全保障や国際協力，経済，文化にも視野を広げ，日本が直面している課題を広範に収録。「すべきである／すべきでない」の対立を正面から取り上げつつ，学術的な基盤に裏打ちされた議論のセットを提供する。アクティブラーニングに最適な日本外交論テキスト。

吉田 徹編

ヨーロッパ統合とフランス
—偉大さを求めた1世紀—

A5判・330頁・3200円

フランスという国民国家が主権の枠組みを超える欧州統合という史上稀にみる構想を，どのようにして実現していったのか。経済危機で揺れる欧州の深層を探るべく，第一線の研究者とフランスの元外相が共同執筆。

横田洋三監修／滝澤美佐子・富田麻理・望月康恵・吉村祥子編著

入 門 国 際 機 構

A5判・266頁・2700円

創設70周年を迎えた国連を中心に国際機構が生まれた背景とその発展の歴史，組織構造とそこで働く職員の地位を論じる。感染症の拡大防止等，国境を越えた人類共通の問題に対して国際機構は何ができるのかを解説する。

横田洋三編

国 際 人 権 入 門〔第2版〕

A5判・272頁・2700円

国連人権理事会の普遍的定期審査など，国際人権法の新展開に即し全面的に内容を見直した。初学者が親しみやすいように，資料や設問を新たに盛り込む。個人通報制度の受諾問題をはじめ日本との関わりも意識的に取りあげる。

高柳彰夫・大橋正明編

Ｓ Ｄ Ｇ ｓ を 学 ぶ
—国際開発・国際協力入門—

A5判・286頁・3200円

SDGsとは何か，どのような意義をもつのか。目標設定から実現課題まで解説。第Ⅰ部はSDGs各ゴールの背景と内容を明示。第Ⅱ部はSDGsの実現に向けた政策の現状と課題を分析。大学，自治体，市民社会，企業とSDGsのかかわり方を具体的に提起。

——法律文化社——

表示価格は本体（税別）価格です